南方からの帰還

日本軍兵士の抑留と復員

増田 弘
Hiroshi Masuda

慶應義塾大学出版会

目次

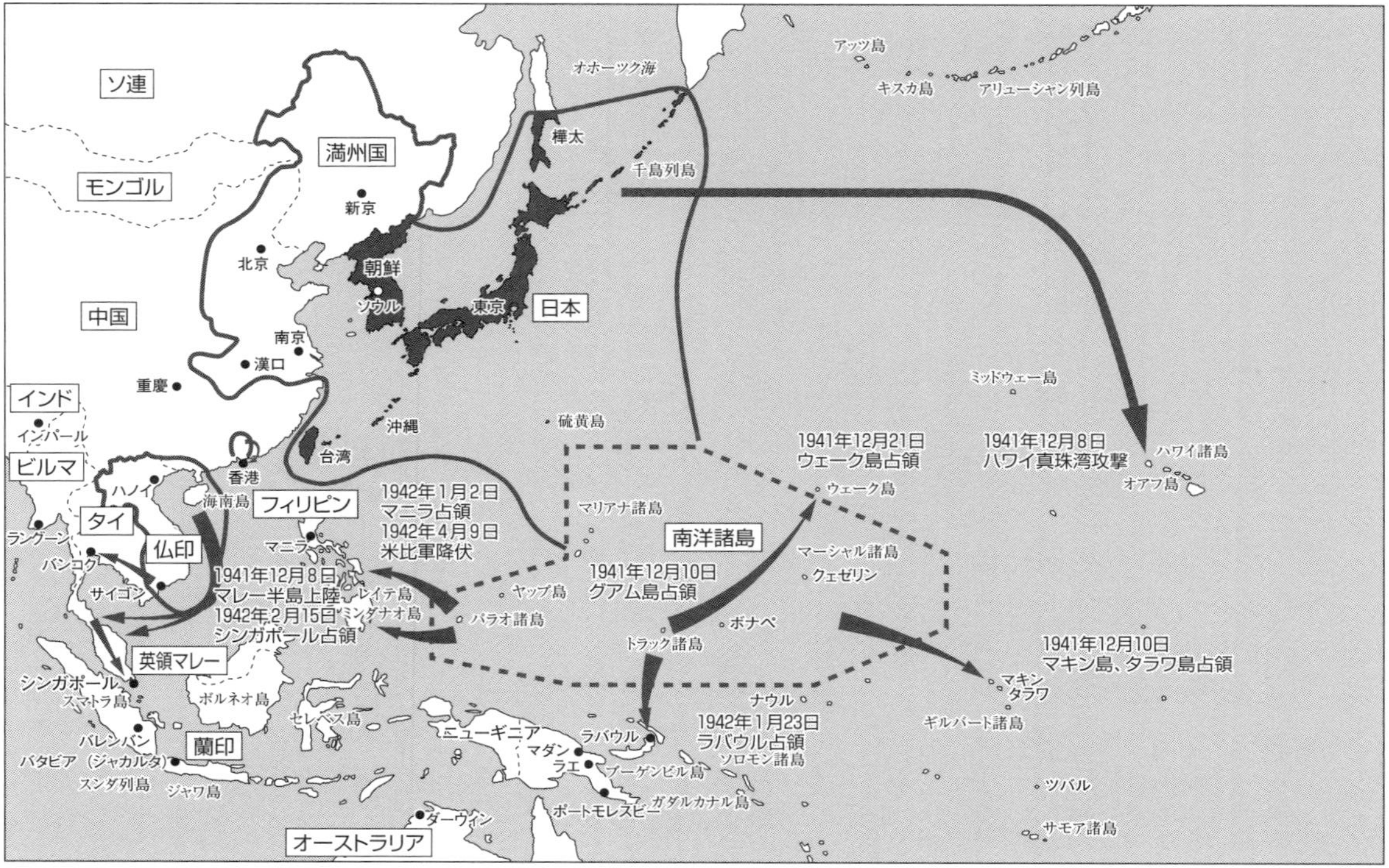

1941 年 12 月～ 42 年 4 月の戦況

出典：『別冊歴史読本第30巻第9号　太平洋戦争のすべて』新人物往来社、2005年

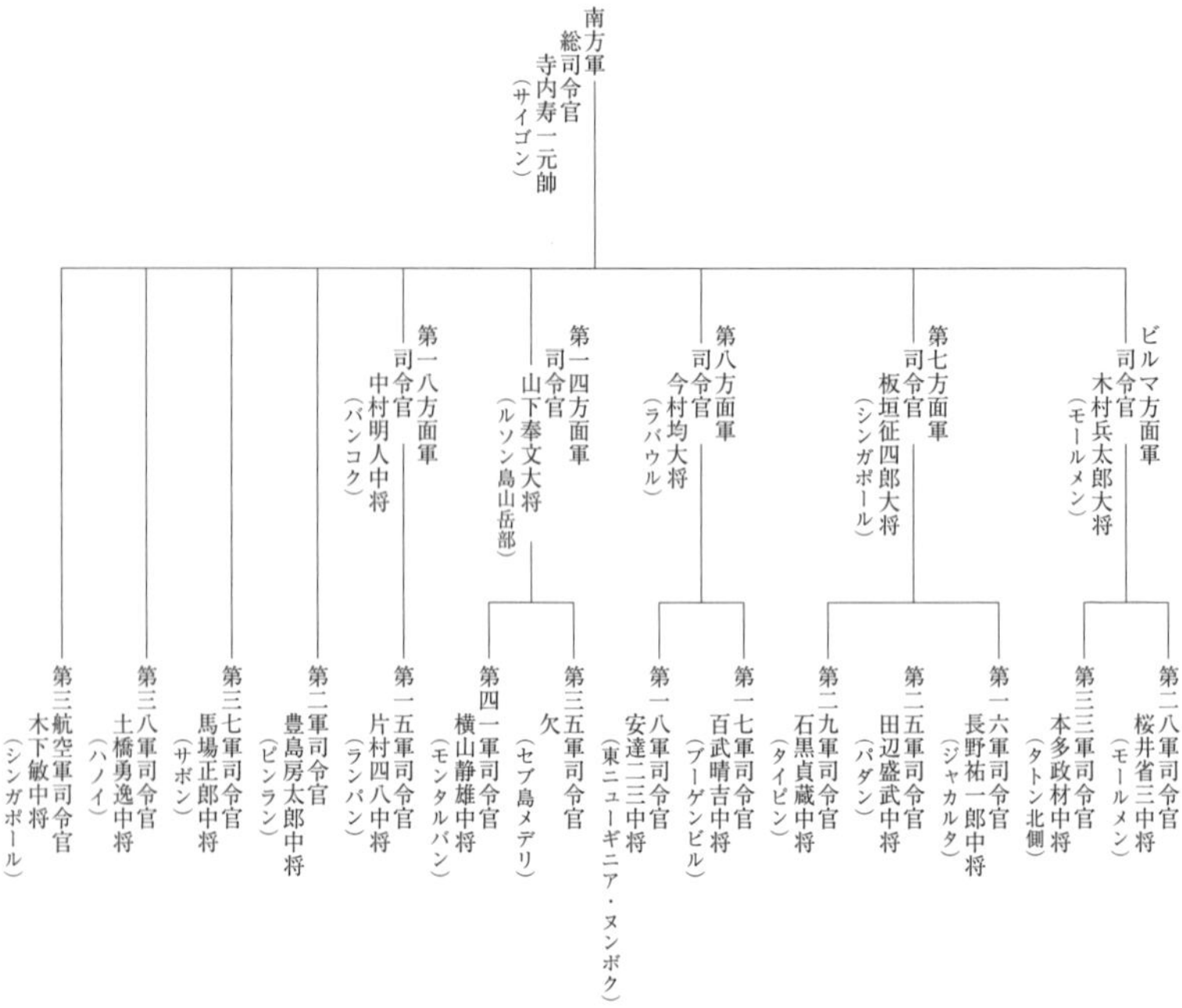
南方軍
総司令官
寺内寿一元帥
（サイゴン）
ビルマ方面軍
司令官
木村兵太郎大将
（モールメン）
第七方面軍
司令官
板垣征四郎大将
（シンガポール）
第八方面軍
司令官
今村均大将
（ラバウル）
第一四方面軍
司令官
山下奉文大将
（ルソン島山岳部）
第一八方面軍
司令官
中村明人中将
（バンコク）
第二八軍司令官
桜井省三中将
（モールメン）
第三三軍司令官
本多政材中将
（タトン北側）
第一六軍司令官
長野祐一郎中将
（ジャカルタ）
第二五軍司令官
田辺盛武中将
（パダン）
第二九軍司令官
石黒貞蔵中将
（タイピン）
第一七軍司令官
百武晴吉中将
（ブーゲンビル）
第一八軍司令官
安達二三中将
（東ニューギニア・ヌンボク）
第三五軍司令官
欠
（セブ島メデリ）
第四一軍司令官
横山静雄中将
（モンタルバン）
第一五軍司令官
片村四八中将
（ランパン）
第二軍司令官
豊島房太郎中将
（ピンラン）
第三七軍司令官
馬場正郎中将
（サポン）
第三八軍司令官
土橋勇逸中将
（ハノイ）
第三航空軍司令官
木下敏中将
（シンガポール）

終戦時の南方軍編制図

南方からの帰還——日本軍兵士の抑留と復員

序章　抑留・復員問題にどう向きあうか

一九四五（昭和二〇）年八月一五日、この終戦の日をもって長い戦争が終わり、日本に平和が訪れたと誰もが考える。しかし、はたしてそれは正しい理解であろうか。決してそうとは思われない。なぜなら当時外地にあった邦人、陸海軍軍人約三五〇万名、一般民間人約三〇〇万名、併せて約六五〇万名にとって、この日はいわば第二の戦争開始に等しかったからである。連合軍に降伏した日本軍将兵にとっては、この日を境に、フェンスに囲まれた捕虜生活と重労働が始まったわけであり、また〝棄民〟とされた民間人は、祖国をめざした命がけの逃避行を余儀なくされたからである。その数は当時の国民総人口のほぼ一割にも達した。

しかし戦後生まれが日本国民全体の九割に達した今、戦争への記憶が急速に後退し、このような辛苦の体験や悲惨な出来事は、忘却の彼方へと消えゆく趨勢にある。もしも七〇年余に及ぶ戦後日本の平和な時代、戦争とは無縁な時代の奥底に、二四〇万人にも及ぶ甚大な犠牲と数知れない凄惨な労苦が横たわっている事実（浜井和史著『海外戦没者の戦後史』吉川弘文館、二〇一四年、四頁）に思いをはせれば、日本人の意識が風化するのを漫然と見逃すわけにはいかない。

はたして抑留・復員・引揚[1]について、多くの御高齢者からそれら体験の数々を聴講する機会を得るにつけ、その想像を絶する生きざま、人間地獄のような内容に絶句することが一度や二度にとどまらなかった。死と向かい合わせの拘束された日常、空前絶後の実相は、日頃手にする文献からは読み解けない深い暗部ばかりであった。

ただし冷静に考えれば、これら証言は数百万の中の点にすぎない。抑留や帰還に関する労苦は貴重であるとしても、その多くは個人史にとどまり、客観性や大局観の不足は否めない。シベリア抑留はその典型といえる。テレビ・映画・観劇で目にするとおり、当時の日本人にとって、突如侵攻し略奪暴行の限りを尽したソ連人は悪玉であった。日本は被害国であり、ソ連は国際法を犯した不埒な加害国であった。

ところが、一九八〇年代後半のゴルバチョフ書記長(のち大統領)下で推進された〝グラスノスチ〟(情報公開)がソ連国内に大きな変動をもたらした。二一世紀にロシア国内では旧ソ連時代の資料発掘調査と研究が進展し、次第にシベリア抑留の実態にも光が当てられるようになった。その意味で、二〇一七年二月に法政大学で開催された日露研究者による「シベリア抑留・国際シンポジウム」は、重要な分岐点となった。三名のロシア人学者による旧ソ連資料を駆使した研究成果は、これまでの日本研究者に欠けていたソ連側の対日視点、あるいはドイツ人捕虜と日本人捕虜との比較分析の視点は画期的であり、説得力があった。実はソ連側もドイツの侵攻によって二〇〇〇万もの犠牲を強いられるなど苛酷な時期を経ており、決して残酷な加害者とばかりはいえない事実が判明した。このように戦後七〇年余を経て、ようやくシベリア抑留問題も実証研究のレベルに達し、それに伴って国際化・相対化の方向へと歩を進めつつある。

では翻って南方、つまり東南アジア方面における日本人の抑留・復員・引揚問題はどうであろうか。答えは否であり、依然としてシベリア抑留の陰に隠れている観がある。しかし日本人の南方抑留者は、軍人・民間人などを含めて一二〇万名以上に及び、数字上、シベリア抑留者約六〇万名（厚生労働省発表は五七万五千人）の二倍に達する。ではなぜ南方抑留が国内で等閑視されてきたのだろうか。

その主な理由は、資料上の制約にあった。日本国内のフィリピン、インドネシア、ビルマ（現ミャンマー）などの日本人捕虜経験者による回想記は膨大な数に及び、降伏者の立場からの抑留の実態は判明しているものの、シベリア抑留と同様に、やはり日本側の一方的でミクロ的視点に立つものが大半を占めている。一方、東南アジアのほぼ全域を占領管理して日本人の抑留を主導したのはイギリスであり、ほかには蘭印（現インドネシア）に戻ったオランダ、東部ニューギニアおよび豪北地域を管轄したオーストラリア、そしてフィリピンを奪回したアメリカの計四カ国が深く関与した。それゆえ、これら四連合国の一次資料に基づく抑留研究が不可欠であったが、これまでほとんど実施されてこなかった。

つまり、一体どのように英・蘭・豪・米の各軍が降伏時に日本軍人や民間人を拘束したのか、またどのような方法で強制労働や戦犯裁判を行ったのか、さらに一体どのように日本への帰還を進めたのか、といった主体者側の基本政策や方針や姿勢など、まったく不透明であった。

その意味で本書は、従来の壁を突き崩そうと試みたものである。右の四カ国の文書や文献を用いて問題の本質に迫ると同時に、日本側の資料や文献とをそれらと照合させて、相互に補完するような従来にない方法を採っている。

それでは本書の構成に触れておこう。第一章は、イギリスが終戦後に管轄したビルマ、マレー、シンガポール、タイにおける日本人の抑留から帰還までを描く。現地の英軍側は、日本軍を「戦争捕虜(POW=Prisoner of War)」とは認めず、単なる「日本降伏者(JSP=Japanese Surrenderd Personnel)」と見なして無賃金・無報酬労働を強要し、しかも南方軍七〇余万名の八割強を帰還させる一方で、二割弱の一〇万名を残留させ、現地の多様な再建事業に従事させた。これに対して米国側、とくにマッカーサー(Douglas MacArthur)連合国軍最高司令官(SCAP=Supreme Commander for the Allied Powers)は、ポツダム宣言およびジュネーブ捕虜協定を遵守する立場から、英軍の基本姿勢を厳しく批判し、日本人の早期復員ばかりか、労働賃金の支払いを英国側に強く促した。日本政府(吉田茂首相)もマッカーサーの政治力に頼って、早期帰還の要請を繰り返した。このような残留日本人の復員と引揚をめぐる知られざる英米対立の交渉過程と対立状況を解明していく。

第二章は、オランダが管轄したインドネシア(当時は蘭印)における二三万余名の日本人の抑留から帰還までを明らかにする。オランダは第二次世界大戦の終結から半年後に現地に復帰し、イギリスから管轄権を継承したものの、すでに現地ではオランダからの独立機運が高揚していた。降伏した日本軍の中にも、部隊を離脱してスカルノ(Sukaruno)らの現地民族軍に参加する将兵も現れ、それが日本人の抑留全体に多大な影響を及ぼした。とくにオランダはイギリスの日本人残留方針に同調・追随し、全員の帰還を途中で打ち切り、引き続いて一万三千余名を多方面での労働へと駆り立てた。これに対して日本政府は、イギリスの場合と同様に、マッカーサーを介してオランダに日本人の早期帰還を訴え、最終的に完全な復員・引揚を実現していく。

第三章は、オーストラリアが管轄した東部ニューギニアと豪北にいた日本人、約二〇万名の抑留から帰還までを明らかにする。ニューギニア戦線では日本軍は敗退を続け、ジャングル地帯で倒れる将兵が続出したが、他方、ラバウルを拠点とするニューブリテン島周辺の豪北地域では、すでに戦闘が終結していたために比較的平穏な終戦を迎えた。しかし降伏後は豪軍の支配下に置かれ、抑留生活を余儀なくされた。それでもキャンプ内では旧来の軍律が維持されて、秩序立った抑留状態が保たれた。加えて戦傷・病患者が膨大であったために、予想に反して早期復員が実現する。その帰還に至る状況を描いていく。

そして第四章は、アメリカが管轄したフィリピンにおける日本人一二万余名の抑留から帰還までを対象とする。イギリスと比較して、日本軍人の復員ばかりでなく民間人の引揚にも熱心に取り組んだアメリカではあったが、激戦地フィリピンでは日米両軍はもとより、フィリピン人にも甚大な犠牲と被害をもたらしたため、現地での日本人に対する憎悪や反発は激しいものがあった。しかも戦犯問題はワシントンの積極姿勢を受けて、マッカーサーと現地米軍はフィリピンでの日本人戦犯の摘発と処分に積極的に取り組んだ。ただし米ソ冷戦が世界的問題になるに従い、マッカーサーは人道的視点と国際的視点から日本人の復員を推進する。ここに英蘭両国の対応との相違が明らかとなる。

以上のとおり本書は、国際的な視座に基づき、英・蘭・豪・米四カ国の一次資料を駆使して、終戦・停戦・武装解除・抑留・強制労働・戦犯裁判・復員という過程を、日本側と連合国側の双方向から光を当て実像を明らかにしようとするものである。そして連合国側でも対日抑留・復員方針をめぐって共通点と相違点があった諸事実を明らかにすると同時に、第二の戦争ともいうべき日本人の抑留生活と復員の複雑な実態を解明したい。

（1）「復員」の本来の意味は、「戦時態勢ヲ整ヘアル軍隊ガ平時ノ態勢ニ復スル意」であるが、ただし「本終戦ニ際シテハ平時ノ態勢ニ在ルモノヲ廃スルコトヲモ含メテ復員ト称」するとある（「編制機構（復員関係）ニ関スル綴」昭和二〇年度（八月以降）防衛研究所戦史研究センター所蔵）。そして「引揚」は民間人を対象とするのに対して、「復員」は軍人・軍属の帰還を指す。本書もこの解釈に従っている。

第一章　ビルマ・タイ・マレー・シンガポールでの抑留と復員
――イギリス軍管轄下

はじめに――開戦から終戦へ

第一章では、南方軍六一万三千名（外地における全日本陸軍の約五分の一）のほか、海軍一一万七千名、一般邦人五万三千名、合計七八万三千名のうち、イギリス軍（以下「英軍」）管轄下に置かれたビルマ、タイ、マレー（マレー半島、シンガポール島の島々を含む地域）で降伏した日本人の抑留状況と復員過程を明らかにする。ただし当初は蘭印（現インドネシア）と北緯一六度以南の仏印（現ベトナム）も英軍が管轄していたため、部分的に対象としたい。

さて一九四一年一二月八日の対米英開戦後、日本軍は圧倒的な勢いで東南アジア方面の英軍に打撃を与えた。まず開戦直後のマレー沖海戦で英軍艦二隻を撃沈し、香港を制圧し、タイを日本との同盟国に組み入れたのに続き、翌四二年二月にはマレーおよびシンガポールの英軍が降伏し、三月にはビルマのラングーンも陥落した。同じ三月に蘭印のオランダ軍も降伏し、五月、フィリピンの米軍も降伏した

インド
インパール
マンダレー
ビルマ
ラングーン
タイ
バンコク
仏印
プノンペン
サイゴン
ペナン
マレー
クアラルンプール
メダン
シンガポール
リアウ諸島
リンガ島
シンケプ島
スマトラ島
パレンバン
ボルネオ島
英領ボルネオ
サマリンダ
バリクパパン
蘭領ボルネオ
蘭印
ジャカルタ
スラバヤ
ジャワ島
大スンダ列島

イギリス軍管轄地域

（巻頭の開戦後の戦況図を参照）。こうして東南アジアはわずか半年でほぼ日本軍の支配下に置かれた。そして一九四三年五月、日本政府は「大東亜政略指導大綱」を採択し、マレーと蘭印の日本領土編入、ビルマとフィリピンへの独立付与を決定する。そこでビルマは八月にバー・モー（Ba Maw）政権が独立を宣言し、米英両国に宣戦した。続いて一〇月、フィリピンではラウレル（Jose P. Laurel）大統領が米国からの独立を宣言し、インドのボース（Chandra Bose）も日本の支援を受けてシンガポールで自由インド仮政府を樹立した。このように大東亜共栄圏の政治構想は順調に進展しつつあった。

ところが軍事面で日本は、一九四二年六月のミッドウェー海戦の敗北以降、劣勢に転じた。制海権と制空権を米軍側に奪われた日本軍は、南方に長く伸びた補給線を米軍から攻撃されたために、多くの日本将兵は補充人員や武器弾薬、食糧を絶たれて孤立した。しかも一九四四年三月にビルマからインドに至るインパール作戦が完全に失敗し、七月にマリアナ諸島のサイパン島が米軍の手に落ちて、日本の安全圏が脅かされるに至り、七月、東条内閣は退陣した。以降、今度は連合軍がビルマ、ニューギニア、マレー、フィリピンなどを次々と奪還していく。そして一九四五年八月、原爆の投下とソ連の参戦によって、ついに日本はポツダム宣言を受諾し、無条件降伏の日を迎えるのである。

では敗戦以降、ビルマ、タイ、マレー、シンガポールにいた日本軍は、英軍主体の連合軍にどのように降伏し、またどのように武装解除を行ったのか。さらには強制労働や戦犯裁判を経て、一体どのように祖国への帰還を果たしたのか。

実は日本軍の復員は二段階で実施された。第一段階では、一九四六年九月までに全体の七六％に該当する六〇万名が復員できた。ところが二四％に該当する一三万二千名もの邦人が、英軍側から現地の復興を名目として残留を強いられ、継続的な労務に従事させられた。これに対して日本政府から懇請を受けた米国、とくに連合国軍最高司令官（ＳＣＡＰ）のマッカーサー陸軍元帥が英軍側に圧力を加え続けた結果、抵抗し続けた英国側もようやく妥協して復員を了承し、残留邦人は一年三カ月後の一九四八年一月に帰還できることとなった。

では一体なぜ英軍は一三万もの日本人を残留させたのか、またなぜ英国は日米両国の厳しい批判を受けながらも、第二次復員を頑なに拒んで早期帰還を認めようとしなかったのか。本章の目的は、これまでの復員史における謎の部分に光を当てることにある。

そもそも英軍は、第二次世界大戦末期、旧宗主国としてビルマ、タイ、マレー、シンガポールばかりでなく、蘭印や仏印方面を含めた東南アジア一帯を日本軍の支配から奪回したことで、戦後この地域を統括する立場に置かれた。そのため、ロンドンの英国政府と現地の東南アジア連合軍最高司令官（SACSEA=Supreme Allied Command South East Asia）マウントバッテン（the Lord Louis Mountbatten）海軍大将は、総計八〇万弱の日本人を統制・管理することと、その食糧確保に忙殺された。しかも破壊された東南アジア地域の復興と再建にも精力を注ぐ必要に迫られた。加えて蘭印や仏印では現地民による独立闘争が勃興したため、この新たな政治問題にも対応する必要があった。

そのような苦境の中で、一九四六年四月、マウントバッテンは日本軍人や民間人すべてを早期に復員させるという当初の方針を転換し、ビルマ、マレー、シンガポール、インドネシアで待機していた日本軍の約一〇万名（民間人も含む）を労務に従事させるために強制残留させる決定を下した。またロンドンの本国政府もこれを正当と認めた。半年ほどで英軍から管轄権を受け継いだ蘭印のオランダもこの方針に追随し、第二章で詳述するとおり、二三万名の日本軍のうち一万三千名を残留させ、現地の復興と再建事業を理由として様々な労働に従事させた。

一方、米国側はポツダム宣言第九項を忠実に履行する立場から、日本軍の日本への早期復員を主張した。この見地から、英国側の日本人復員の遅延と強制残留方針を牽制し、英軍に残留日本人一〇万余名を早く帰還させるよう迫った。[1] 当時、ソ連が抑留した日本人六〇万余名に対する非人道的な処遇が国際問題となっており、米国は、英蘭両国の日本人への過酷な労働状況がソ連と同じ扱いを受けることを嫌ったのである。このように日本人の復員停滞問題は、英蘭両国と米国間に対立を引き起こしたばかりでなく、ワシントンの極東委員会（FEC=Far Eastern Commission）でも国際問題化した。その背後には、米ソ冷戦などの国際情勢も深く関連していた。

このような国際的視野に基づいて、時系列に、（一）終戦と降伏、（二）強制労働と戦犯裁判の開始、（三）英軍の復員計画、（四）一〇万名の現地残留への方針転換、（五）残留方針をめぐる英米対立、（六）残留をめぐるマッカーサーおよび日本政府の英蘭批判、（七）残留者の復員をめぐる英米対立、（八）残留者の復員計画の進展、（九）残留者の復員開始、（一〇）残留者の復員完了、に区分して各状況を明らかにしていく。

なお本書では、ロンドンの英国立公文書館（The National Archives）で収集した英政府資料と現地英軍資料を用いる。[2] 日本側の資料では、防衛研究所図書館所蔵の厚生省引揚援護局史料室編「終戦前後に於ける南方軍一般の状況（以下「南方軍状況」）」、外務省外交史料館の所蔵資料「太平洋戦争終結による在外邦人保護引揚関係雑件——在外各地状況及び善後措置関係・日本軍隊撤収関係、外務省記録（以下「在外邦人引揚関係」）」、平和祈念事業特別基金編『平和の礎』「軍人軍属短期在職者が語り継ぐ労苦」（以下、兵士編）に収録された多くの復員将兵の体験記を用いる。

一　終戦と降伏

（一）終戦直前の南方軍

東南アジア地域を広く管轄した南方軍（巻頭の編制図を参照）は、ビルマ方面軍、第七方面軍（シンガポール）、第八方面軍（ラバウル）、第一四方面軍（フィリピン）、第一八方面軍（タイ）、第三航空軍（シンガポール）を擁していたが、一九四五年四月末から第一四方面軍（山下奉文《やましたともゆき》大将）が米軍の強大な侵攻を受けた結果、組織的抵抗力を失っていた。またビルマ方面軍（木村兵太郎大将）も五月初めのラングーン失陥以後、タイ・ビルマ（泰緬）国境地帯へと総退却を続けていた。ここに至って南方軍は、仏印・タイ・シンガポール周辺の防衛力を強化し、「自戦自活をもって永久抗戦の態勢」を取るほかなかった（前掲「南方軍状況」一頁）。

これに先立ち南方軍総司令官の寺内寿一《てらうちひさいち》元帥は、前年一一月に総司令部をマニラから再び南部仏印のサイゴン（西貢）東方のダラットに戻し、同時にビルマ方面軍を解体して、タイの第三九軍を第一八方面軍（中村明人中将）に改編した。さらに六月以降、第一五軍（第一五師団、第五三師団、第五六師団など）をタイ地区に、第五五師団を仏印に、第二二師団をマレーに転用させた（同一〜三頁）。

さて終戦の情報は、八月一〇日にワシントン発の放送傍受から始まった。寺内は一三日、「非常最悪の事態（終戦の意――以下断りのない限り注は増田）」を予測して幕僚会議を開いたが、会議は容易に決着しなかった。寺内は最後まで沈黙を守り続けた。翌一四日夜、支那派遣軍総司令官から「抗戦を継続したい」との電報が南方軍にも届けられると、総司令部内では支那総軍と呼応しようとする動きがあったが、寺内は静かにこれをしりぞけ、「徒《いたず》らに御宸襟《ごしんきん》（天皇陛下の御心）を悩ませ」てはならない、と幕僚を戒めた。実は同日夜の時点で寺内は、「一五日正午に天皇の重大放送が行われる」ことばかりでなく、「天皇がポツダム宣言受諾を決意している」との情報を得ていた（同一二～三頁）。寺内の決意は固まっていたわけである。

（二）トップダウン型の終戦決着

一五日当日、天皇の玉音放送による「終戦の大詔」に接すると、寺内はただちに「承詔必謹《しょうしょうひっきん》（天皇による終戦命令の遵守）」の態度を鮮明にした。そして隷下の諸部隊と現地海軍（第一〇方面艦隊）に対して任務を続行し、南方軍の命令がない限り、敵側との交渉に応じることなく「撃攘《げきじょう》せよ」と命じながら、他方で「進攻作戦の中止」を命じた。つまり緩急の指令を織り交ぜながら、部隊内の平穏化を図ったわけである。

翌日、寺内は、ダラットの総司令部に第七方面軍司令官の板垣征四郎大将、第三航空軍司令官の木下敏中将、第一〇方面艦隊司令官の福留繁中将、そして直轄方面軍の全参謀長を召集し、改めて「承詔必謹」の根本方針を言明するとともに、進攻作戦の中止と停戦についての所要事項を命令した。一七日には、武装解除等に関して、東京の梅津美治郎《うめづよしじろう》陸軍参謀総長、阿南惟幾《あなみこれちか》陸軍大臣宛に次のような意見を具申した。南方軍の武装をやむなく解除する場合でも「自発的」にこれを実施し、①軍隊を敵に渡さない、②武器は日本内地まで携行する、③将校は「佩用《はいよう》（帯刀）」する、④現地の治安維持と暴動鎮圧等に必要最小限の兵器等を保存することを最低条件とする旨を要請した（同一三～五頁）。のちに連合国側からことごとく峻拒されることからすれば、きわめて甘い現状認識であった。

　終戦の報に接した各方面軍将兵は動揺が激しく、自決者など困難な事態が予想された。戦闘状態が極度に悪化していることは一般兵士でも察知できたが、各部隊ともに抗戦意欲が依然旺盛であり、何よりも日本が降伏することを予想する者は皆無に等しかった。

　サイゴンにいた原源司は、「八月十五日正午、重大放送があるとのこと。放送は不明瞭で主旨はどうやら「最後の一兵まで戦え」とのことらしい。もちろん覚悟の上のこと、みんな頑張ってやろうということで落ち着きました。ところがそのうち、本部の兵技の曹長が「どうもおかしい、負けたんじゃないのか？」と言い出して騒然となり、そのうち師団司令部その他の高級司令部より「降伏」と伝えて来ました。宮様が陛下の命令書を持って、説得に来られるとのこと。無条件降伏が確定して、私達は半年分の給料をもらいました」と回顧する（「南方戦域転戦回顧」『平和の礎13（兵士編）』）。

　ビルマのモールメンで終戦の報に接した大江孝祥は、「部隊内では一時期ではあるが混乱が起きて、下士官以上は皆銃殺されるとか、部隊を再編して敢闘隊を組織してインドネシア付近であくまで戦うのだといった流言蜚語が飛び交い、どうせ殺されるなら兵器をビルマ人に売り渡して、たらふく食べて死ぬんだと、英印軍が来るまではそのような生活が続いた」と明かす（「五年にわたる南方転戦」『平和の礎

17（兵士編）』）。にもかかわらず南方軍は降伏宣言に抵抗することなく、穏当にこれを受諾する方向へ進んだ。実は南方軍ばかりでなく、フィリピンの第一四方面軍も、そのほか台湾の第一〇方面軍やラバウルの第八方面軍でも同様となった。いずれの場合も、各司令官の沈着冷静な態度と整然とした裁定が、不穏な混乱を予防したわけである。もちろん寺内が天皇の絶大な威信を最大限利用したことも事実ながら、司令官のトップダウン型の決着方式が効果をもたらしたといえる。

（三）南方軍の停戦交渉

終戦直後の南方軍は、大本営の命令に基づいて、全軍に積極進攻作戦の中止を、次いで停戦を命令したが、交戦中の部隊への処置が難しかった。ともかく八月二一日、南方軍は局地的な停戦交渉の実施を許可した。同じ時期、日米初のマニラ会談が行われて、連合国側から「終戦処理の管轄区分」が提示され、この結果、南方軍に対しては、北部仏印の部隊を支那派遣軍総司令官へ、ニューギニアの第一八軍をラバウルの第八方面軍へ、フィリピンの第一四方面軍を大本営直轄へと指揮系統を変更することが命じられた。そこで第一四方面軍は米軍と、北部仏印部隊は中国の蔣介石軍と停戦交渉を行うことになったのである（同一五～七頁）。

さて南方軍の降伏を担当したのはマウントバッテン指揮下の「東南アジア連合軍（以下「連合軍」、SEAC=South East Asia Command）」であった。英軍主体の連合軍は、東南アジア連合陸軍（以下「連合陸軍」、ALFSEA=Allied Land Forces South East Asia）ほか、英太平洋艦隊（BPF）、東南アジア空軍（ACSEA）から編制され、全兵力はインド軍（以下「印軍」）を含む約一〇〇万となった。ただし日本軍の降伏のために出動できるのは英印軍程度であり、兵力は十分とはいえなかった。

そのため英軍側は二点を憂慮せざるを得なかった。第一点は、日本軍の総兵力が陸軍六一万三千名、海軍一一万七千名の計七三万名に達し、これに民間人五万三千名を加えると総計七八万三千名と予想以上に膨大であったことである。第二点は、南方軍がマレー半島（第二九軍）から、シンガポール・スマトラ島（第二五軍）、ジャワ島（第一六軍）、ボルネオ島（第三七軍）、セレベス島（第二軍）まで、東西五千キロもの広範囲を支配しており、島嶼群によって分散していることであった。米軍が管轄するフィリピンの第一四方面軍が一〇万～一二万と推定されており、それと比較すれば、英軍が管轄する日本軍がいかに膨大で広域であるか歴然としていた（田中宏巳著『復員・引揚げの研究——奇跡の生還と再生への道』新人物往来社、二〇一〇年、六〇～二頁）。進駐軍の数十倍に匹敵する日本軍がはたして素直に降伏に応じるのか、抵抗なく武装解除を完了できるのか否かは、英軍当局にとって大きな悩みであり、賭けでもあった。

（四）試練となった対英交渉

一九四五年八月二一日、マウントバッテンから寺内に対して、「降伏手続き」のための全権委任者をラングーン（現ヤンゴン）へ派遣するよう求めてきたため、寺内は総参謀長の沼田多稼蔵《ぬまたたかぞう》中将に全権を委任した。そこで沼田一行は二六日にラングーンに飛び、連合国代表と初めて会見した。その際連合軍側は、俘虜の救出、航空機による哨戒偵察、指定水域からの日本軍撤退など六項目を要求し、暫定的な降伏文書の写しを日本軍に手交した。他方日本軍側は、先方の要求に基づく情報書類を提出した（前掲

「南方軍状況」一九〜二〇頁)。

翌日も会見は継続され、連合国側は前日に提示した文書への調印を求めた。沼田はこれを適当と判断して署名した。その第三項には「南方軍全軍は即時海陸空の戦闘を停止する」とあった(同二〇〜一頁)。同時に具体的な降伏条件として、「陸上部隊の停止及び航空機の繋留」ほか、計一四項目が記されていた。とくに三番目の条項は、「A武器装備車輌弾薬火薬各種戦争物資及び糧食、B築城地帯及びその武器野戦砲、C全航空機及びその装備品並びに飛行場」などを「損傷せずに良好な状態で引き渡す」ことを要求していた。

この停戦交渉は沼田に大きな試練を与えた。予想以上に連合国側の降伏条件が厳しく、日本側の条件はすべて拒絶されたからである。恐らく沼田は総司令部内で詰問されたのであろう。南方軍はこのような降伏文書案を強要される前に、修正案を連合国に申し入れる方が得策であると判断した。そこで九月四日、再び沼田らはラングーンへと向かった。第二次交渉での日本側の主眼は、三大根本要件(①武装解除、②軍隊および在留邦人の生存、③内地帰還)を強く申し入れ、これを正式文書とするか、やむを得ない場合でも、諒解事項として連合国から言質《げんち》を得ることにあった。しかし英軍代表者はまたも日本側の要求を拒否し、九月一二日にシンガポールで降伏式を実施することと同時に、正式の降伏文書案を提示し、寺内ら陸軍側と海軍側代表者の出席を促した。沼田は寺内の病状悪化を説明し、板垣を代表とするとの了解を得て、九月九日にサイゴンに帰着した(同二三〜四頁)。一行の落胆ぶりが想像できる。

（五）連合軍の進駐と日本軍の降伏

沼田を通じて厳しい現実を思い知らされた南方軍総司令部は、英軍の進駐に先手を打つため、①各地区での速やかな停戦と連合軍進駐への協力、②連合国側の俘虜・抑留者の引渡し準備、③日本側による円滑な武装解除と自衛兵器の残置に関する準備、④日本軍と在留邦人の生存維持などの方針を決定し、全部隊にこれらを忠実に実行するよう指令した。

九月、連合軍主力が本格的な進駐を開始した。英軍側は既述のとおり、日本軍が素直に降伏に応じるか否か、抵抗なく武装解除を受け入れるか否かを懸念していたが、すべて杞憂に終わった。日本側は、各地区に進駐してきた連合軍の最高指揮官との交渉を混乱なく進め、整然と降伏文書に調印したのである。まず八日バンコク、一二日シンガポール、一三日クアラルンプール、二五日サイゴン、一〇月一日ジャカルタ、二一日パダン（スマトラ島）、そして二四日ラングーンを最後として、南方軍は降伏手続きを完了するに至った（同二五頁）。

しかし英軍側は進駐して日本軍を降伏させたのちも、多様多様な終戦業務に翻弄された。膨大な日本軍の収容・管理問題ばかりでなく、日本軍に代わって現地の治安維持、食糧の確保と生産、さらに行政的処理に当たる組織の役割が緊急課題となったからである。本来の植民地宗主国である蘭仏両国が早くインドネシアやインドシナに復帰できれば、両地区の管理権を引き渡せるが、第二次世界大戦でドイツ軍から侵略を受けた両国からの派兵はしばらく期待できなかった。やむなく英印軍は当面の駐屯を余儀なくされた。しかも必要資材や日用品、食糧などは多量に及び、輸送にかかる経費の捻出や船舶の調達に苦心することとなり、進駐完了までに一カ月以上を要した（前掲書『復員・引揚げの研究』六二頁）。

二　強制労働と戦犯裁判の開始

（一）降伏後の日本軍の処遇、ＰＯＷかＪＳＰか

一九四五年八月二二日、マッカーサーからマウントバッテンに対し、降伏した日本軍将兵に関する重要文書が届けられた。それは、①連合国はポツダム宣言に従って、降伏した日本軍将兵を完全に武装解除したのち、彼らを母国へ戻す義務がある、②「降伏した日本軍将兵（ＪＳＰ）」は「武装解除された者」と見なされ、必ずしも「戦争捕虜（ＰＯＷ）」と見なされるべきではない、といった指示であった〈Top Secret は以下〈TS〉, August/22/1945 は〈8/22/45〉と略す。AIR〈空軍省〉40/1850 文書。また同一文書の場合は以下番号を省略する〉。マッカーサーはまもなく降伏した日本軍人を「戦争捕虜と見なす」との見解に変わるが、「早期帰還」の方針は終始一貫していた。そのため、後述のとおり、日本軍の早期帰還に抵抗する英国側に対して苛立ちを隠さなかった。

この日、日本軍の降伏に関する原則をめぐり、英軍の高級幕僚会議が開かれた。その結果、①敵国人は武装解除と強制収容を実施する軍司令官に対して降伏する、②軍司令官は「戦争捕虜（ＰＯＷ）」と「日本人降伏者（ＪＳＰ）」の管理・調停・規律・防護の責任をもつ、③通常は陸軍がこの責任を担うが、例外的に空軍・海軍が責任を担う場合もある、という基本方針を決定した。他面、降伏者の本国帰還（優先順位、帰還期日、必要な船舶調達等）に関しては、マッカーサーから情報を得る必要があるほか、戦争捕虜の処遇と武装解除の方法では、ＳＡＣＳＥＡ（東南アジア連合軍最高司令官）かＳＣＡＰ（連合国軍最高司令官）か、どちらが指示や指令を出すのかといった疑問が提起された〈Secret は以下〈S〉,

8/28/45, AIR〉。この指揮権の問題は、後述のとおり、日本軍復員をめぐる英米間の政治的争点となる。

同時に、「日本軍の早期復員の方法」と「日本軍をPOWと見なすか否か」という二つの問題もまた英軍上層部の重要課題となっていくが、とりわけ後者が緊急であった。すでにマウントバッテンは、POWを次のように狭義に解釈していた。「戦争犯罪人、憲兵隊（日本のゲシュタポ）、特務機関（中央情報局）、光機関（日本の在インド機関）、諜報部員、情報機関員（陸海軍・民間を問わず）、これら組織に属する日本人以外の者すべて、強制収容所の監視員は、POWとして逮捕されて収監されるべきであり、反抗する者は地位の上下を問わず逮捕される」〈〈TS〉 8/24/45, AIR〉。

ところがSACSEA総司令部は、九月一日、「POW」と「JSP」を明確に区分し、前者は「ジュネーブ協定によって丁重に処遇され、将校は一般兵士と区別されて厳しい監視下に置かれ、われわれが完全な責任を負う」が、後者は「武装解除後は自己の属する将校と部隊の指揮下に入り、日本の軍司令官が彼らの規律と行為に対して責任をもつと同時に、その管理に対しても責任をもつ」と規定した〈〈S〉 9/1/45, AIR〉。そしてマウントバッテンはロンドンの内閣府宛の極秘文書で、「戦犯、憲兵隊、特務機関員、参謀部情報員、日本の情報員、日本の情報機関に雇用された日本人以外の者すべて、戦争捕虜収容所および連合軍捕虜の強制収容所監視員」など特定の日本人は「POW」ではなく、「拘束された降伏者」として扱われる、と前回とは異なる解釈を提示した〈〈S〉 9/18/45, AIR〉。彼の方針変更の背後には、日本人の雇用および賃金問題があったことは明白である。

(二)「雇用された日本人に賃金支払いは不要」

マウントバッテンにとって日本人の雇用問題は、当初から重要案件であった。彼は終戦直後の八月二四日、英軍管轄下の各軍司令官に対して、日本人の雇用と厳罰主義の方針を伝え、その中で、①軍務に直結する労務について、日本人の雇用を制約する政策は適切ではない、②もし日本人が労務を拒む場合、〝射殺〟を含む厳罰措置を取るべきである、③降伏した日本人をPOWとして処遇できるのは、前掲の特定の職務にあった者だけであり、彼らを捕虜として逮捕し収監すべきである、と命じた〈〈TS〉8/24/45, AIR〉。

しかしマッカーサーは、「日本人の雇用については各方面の司令官の裁量に委ねるが、日本人の復員を遅延させてはならない」と厳命しており、また英空軍省もSACSEAに対して、「われわれは降伏した日本軍将兵の地位と雇用に関して、米国の政策に同意」しており、「日本人〝捕虜〟をジュネーブ協定に応じて処遇する」よう指示していた。反面、空軍省は、①「武装解除された日本人」はジュネーブ協定の特典を得る資格はなく、その管理と維持は連合軍の監視下にある日本軍の責任となる、②特殊の事例を除いて、すべての将校は「武装解除された者」として処遇され、彼らに対する「賃金支払い義務は免れる」し、特別扱いできる、③われわれは日本人の雇用について何ら制約を受けないが、労働を拒否する者を射殺するのは正当とは考えない、効果的な方法を用いて目標を達成した方がよい、④傲慢な態度の日本人は逮捕されるべきだが、武装解除が終わるまでは慎重に対応するなど、柔軟な方針を提示していた〈〈TS〉8/24/45;〈TS〉9/11/45, AIR〉。

結局マウントバッテンは、九月一八日、これまでPOWと規定していた戦犯や特務機関員などを

「拘束された降伏者」のリスト内に入れ替え、その上で、マッカーサーの米太平洋地域陸軍（USAFPAC=U.S. Army Forces in the Pacific）は「雇用された降伏者への賃金は支払われるべき」という見解であるが、私は「階級ごとの通常賃金以上を与えるべきではない」と回答し、「降伏した日本人の労働業務に対する余分な賃金支払いはしないよう」命じる旨を明らかにした（〈S〉9/18/45, AIR）。つまり、マッカーサーの見解には同調しないとの態度を示したわけである。これに対して英陸軍省は、二九日、「階級ごとの通常賃金以上を支払うべきでない」との考え方に同意し、賃金の支払い問題は日本側の問題であり、わが方の「支払いはまったく不要」であると言明し、マウントバッテンを全面的に支持する姿勢を鮮明にした（〈S〉9/29/45, AIR）。

要するに、英国側は日本人を財政的負担を義務とする「捕虜」ではなく、「日本降伏者（ＪＳＰ）」と定め、たとえ「ＪＳＰを雇用しても労働賃金の支払いは不要である」との見解であった。つまり米国側の見解と真っ向から対立し、ここに英米間の違いが顕現化した。

ＳＡＣＳＥＡ総司令部はロンドンから承認を得たことで、一〇月、日本人を「管理下にない降伏者」、「管理下にある降伏者」、「戦犯」の三種に分け、前二者の「降伏者に対する賃金支払いは、連合国軍の責任ではない」、「ＳＡＣＳＥＡ内の通貨での賃金支払いはしない」、「降伏者は管理下にある期間中に賃金を受け取れない」との三方針を提示した。そしてＰＯＷとは「終戦〝以前〟に捕らえられた者」のみであり、その者への賃金は連合軍の責任となり、「その賃金に関する必要な指示は東南アジア連合陸軍（ＡＬＦＳＥＡ）司令官から出される」と定めた。前回よりも一段と捕虜の定義を狭めたわけである。しかも「降伏者（ＪＳＰ）」は、「司令官から要求される再建・復興・維持業務などの労務のために雇用される」、「雇用期間中に彼らは賃金を受け取れない」、「降伏と武装解除の時期に、日本人も各部隊も英国国旗に敬意を表する等の適切な態度を求められる」と指令された（〈S〉10/45, AIR）。

つまり「ドイツ人・イタリア人が拘留後、戦争捕虜ではなく降伏者とされる」との原則を日本人にも適用し、独伊両枢軸国の降伏者と同列に処遇する基本方針をここに決定したわけである。もはや捕虜待遇と強制労働に関する英米間の見解の乖離は明白となった。

（三）強制労働の実態

南方軍の各地域では連合軍の進駐後、武装解除された。

ビルマにいた千古一三は、「武装解除は（終戦）翌日英軍の伍長二人が来て、武器一切を持ち帰りました。山の中に野病（野戦病院）を開設していたら、英軍の飛行機が大きな袋に米を入れて投下してくれましたし、副食物はコンビーフや牛乳等、どんどんトラックで届けてくれました」と証言する（「衛生兵でブルマ、マニラへ」『平和の礎13（兵士編）』）。

同じくビルマにいた種村数一は、「武装解除はタイ国のチェンマイに集結してから行うとの事で、国境を越えてチェンマイに到着し、英軍の手で武装解除されました」と明かす（「戦争末期のビルマ」『平和の礎13（兵士編）』）。その後日本側は労務を要求されたため、これに応じることとなった。日本軍はラングーンの降伏協定で、連合国側の命令や指示に従う義務を負ったからである。当時、各地域の日本人（陸海軍軍人・民間人）は別表のとおりの人数であった。彼らの大半は「作業隊（労働隊）」として労務へ駆り出されたが、第一次復員終了時にその一部が強制残留させられることはのちに述べるとおりである。

降伏時の各地域の日本人（単位：名）

マレー	36,000
シンガポール	42,000
リアウ諸島	75,000
英領ボルネオ	12,000
蘭領ボルネオ	12,000
セレベス	22,000
カイ諸島	11,000
スンバワ島	20,000
蘭領ニューギニア	21,000
ジャワ島	73,000
スマトラ島	71,000
合計	395,000

出典：前掲「在外邦人引揚関係」

降伏後の南方軍の状況について、沼田総参謀長が四六年一～二月に南方各地を視察し、三月二日に第一復員省（陸軍省の後身）に報告している。①各地域ともに軍紀は維持されて士気は高く、様々な困難を克服しているものの、「給養（食糧）」次第でその士気も左右されるだろう。②衛生状態が全体に悪く、とくにニューギニアは全体の二～三割がマラリア患者で占められ、ボルネオ島も二割、その他も入院患者が一割に達し、各地区ともに衛生材料の不足が目立つが、とくにインドネシア地区が甚だしい。③労務ではマレー一万五千名、シンガポール二万六千名、英領ボルネオ五千名弱、蘭領ボルネオの健康者と、ジャワ島一万名余が荷役・道路建設・雑役などに従事している（前掲「在外邦人引揚関係」昭二一・三・二）。

しかし地域差が相当あった。ビルマで武装解除された兵士の富樫辰太郎は、抑留中の労働状況を次のように証言する。「（終戦後の）一〇月、パンガのゴム林内にできた日本軍降伏者収容所に移動。間もなく労役が始まった。……暗いうちに出発するので肌寒い。日が上れば猛暑になる。仕事は海上沖合に投棄する旧軍の弾薬運搬、重いことと身にこたえる。……英軍の給与（食事）は悪く野菜もない毎日が続く。栄養失調者も出ているようだ。……自動車道路建設工事が始まった。ジャングルを伐採しての作業である。……われわれは、十字鍬に円匙《えんぴ》（スコップ）と鋸《のこぎり》だけの工具で、木は鋸で切り倒して焼き払い、根を掘り上げ、土はモッコでかついで運ぶ。服装は褌一丁にハダシかワラジ、まさに人海戦術である」（「敗戦のビルマにて」『平和の礎3（兵士編）』）。

またシンガポールで降伏した兵士の小野三作は、「ビルマ、仏印、タイ、及びマライ方面にいた日本軍将兵が一万人近く収容された。翌日から、我々捕虜は四五種類の作業に分かれて、朝食が済むとイギリス軍のトラックが迎えに来て、作業に連れて行かれる。休日は無く毎朝六時起床、朝食は七時、顔を洗う水も無く飲料水が有るだけ。朝食は個人個人が並んで飯盒を持って配ってくれるのを待つ。朝食と言っても、飯盒の蓋にカタクリの溶いたのが一杯、その外に昼食としてイギリス軍が野戦で食べていたレーション（兵士が戦場に携行する食糧）の缶詰が一個渡される。……毎日続く赤道直下での重労働作業で、病人や作業での怪我人が後を絶たない」と明かす（「戦争で歩んで来た青春時代の我が人生」『平和の礎13（兵士編）』）。一方、ビルマ戦線からタイへ移動中に終戦を迎えた士官の岩屋明治は、「部隊全員は捕虜になったという意識はなかった。……収容所表門には歩哨が立っていたが、丸腰であり通行は自由であった。我々捕虜には強制労働はなかったが、自主的には道路の作業が各隊に割り当てられ、一日の労働時間は三時間程であった。給与面では定量以下であったが、野菜や肉が少しずつ支給されたので栄養失調にはならなかった」と証言する（「雲南ビルマ戦線撤退、終戦、復員まで」『平和の礎3（兵士編）』）。

これに対して英軍は、戦時中に日本軍下の捕虜収容所で過ごした英国人捕虜を、解放後、日本人の戦犯容疑者の追及や調査、日本兵の監督に当たらせた。彼らは捕虜生活で味わった恨みを口に出しては、日本軍兵士に容赦のない仕打ちを繰り返した。英蘭軍に収容された日本兵は、長時間労働、休憩時間や食事のカット、休日の取消し、嫌がらせを目的とした作業や体罰など、数え切れない陰惨な虐待にあった（前掲書『復員・引揚げの研究』八三〜四頁）。

ただし英軍管理下のマレーやビルマでは、日本軍の部隊編制を残し、管理上、大いに利用した。軍司令官、参謀長、師団長、連隊長、大隊長、中隊長等のラインが従来どおり機能し、収容所内での命令の伝達、業務の調整、規律維持が図られた。そのほか余暇、教育や職能課程の導入、教養講座などが行われた。ともすれば目的を失って自暴自棄に陥りやすい収容所生活に、軍組織の存置は一定の方向性を保つ効用もあった（同書一〇〇〜一頁）。

（四）戦犯裁判へのマウントバッテンの疑念

雇用問題と並行して、マウントバッテンが積極的に取り組んだのが、日本人の戦犯逮捕と裁判の問題であった。九月一八日、彼は戦犯裁判のあり方を検討する小委員会が設置されない限り、満足な結果は得られない、となれば一般世論や元戦争捕虜やマスコミが批判を強めるだろう、と指摘した。英外務省も国際世論に注意を払う立場から、この見解を支持した。しかし小委員会の設置がうまく進展せず、不満を募らせたマウントバッテンは、本国の内閣府に対して、①〝マイナーな日本人戦犯〟をこの裁判所が扱うのか否か、②この裁判所が扱うべき犯罪の内容とはどのようなものか、③訴追手続き以前に司法長官等の裁可を必要とするのか否かなどを質した〈S〉9/18/45;〈S〉9/19/45; Confidential は以下〈C〉, 10/21/45, AIR40/1850）。これに対して内閣府は一〇月、①貴官が米軍事当局者と意見交換すべきである、②戦犯リストと全記録が中央登録所へ送付される態勢を整えるべきである、③貴官は連合陸軍と印軍両司令官に対して裁判所の招集を認可せよ、と指示した〈S〉10/26/45, AIR40/1851）。

ただしマウントバッテン自身は、戦犯裁判に懐疑的であった。①指導者の責任を問う裁判では、たとえ残虐行為に被告が関与した証拠を示しても、日本人は異なる解釈をするだろう。むしろ劣等な英国人を虐待したことで英雄視される。「戦争法を犯した」事実をどのように本人に認めさせるのか私にはわからない。②恐らく裁判は成功しないだろう。フィリピンの山下（奉文）裁判はその懸念を示している。マッカーサーは公平な裁判を許しておらず、ジュネーブ協約に違反している。③東南アジアでの残虐行為を有罪とするのか、それとも政策者をその直接的責任者とするのか、定義を厳格にしなければならない、と指摘したのである（Restricted は以下〈R〉, 11/17/45, AIR）。それは戦犯裁判の難しさを的確に突いていた。

ようやく一一月に戦犯裁判の準備が整い始めると、マウントバッテンは次々と指令を発した。英陸軍省は中国から二〇名の通訳を派遣し、法務官のチームが結成された。シンガポールでは戦犯の決め手となる証拠（写真・展示品等）が収集され、戦犯容疑者のファイル・システムも機能し始めた。登録所は一万二千件の「質問調査表」を整理し、容疑者約三千名を登録して、逮捕者七五〇名のリストを保管した。そのほか処刑人、ロープ、絞首台も用意され、処刑者はチャンギ刑務所に収監されることも決まった（45〈月日不明〉WO〈陸軍省〉203/2727）。

初の戦犯裁判は一二月三一日にシンガポールで行われた。その際、次のような原則が定められた。①戦犯は英国法廷の伝統と一致させる。②戦犯裁判では証拠や手続きなど迅速さが要求される。③すべての裁判では、（a）被告の証明、（b）被告が関与ないし幇助した証拠、を前提とする。④もし被告が「有罪ではない」と申し立てた場合、裁判所は自己弁護を許すが、自己弁護の内容は犯罪に関連する事由に限定し、法廷の判決文への反駁は絶対に許されない。⑤被告は裁定した裁判官に対して上告する権利をもつが、上告の意思は四八時間以内とする。ただし司法官が上告を拒否した場合、判決は有効となる（〈S〉11/20/45, WO）。このように法廷の進行は迅速さが強く求められたのである。

（五）戦犯裁判――無理な日程と大幅な遅れ

英軍側による日本軍の武装解除が順調に進展し、また戦犯裁判の準備態勢も整うに従い、日本人の戦犯逮捕が進捗していく。ただし各地域の政治的・社会的事情が異なるため、戦犯裁判は一律に実施できず、様々な格差が生じた。

一九四六年四月四日、連合陸軍の参謀長は各地域の軍司令官に次のような戦犯の審査状況を伝えた。タイでは三月末に一一万名を対象とする審査が開始され、在タイ英軍は三万名の日本人の審査を五月末までに処理し、九月一日までに完了させるため、月々約三万名のペースで処理しつつある（一日に一千名の審査ペース）。そのほか北ボルネオでは三月末で計七〇八一名を終了し、約二万一千名の日本人の審査を完了して、四月中旬までに全員が復員予定である。仏印でも戦犯裁判は計六万八二六三名が終了し、日本への引揚は四月から始まり、約一万二千名が五月一日までに集結地へ移動する。そして約三万名が五月中に移動し、約二万六五〇〇名の残りは六月中に移動する。ビルマ、マレー、レンパン島、ガラン島では全員の審査が実施され、復員船の到着以前に残りの審査を終了する。ビルマで労働中の二万名が審査を猶予されているが、七月末にリアウ諸島から復員を開始できる（4/4/46, AIR40/1852）。

続いて四月二〇日にも、連合陸軍司令部は各軍司令部に次のような報告を出した。①シンガポール地区司令部は、同島の戦犯容疑者四千名全員の集結を命じられている。②二五六名の戦犯容疑者がすでにバンコクからシンガポールへ移送されている。バンコクに残る九五〇名は、仏印からの三七〇名と英領ボルネオからの二七三名とともに、シンガポールへ移送される。③ガラン島で収監された戦犯容疑者は、シンガポールに収容される。ジャワで裁判を受ける者はバタビア（ジャカルタの別称）へ移送される。同様にスマトラでも戦犯容疑者は早急にジャワないしスマトラへ移送される（4/20/46, WO203/5968）。

右記のとおり、各地域での戦犯逮捕後の裁判状況は決して順調とはいえず、むしろ予定よりも大幅に遅れ気味であった。タイではわずか一カ月間で一万名もの大量の戦犯裁判を行う必要に迫られ、非常に無理な裁判となった。

では日本側は戦犯裁判をどのように見ていたのか。英軍下で実施されたシンガポールとクアラルンプールでの裁判では、当初、弁護人は英国側が担任したが、その後日本側がすべて担任となった。しかし裁判らしい裁判は一部にすぎず、しかも審判上の決め手となる情報は、英・蘭・仏軍が植民地支配のために築いた戦時中からの密告組織による情報であったり、東南アジア各地にいた反日的な華僑の証言であったりと、日本の将兵にとって不利な判決につながった（前掲書『復員・引揚げの研究』一一九頁）。

シンガポールで抑留された陸軍下士官の森由治は、次のように証言する。クルアン検問所では、「連合軍の戦犯リストと各人の照合を行い、『白』＝戦犯の疑いなし、『灰色』＝戦犯の疑いあり、『黒色』＝戦犯の疑い濃厚、の三組のテントに区分され、私物を含む携行品などを持っていると検査が厳しく、他の隊員に迷惑が掛かるので焼却または廃棄するよう指示があった。そのため開戦以来の大切なメモや写真、現地購入の私物など一切を焼却したり、穴を掘って埋めたりした」。「検問を通過した者は、クルアンから列車に乗せられてシンガポールに戻され、いよいよ無人島（レンパン島）へ送り込まれる」（「南の国の抑留——恋飯島」『平和の礎9（兵士編）』）。実際この島で地獄の苦しみを味わった兵士の羽田野正義は、「狭いレンパン島に七万もの兵隊が入って来たので野菜代用の野草、海草、木の芽など二〜三日で取り尽くしてしまった。……一日（米）百グラム、小さな湯のみ茶碗一杯ぐらいで、これではとうてい足りない。みな真剣になって栄養カロリーの取れる魚、野草、海草など集めるのに苦労した」と証言する（「南方抑留レンパン島」『平和の礎5（兵士編）』）。

このように英軍はレンパン島やガラン島など無人島を日本軍捕虜収容所として利用した。両島はシンガポール南方六〇キロの沖合にある蘭領の無人島であり、かつて第一次世界大戦中にドイツ人捕虜二千名が送り込まれ、マラリアで全滅した。孤島に捕虜を隔離すれば、脱出は不可能であり、警備も不要となる。このため、苦しい台所事情には最適の方法であった。あとは日本兵が開墾を急ぎ、自給自足できるか否かであり、たとえ日本兵がマラリア熱に倒れてもそれは連合軍の責任ではなく、南洋地域では一般的死因だから批判されることもない。一石二鳥、三鳥の良策として実施されたのである（前掲書『復員・引揚げの研究』九七〜八頁）。

（六）深刻化する米・食糧問題

連合軍にとって日本軍の降伏以降、武装解除、戦犯裁判、労働使役と重大な課題が続く中で、急速に深刻化した問題が日本人が主食とする米不足であった。その主原因は、戦争によって船舶や航空機や鉄道が破壊され、それが人的・物的移動を遮断し、地域間の輸出入や交流を困難としたからであった。それは人口が集中する都市部に米や食糧の欠乏をもたらし、東南アジアに点在する日本軍の収容所でも混乱が生じることは必至であった。

一九四五年一一月、連合陸軍司令部は各軍に米・稲の生産状況を報告するよう命じた。その結果、米の三大生産国であるビルマは国家再建に忙しく、米輸出に配慮を示さず、タイも一三万三千トンを輸出できる可能性があるが、政府内の混乱で遅れており、ベトナムも輸出可能な米は七千トンにすぎない、という苦しい状況が判明した(11/14/45, WO203/4369)。しかも各国では戦時中に多くの飛行機が破壊され、船団も消滅していた。米運搬用の蒸気機関車の運行も見通しが立たず、港湾設備の不備も指摘された。これらの情報から、米の貯蓄は同年末までに底を突くことが判明した。そこで連合陸軍は、(a)ビルマ政府は米の配送と精製所の能力を増強すべきである、(b)タイ政府は急速な米の配送を確実にすべきである、(c)サイゴン協議会は状況を再度検討すべきである、といった指令を発せざるを得なかった(11/14/45, WO)。以上のように米と食糧をめぐる環境は極めて厳しいものがあり、そこから日本人を残留させ、食糧生産に従事させるべしとの案が浮上してくるのである。

三　英軍側の復員計画

(一)英軍による南方軍の復員計画

マッカーサーから指示されるまでもなく、英国政府と現地の東南アジア連合軍(SEAC)は東南アジアから七〇万余の日本軍の復員を実行するつもりであった。一九四五年一〇月一一日、東南アジア連合軍最高司令官（SACSEA）下の統合行政計画参謀部（JAPS=Joint Administrative Planning Staff）は、次のような基本方針を固めていた。

（1）政治・経済・軍事的見地から、降伏日本人（JSP）の収容と帰還のための総合計画を準備している。連合陸軍司令官は、日本軍を無限に現地にとどめることなく、すべて一掃するよう勧告している。

（2）同司令官は、日本軍の引揚に際しては、（a）寺内総司令部のサイゴンからシンガポールへの移動、（b）アンダマン諸島とニコバル諸島、（c）仏印、（d）タイ、（e）ジャワ島、スマトラ島、小スンダ列島、蘭領ボルネオ、セレベス島、蘭領ニューギニア、リアウ諸島、（f）ビルマ、マレー、と優先順位を定めている。

（3）SACSEA統制下の日本船は近海航路用であり、各地の収容所への物資移送は可能であるが、日本人総計七一万八千名を本国に帰還させるには不適当である。

（4）目下マッカーサーは、降伏者の早急な引揚達成のために十分な日本船を追加割当てする考えはないが、引揚を加速するため、マッカーサーに対して船舶の割当増加を要望すべきである。

以上のような英国の方針に蘭印政府も政治的理由や米不足の見地から同調し、インドネシアからの日本軍の早期復員を要求した。英蘭両国は日本軍の早期復員という基本線で足並みをそろえ、以下のとおり、ひとまず各地の日本軍総計七一万八三一四名をリアウ諸島やリンガ諸島など中間的集結地へ移送する計画を決定した（〈S〉10/11/45, AIR40/1850）。

ただし帰還の優先順位は次々と変更された。変更の主な理由は、米など食糧が欠乏していたためであり、生活状況が悪化している地域を最優先した。そのため一一月には、順序は「香港→マレー（レンパ

中間的集結地への人員数 （単位：名）

地域	陸軍	海軍	民間	総計	集結場所
南部仏印	約57,000	約8,000		65,000	サイゴン
タイ	106,000	2,000	1,800	110,000	バンコク
ビルマ	66,000	2,000	6,700	67,000	モーラミャイン
マレー	74,000	16,000	21,000	112,000	リアウ諸島
アンダマン・ニコバル	13,000	4,000	2,000	19,000	リアウ諸島
スマトラ	70,000	3,000	600	73,000	セバンカ諸島
ジャワ・レッサー・スンダ	57,000	15,000	11,000	83,000	カンゲアン諸島
ボルネオ	24,000	8,000	7,000	40,000	バリクパパンほか
セレベス	20,000	5,000	5,000	30,000	マッカサル
セラム・ブル	42,000	4,000	8,000	55,000	未定
アルー・カイ	7,000	2,000	500弱	10,000	未定
蘭領ニューギニア	42,000	5,000	4,000	51,000	未定
計	578,000	74,000	67,600	715,000	

出典：〈S〉10/11/45, AIR〈英空軍省〉40/1850

ン島）↓英領ボルネオ↓ビルマ↓蘭印↓タイ↓仏印へと変更された（11/21/45, WO203/2727）ものの、英蘭両国の早期復員の基本方針には変化がなかった。

一九四六年一月二八日、南方軍総参謀長の沼田がＳＡＣＳＥＡ参謀長のブロウニング（Sir Frederick A. M. Browning）中将と会見した際にも、その点は確認できた。ブロウニングは、「日本降伏者（ＪＳＰ）の復員問題は司令部内で十分検討されている。マウントバッテン最高司令官もＪＳＰの早急な復員が望ましいと考えている」と述べ、英軍側が早期復員を必要とするのは、食糧不足と膨大な日本軍の管理の難しさからであり、それゆえ「マッカーサーおよび米統合参謀本部（JCS=Joint Chiefs of Staff）議長といかにして最短期間内にＪＳＰを処理するかを協議中であり、包括的な復員計画を立案中である」と沼田に明かした。しかし船舶不足の影響から、「復員完了までには五年から七年という長期間を必要とする」点も付言した。

これに対して沼田が「船舶の割当はＳＣＡＰ指令で行われているのか」と尋ねると、「そのとおり」であると答えた。そこで沼田は、労務終了者を優先して復員させるよう求めたところ、ブロウニングは「船舶次第であり、それはマッカーサー次第である」と答えた（〈C〉1/29/46, WO203/5966）。南方軍の復員が早期に実現できるか否かは配船如何であり、それはマッカーサー次第であることが判明した。自国船舶をもたない英軍側としては、米国側に配船を要請する以外なかったわけである。

そこで二月、ロンドンの内閣府は在ワシントン英国統合参謀代表部（JSM=Joint Staff Mission Washington）に、渋るマッカーサーを次のように説得するよう命じた。①東南アジア軍の日本軍管理と維持は英国財政を重くしている、②さらに蘭印、仏印、タイの日本軍までわれわれが管理上の責任を負うことに困惑している。

続いて内閣府は、次のような諸点を米統合参謀本部（ＪＣＳ）に対して強く働きかけるよう指示した。①日本人捕虜の復員は連合国の公約であるが、現在のＳＡＣＳＥＡにとって復員を五年以内に完了させることは不可能であり、ＳＣＡＰの判断は断じて承諾できない、②わが方が所有する船舶では、現在も将来も復員に割り当てられない、③われわれは東南アジアと豪州から六万五千名の日本人を乗船させるため、ＳＣＡＰに対して約六五隻のリバティ船の配船を要請しているが、さらに追加を要求したい、④その費用は日本政府が支払うべきである（〈TS〉2/28/46, AIR40/1852）。

以上のように一九四六年一月末から二月末にかけて、英米間で復員用の船舶提供をめぐる問題が表面化していたのである。

（二）中間的集結地への移送

すでに復員船の配船という厄介な問題が浮上していたが、英蘭両国は当初の計画どおり、日本本土への帰還準備に取りかかると同時に、中間的な集結地まで日本人の移送を開始した。一九四六年二月二八日、SACSEA総司令部は「日本人の復員と集結のための東南アジア軍における船舶の可能性」と題する文書で、次のように明らかにした。①日本に強奪された船舶はすべて旧所有者に返還されるとの前提に立ち、日本人を中間地点まで送る小型船と、日本本土への復員に従事できる大型船について検討した。②八隻の船舶の総収容人員は四一五〇名であり、大型船は一五〇〇名乗員できる。③日本人の集結予定人員は三万四九〇〇名であり、現在の集結者が一万三千名、準備中が二万一九〇〇名である。④もし船舶すべてが以前の所有者へ返還されると、集結者は八八〇〇名、復員者は一万二七〇〇名へと減る。今SCAPのマッカーサーは、日本海域まで航行できる船舶を九千名まで増員させようとしているが、たとえ増員が実現しても、復員完了には約四年を要する〈S〉2/28/46, WO203/2727〉。つまり、目標の一九四七年末の完了は困難であり、一九四九～五〇年になるとの見通しを示した。

以上のように船舶不足は深刻であったが、中間集結地への移送業務は進んだ。三月上旬には各地域からシンガポール東方沖のリアウ諸島へ日本人が集められた。たとえば、ジャワから六万七四〇〇名、スマトラから四万四三〇〇名、マレーから八万五九〇〇名、バリ・ロンボク・マドゥラ各島から五八六〇名、合計二〇万三四六〇名に達した。その他の日本人は、引揚が実現するまで現地にとどまることとな

東南アジアからの復員予定者（単位：名）

ビルマ	68,190
タイ	116,289
仏印	68,830
英領ボルネオ	14,238
蘭領ボルネオ	12,269
セレベス	29,825
ソエムバワ島ほか	20,507
アンボン島ほか	24,447
カイ諸島ほか	11,275
ハルマヘラ島	37,450
蘭領ニューギニア	23,505
リアウ諸島	281,621
計	708,446

った。しかしすでにマレー、ジャワ、スマトラ、バリ、ロンボク、マドゥラから移動した日本人の大半が残留労働を余儀なくされている実状が判明したが、それは後述する。

さてこの時点で東南アジアからの復員予定者は、上の表のように、総計七〇万八四四六名である旨が確認された（〈S〉3/11/46, WO）。

またSACSEA総司令部の三月一六日付文書は、①引揚予定者数が七〇万五三八六名に達したものの、実際の引揚者総数はわずか二万九二名にすぎず、全体の二・八％にとどまっている、②リアウ諸島には七万七九四八名が集結中であり、レンパン、ガラン各島などで待機している、③残留者数はビルマが六万八一九〇名（帰還者二四六名）、タイが一一万六二八九名（帰還者ゼロ）、仏印が六万九〇八九名（帰還者ゼロ）、マレーが八万七二三七名（帰還者一万一八七六名）、レンパン島への集結者が四万五五二一名である旨を明らかにした。

さらに復員方針として、次の諸点を明確にした。①ジャワ、スマトラ、バリ、ロンボク、マドゥラ各島からリアウ諸島への移送は早急に完了すべきである。日本人の乗船可能な港湾施設があれば、この引揚は八月末に完了できる。②最短期間内で蘭国側に日本人復員の責任を負託させるには、外領諸島からの復員計画を早急に開始することが望ましい。外領諸島からの引揚の優先順位は、蘭印連合軍（AFNEI=Allied Forces Netherlands East Indies）だけが決定できる。③現在フランスは仏印南部における日本人の完全統制を受諾しており、われわれに対して早期の復員開始を約束している。④タイからの早期引揚は、英印軍の撤退後に日本人に混乱をもたらさないような政治的配慮を必要とする。⑤ビルマとリアウ諸島からの日本復員は、最後に実施される。⑥石炭は現在仏印で復員に従事する日本船だけに供給できる。その他の地域に十分な石炭を供給するには、最低六週間を要する〈S〉3/13/46, AIR401/1852）。

以上のように中継地までの移送業務は、近海航路用の日本船を使用して軌道に乗せることができたが、肝心の日本本土への復員は依然として見通しが立てられなかった。

（三）傷病者と台湾人・朝鮮人の引揚・復員

当時東南アジア軍内には、総計一万二九四一名もの一般傷病者が引揚を待ち望んでいた。しかし就航中の病院船は六〇〇名収容の日本船一隻だけであり、この状況では日本人患者の帰還は約八年半を要する計算となった。しかし現地の病院は日本人患者で満杯状態であり、医薬品の在庫も少ないため、日本人傷病者の早期帰還は緊急の課題であった。そのため三月一九日、マウントバッテンは、①日本人傷病者の本国帰還には八年半を要する、②現状では現地の行政上に障害を生ずる恐れがあり、それを避けるためにも、日本人患者の復員完了は四六年九月一日に設定されるべきである、③リバティ船は改造しない限り病院船に適さず、完全な病院船を早急に提供できるよう要請する、④本年五月末までにジャワとスマトラから三三〇〇名を、九月一日までに東南アジア全域から九一〇〇名の病患者の復員を完了できるよう勧告する、と東京にいるＳＡＣＳＥＡ代理官のガードナー（Gairdner）将軍に伝達した〈C〉3/13/46, AIR40/1852;〈S〉3/19/46, AIR）。つまりマッカーサーへの要望を依頼したわけである。

またマウントバッテンは四月一一日、本国の内閣府へ次のように要請した。①海軍当局から、太平洋方面で日本人復員に使用されているリバティ船は、一四〇〇人分の担架用スペースがある旨の情報を得た。十分設備の整ったリバティ船ならば、病院船は不要となろう。②ジャワとスマトラの慢性患者に対しては、海軍の病院船二隻の使用を強く主張する。そうなれば、六月末にはこれら傷病者の復員を完了できるだろう〈S〉4/11/46, AIR）、と。

以上のような経緯から、五月末、病院船問題は下記のような決着が図られた。①総計六〇七五名の傷病者が病院船で復員できることになった。②サイゴン発の「輝山丸《きざん》」で仏印からの復員が完了する。「有馬山丸《ありまさん》」は蘭印の外領諸島から四〇〇名分の担架を備えて航行中であり、タイからは一千台の担架を積載可能である。上記二隻と「氷川丸《ひかわ》」の計三隻で、蘭印外領諸島からの復員が完了する。スマトラからの復員は上記二隻の病院船で完了している（5/31/46, WO 203/5968）。以上のように東南アジア地域の傷病患者の日本帰還は、マウントバッテンの強力な後押しで実現する運びとなったのである。

傷病兵だった末吉安男は、「捕虜生活九カ月、昭和二十一年五月中旬、日本への帰国が命令されました。「さあ日本へ帰れるぞ」と喜んで帰国準備を始めましたら、仲間からアメーバー赤痢にかかった者が出たため、一番船に乗ることができず、（……）五月十八日、やっと出港が許可され、二番船で四〇〇人乗船し、サイゴン港を出港しました。（……）敗戦と云う心の痛手と、戦友を亡くした淋しさ、身も心も疲れ切った者達ばかりで、日本への帰国の喜びの中にも淋しさをかくすことができませんでした」と述べる（「南方の思い出」『平和の礎15（兵士編）』）。

また田中始は、「復員する時、バンコクで乗船する際、英軍の検査は特に厳しく全部没収されました。また時々威嚇のため拳銃を上空に向けて発砲し、腹がたった（……）。昭和二十一年七月品川に帰着しました。故郷に帰ったら、約束通り戦友が私の無事を留守宅に知らせに来てくれたと、母が笑顔で話してくれました」と明かす（「ビルマの初年兵」『平和の礎15（兵士編）』）。

一方、ＳＡＣＳＥＡ総司令部は、朝鮮人・台湾人の優先的復員の方針を決定していた。これを明記した一九四六年三月一三日付文書は、すべての東南アジア地域で朝鮮人・台湾人の復員を最優先し、乗船の割当上、日本降伏者（ＪＳＰ）から分離され、各本国へ優先的に帰還されるべきであるが、現状は困難なため、船舶が増加するまで双方を日本人から区別する作業を実施するよう指示した〈S〉3/13/46, AIR40/1852)。

他面でＳＡＣＳＥＡは、両者の法的地位に関して、台湾はまだ中国の一部ではなく、朝鮮はまだ独立国家となっていないため、両者は依然として日本市民であるが、カイロ宣言とポツダム宣言に従って、朝鮮は独立し、台湾は中国の一部となる予定である旨を認識していた〈S〉4/4/46, AIR)。

しかし四月四日付の「ＮＩＰＯＦＦ作戦（後述）」では、台湾人・朝鮮人の位置が次のように明確にされた。①台湾は中国の一部となり、台湾人は必要な公式の外交手続きを踏めば、ただちに中国国籍を得ることができる。朝鮮もまもなく独立を宣言する。②すべての台湾人と朝鮮人は、現在日本軍に所属するか日本軍の配下にあるが、早急に日本人から分離されるべきである。③戦犯審査でシロ（無罪）となった者は、各日本軍の上級指揮官から正式に除隊命令を受けて民間人となり、台湾・朝鮮の民間人とともに集結する。シロと判定されない者は除隊とならず、日本人やその他の戦犯・戦犯容疑者とともに集結場所にとどまる。④台湾人と朝鮮人は船舶事情が許す限り、最優先で各国へと復員されるべきである（〈S〉4/4/46, AIR）。

こうして台湾人と朝鮮人の復員問題も決着し、以降、順調に進展していくのである。

（四）「NIPOFF作戦」の開始

これまでSACSEAが検討し実施してきた南方軍の復員は、船舶不足から順調に進展しなかった。しかし大勢の日本軍将兵が現地にとどまることは、多くの問題を引き起こした。そのため、日本軍の復員を包括的かつ一元的に推進する計画案「NIPOFF作戦」ができあがり、一九四六年四月四日、連合陸軍参謀長から各軍司令官へ指令された。

その骨子は次のとおりであった。①NIPOFFとは、「日本降伏者（JSP）、日本・朝鮮・台湾へ向かう朝鮮人・台湾人、戦犯と戦犯容疑者、戦犯裁判のために待機している者すべての復員」を短縮した名称である。(3) ②いずれの復員業務も一〇月一日完了をめざす。船舶は常に定員一杯まで乗せ、ただちに出航させることが重要である。

また各地域から集結地への移動状況は次のとおりである。①リアウ諸島とガラン島への集結に関しては、アンダマン・ニコバル各諸島からリアウ諸島へ一万九四二七名の引揚が完了し、スマトラからレンパン島、バリ・ロンボク各島からガラン島への引揚が実施中である。②ジャワの全日本人（バリ、ロンボク、マドゥラ各島を含む）計六万七九二七名に関しては、ガラン島に集結予定であり、日本の沿岸用小型船舶による移動業務が急速に進展中である。③日本帰還の優先順位に関しては、一位が北ボルネオ、二位が仏印と蘭印の外領諸島とタイ、三位がリアウ諸島、ビルマ、マレーである。④現在ＳＣＡＰ配船の大洋航海船で毎月約二万名が日本へ移送されている。米リバティ船が夏から使用可能になるとの情報を得ており、そうなれば、五月一〇万名、六月以後一八万名が日本へ帰還できよう。⑤蘭印の外領諸島（計一五万六二〇七名）に関しては、四月末にソエンバワ島で六五〇〇名の乗船が調整済みであり、五月に四万五千名、七月中旬までに残る一〇万四七〇〇名を処理できよう。⑥ビルマ、マレー、リアウ諸島の復員総計は約三五万名である。⑦最後の引揚は、ビルマで労働を要求されている五万名と、マレーとシンガポールで労働に従事する九万名になろう。ジャワとスマトラの日本人は帰還態勢が整えば、九月一五日までに完了できよう〈S〉4/4/46, AIR〉。

連合陸軍参謀長は、四月二〇日、再度このＮＩＰＯＦＦ作戦について以下のように説明した。①この作戦計画では、日本への復員者の乗船規模が五月一〇万名、六月以後一八万名を基本とする。②ＳＣＡＰはわが軍に対し、四月二〇日から五月一五日までの期間、リバティ船七五隻、ＬＳＴ（揚陸艦）四隻、日本船二二隻を配船し、第一次の三一万八七〇〇名を乗船させる。第二次乗船は五月一五日から六月三〇日までの期間であり、第一次と同規模となろう。③わが軍内での第一次乗船割当人数は、仏印六万六千名、蘭印の外領諸島一六万名、タイ四万五千名、ビルマ二万名、シンガポール・リアウ諸島二万八千名、合計三一万九千名である。④四月現在のわが軍内の日本人、台湾人、朝鮮人の総数は約六九万名であるが、約六千名収容の船が四月末まで英領ボルネオからの引揚に割り当てられたため、五月一五日時点では依然として約三六万五千名の日本人、台湾人、朝鮮人が現地にとどまっている〈S〉

NIPOFF 作戦（日本人の本国復員計画）　（単位：名）

地域	4月13日時のJSP人数	4月末の残数予定	5月末の残数予定	6月末の残数予定
英領ボルネオ	6,240	0		
仏印	65,263	50,263	0	
蘭印外領諸島	159,272	96,677	0	
タイ	115,695	109,895	57,395	0
ビルマ	70,038	70,038	50,000	※ 50,000 が労働残留
ジャワ	67,037	57,000	27,000	0
スマトラ	30,059	30,059	25,059	0
レンパン・ガラン	78,223	81,223	67,223	0
マレー・シンガポール	96,911	89,911	82,911	53,000 ※ 50,000 が労働、3,000 が戦犯と容疑者
総計	残688,738	残585,066	残309,588	残103,000

出典：〈S〉4/20/46, WO〈英陸軍省〉203/5968

4/20/46, WO203/5968)。

　こうして五月末には「NIPOFF作戦」が急速に進展する。ようやく南方軍の第一次復員が開始されたのである。残存する日本商船や旧海軍艦艇[4]ばかりでなく、米国のリバティ船（V型）一〇〇隻、LST（Q型）八五隻、病院船六隻が加わり、九月までに総計六〇万余が帰国するに至った。それは驚異的スピードであった。とはいえ対米依存の他力本願的な復員であり、英軍側からすれば、マッカーサー頼みの状況といえた。

　ところがここで厄介な問題が生じた。それは米船舶の燃料負担問題である。つまり、米軍参謀総長は、復員に従事する米軍船舶が英軍側の軍港から日本までの片道分の燃料だけを提供されるだけであれば、往復燃料の五〇％を米国側が負担することになる。これは英軍参謀長が表明する「責任負担の原則」に反するとクレームをつけたのである。これに対してロンドンの内閣府は、現方針では「日本の上陸港までの航海に対しては、十分な燃料を英軍側が該当船舶に提供する」となっており、往復する船舶への燃料費は除かれているが、われわれは「東南アジア・日本間を往復する船舶の燃料提供に関しては、この業務に携わる米国船舶すべてに適用されるべきである」と考える、英国が応分の負担をしていないとの非難を受けないことが基本である、と指摘した〈〈S〉5/27/46, FO〈外務省〉371/54243〉。

この燃料問題をめぐる英米対立は、内閣府のＳＡＣＳＥＡ宛文書によって解決へと進むかに思われた。しかし後述のとおり、ＳＡＣＳＥＡはこれに従わず、別の方途を模索する。そこからビルマ、マレー、シンガポールの約一〇万名の日本人を残留させる問題が浮上する。

四　一〇万名の現地残留への方針転換

（一）英軍側はなぜ残留方針へ転じたのか

英軍が待望していた米軍からの大幅配船が実現したことにより、英軍は一九四六年四月四日決定のＮＩＰＯＦＦ作戦に従って、五月から南方軍の引揚を強力に推進するはずであった。ところが五月後半、マウントバッテンは英国政府に対し、ビルマやマレーで引揚待機中の日本降伏者（ＪＳＰ）約一〇万名を労働者として強制的に残留させる方針への承認を求めた。つまり、南方軍の全軍帰還を一部除外しようとする案を提示したわけである。ではこの方針転換には一体どのような背景があったのか。

それには第一に食糧不足、とりわけ米不足が東南アジア全域で深刻化していたことがあった。SACSEA参謀長のブロウニングは、前記一月二八日に沼田と会見した際、次のように述べていた。①今後数カ月、各政府が無事に復活して自立するまで、東南アジアの病疫や飢饉をいかに阻止するかは最高司令官と参謀長の責任となる。②米の不作が深刻化した最大の原因は、過去三年間に及ぶ日本軍の破壊行為にあった。米の作付けや田植えが不十分であり、船舶も不足して食糧を供給できなかった。③現在、東南アジア全域で数万トンの米不足が生じており、シンガポールやマレーでは米の配給をさらに削減しなければならず、現地人がストライキや暴動を引き起こしかねない。④日本人への米の割当は一日平均八オンス（約二二七グラム）であるが、米の状況が改善されるまで増加はない。現在の割当は世界的な見地からすれば公平である（〈C〉1/29/46, WO〈陸軍省〉203/5966）。

要するに、米不足をもたらしたのは日本軍の戦争行為にあるから、日本自身がその責任を負うべきであり、米を含む食糧の自給および生産態勢を改善するために、JSPはより積極的に労働に従事せよ、との見解であった。

第二に、船舶不足のため現地に多くの日本人の復員待機者がいることであった。三月八日、連合陸軍参謀長のパイマン（H.E. Pyman）少将は、次のような考え方を明らかにした。①現在多数のJSPが引揚を待っており、彼らはマレーやビルマの再建や復興のために一時的に雇用されている。そこで今後一八カ月間、JSPを雇用する可能性を検討したい。②日本人の労働者数は、レンパン島とガラン島の七万一千名、マレー軍下の二万七千名、ビルマ軍下の四千名、スマトラからレンパン島への移送を待つ三万七千名、ジャワからガラン島への移送を待つ七万六千名、総計二一万五千名である。③ただし英領の北ボルネオ、蘭領の外領諸島、タイ、仏印にいるＪＳＰはすべて日本へ直接送還する（3/8/46, WO203/5965）。つまり、船舶不足による復員の停滞を逆に利用して、帰還途上にあるＪＳＰの多数をそのまま現地で残留労働させ、復興と再建のために使役させるべきであるとの見解であった。

第三に、マレー、シンガポール、ビルマの陸軍や空軍から、ＪＳＰの軍事的労務を要望する声が大きかったことである。具体的には、射撃練習場の建設や修理、野戦砲地帯の整備、沿岸防備施設や排水設備の修理、軍事道路の建設・改修・維持、マラリア対策などであった。日本軍の専門技術をもってすれば、これら軍事施設の建設や改修は容易であり、日本の将校や下士官に監督を任せれば順調に進展する。若干の英印軍を監視要員として置けばよい。しかもこれらの事業では機械工具はいらず、オノ・ノコギリ・シャベル等の手道具で行える。しかも人目のない地域で厳しい労働を強制しても、ＪＳＰを「教化するため」との名目にもなり、〝魅力的〟である（3/8/46, WO）。英軍側の利用方法は狡猾であった。

また現在求められているＪＳＰの労務者数は、マレーで一万九千名、ビルマで三万六〇〇名、シンガポールで三万八〇〇名、総計八万四〇〇名であり、もし現に雇用されていないＪＳＰまで枠を拡げるならば、ビルマで三万六千名、リアウ諸島で二五万名もいる。目下ビルマとマレーでは労働者が不足しており、膨大かつ有能なＪＳＰを労働者として積極的に活用することは「きわめて望ましい」。これら動員可能な総計人員は、上記の要求に十分合致するし、シンガポールを除けば宿泊上の問題はない（3/8/46, WO）。以上のようにビルマ、マレー、シンガポールでは、ＪＳＰを労働者として積極的に活用する意図が強かった。

第四に、軍事面にとどまらず、東南アジアの各地域では中央・地方ともに、公共事業や民間の建設プロジェクトが山積しており、そこにＪＳＰを動員しようという企図があった。たとえば鉄道や道路の建設計画、マラリア対策の実施計画、ゴム園などプランテーション計画、国土復興や破壊された建物の修復などが多数あり、日本の軍人ばかりでなく、有能で勤勉な民間人も活用することを望んだ。この点でパイマンは、各区域で労働者が不足しているため、現在雇用されていないＪＳＰ、とくに民間人を今後は労働者として活用すべきこと、労働者を必要とする地域には、たとえ不衛生な環境であってもＪＳＰは「人目につかない」し、「クーリー（苦力）的な仕事」であるため、膨大な財政負担とはならないだろうと指摘していた（3/8/46, WO）。

以上の四つの理由から、連合陸軍参謀部はＪＳＰの一部および民間人を残留労働させる計画にきわめて積極的であったのである。

ただし二つ問題があった。それは雇用期間と賃金支払いの問題である。これに対してパイマンは次のように指摘した。前者の雇用期間に関しては、最少にとどめることがこの計画を実現させる不可欠な条件であり、「一九四七年前半の六カ月までの延長」は可能だろうが、当初は「一九四六年末まで」とすべきである。後者の賃金支払いについては、「賃金不要の労働条件」であれば申し分ないが、もしその準備が遅れるならば、現地の雇用者側に相当な財政負担を強いるかもしれない。民間企業は雇用されたＪＳＰに対して、通常の市場レートで賃金を支払うべきである。その際の雇用条件は、英国の農場や企業で働くドイツ・イタリア人とほぼ同レベルである。高度の技術をもつ日本人を雇用することは、事前に通知すれば難しくはない（3/8/46, WO）。

パイマンは右記の観点からマウントバッテンに対して、次のような提案を行った。①ＪＳＰを最大限使用するには本年（一九四六年）の残余期間とするべきだが、さらに六カ月の延長計画が今検討されている。②インドの開拓会社七五社にＪＳＰを充当することは可能である。③「無賃金（ただ働き）」を基本とするＪＳＰの労務中に重要な軍事計画を入れることも可能だろう。さもないと軍事計画は遅延する。④民間の再建プロジェクトでも同じく「無賃金」労働とすることは可能だろう。⑤地方の労働市場を混乱させずに復興の速度を上げるとともに、マレーやビルマの民間企業にもＪＳＰの労働力を提供することは重要である。もし通常賃金でＪＳＰを雇用するならば、両国に若干の収入をもたらすかもしれない。⑥もしこの方針が政府から承認される場合、プロジェクトを早期に確定し、そのために必要なＪＳＰ人員を確保することが、計画の早期完成をもたらす。恐らく八カ月を超えるＪＳＰの労働業務は難しいだろうが、四六年末までは可能だろう（〈S〉3/8/46, WO）。

ＪＳＰを労働者として半年間だけ強制残留させるとのパイマンの提案は、以降、連合軍内部ばかりでなく、ロンドンの政府内でもただちに検討されていく。

（二）マウントバッテンの残留労働をめぐる方針

このパイマンの提案に即応したのがマウントバッテンであった。彼は終戦直後から日本人の雇用を制約するような政策に強く反対してきた以上、「ＪＳＰを残留労働させよう」との提案は彼自身の見解に合致していた。そこで一九四六年四月一八日、マウントバッテンは次のような文書をロンドンの内閣府に送った。

その中で第一次復員計画（四月一五日～五月一五日）では、蘭印の外領諸島から一六万、仏印から六万六千、タイから四万六千、ビルマから二万、レンパン島等から二万八千の計三二万名、それに続く第二次計画（五月一五日～六月三〇日）では、タイから七万、マレーから五万、レンパン島と蘭印から一五万の計二七万名を本国へ帰還させ、総計五九万名を復員させる予定を伝えた。他方、残留する一〇万名の南方軍のうち、ビルマの五万名とマレーの五万名を「一九四六年末ないし四七年初頭まで残留させる」許可を求めた。その論拠として、シンガポールで行われた食糧会議では、ビルマとマレーの両総督から、食糧生産面で日本人の役割が最も重要であることと、「日本人労働者の残留が食糧生産にとって絶対的に必須である」との結論に達したこと、とくに東南アジア特別長官のキラーン（Killearn）卿から特段の依頼があったことを指摘した。さらにマウントバッテンは、「もし内閣府がこの提案に同意するならば、マッカーサーからの干渉を避けるため、残留日本人一〇万名を復員させる英国船舶の保有が不可欠である」と助言した〈S〉4/8/46, AIR〈空軍省〉40/1852）。

以上のように、三月八日のパイマン参謀長の提案は、四月中旬にはマウントバッテンの提案へと進んだ。これを受けて四月二〇日、連合陸軍司令部はビルマ、マレーなどの各軍司令部に対して、シンガポール食糧会議の結果、①四六年末ないし四七年初頭まで、ビルマの日本人五万名とマレーの五万名を残留させること、②これら残留日本人の復員のために不可欠な英国船舶の割当を配慮するよう求めていること、③残留労働者一〇万名と戦犯容疑者を除くＪＳＰのすべては、現時点から六月三〇日までに、ＳＣＡＰ（マッカーサー）から提供される船舶で必ず復員させること、を指令した〈S〉4/20/46, WO203/5968）。

今回の残留労働者一〇万名の件と、既定方針である日本帰還予定者の六〇万名の件とが、交換条件となっていたことは明らかである。国際社会からの批判を避けるためにも、英軍は南方軍の復員を加速化しているとの証拠を示す必要があった。他方、パイマン提案にあった「一九四六年末までのＪＳＰ残留」を「一九四六年末ないし四七年初頭」へと微修正していた。この微修正は、まもなく「一九四七年末」へとなし崩し的に延長されていくのである。

さらに五月四日、マウントバッテンは前記の要望内容の軌道修正を図った。彼はロンドンの内閣府に対して、①ビルマのＪＳＰ五万名とマレーの五万名を四六年末ないし四七年初頭まで残留させるとの私の要望は、食糧生産との関連からであったが、誤解を招く恐れがある、②キラーン卿は食糧生産との関連でＪＳＰの残留をとくに要求しておらず、これは私の誤りであった、③私が挙げた一〇万という数字は概算であり、ＪＳＰに対して食糧生産とは直接関係のない公共事業に関連する。ただしその公共事業の多くは食糧生産や物流にも関係しており、民間への直接的な支援でもある、④公共事業のために必要なＪＳＰの人員数と、食糧生産のための民間事業に必要なＪＳＰの人員数は、目下、詳細な検討が行われており、正確な人数が確定した時点で報告する〈S〉5/4/46, WO）。

今回の文書は、ＪＳＰの使用目的を前回の「食糧生産」という限定枠を外し、「公共および民間事業」のためにも使用したい、と拡大した点で異なっていた。ＪＳＰを多種多様な業務にも十分適用させようと大きく修正したのである。そしてマウントバッテンは、このＪＳＰ一〇万名を残留労働させる方針を、政府が早期に承認することを求めていた。

このような英軍側の動きにオランダも追随した。五月、ジャワやバリなどのＪＳＰ一万三五〇〇名の残留を英軍に求めてきた。英軍は最終的にこれを認めた結果、英軍側が提示した残留ＪＳＰ一〇万名は、さらに蘭印側の一万三千余が加算されて、一一万三千余へと増員された。

五月二一日、JSPの残留方針に関して、東京のSACSEA代理でマッカーサーとの仲介役を務めるガードナーは、パイマンに対して、政府筋の反応としてはJSP残留に賛同する気運があることを示唆しながらも、目下の一〇万名規模の提案に対して、公共用と民間用にJSPの人員を区分した上で、一万名削減した九万名規模へと修正すべきことと、政府内では陸軍省の強い承認が必要であることを伝えた（5/21/46, WO）。

（三）却下された日本側の変更要請

このような英蘭側の残留計画の動きに対して、一九四六年五月二九日、南方軍の沼田総参謀長はパイマンに対して、「シンガポールとマレーで残留している作業隊を救済してほしい」と訴えた。ここの作業隊の精神状況は深刻化しており、「労働の停滞やその他不測の事態が起こるかもしれないし、それは英軍には多大な迷惑となろう。何か効果的な方法を取らないと、日本軍内の規律が維持されなくなる」と懇願した。その上で、復興業務や食糧生産増大のため、一定期間内に一定数の労働隊員を残留させる必要が確かにあるならば、西リアウ諸島、ジャワ、スマトラの健康な日本軍人の復員をしばらく停止し、彼らをシンガポールとマレーへ移動させてはどうか、と提案した。このような配慮は「日本軍や英軍の幹部は約束を守らない。作業隊の業務経験のない者を復員させている」などの日本軍内の不満を抑止できる。ただし残留者の割合は陸海軍を四対一にすべきことを要請した（5/31/46, WO）。

そのほか沼田は、作業隊の労働は四カ月を超えるべきではなく、最長で六カ月とすること、労務終了者は優先的に復員させること、作業隊員には適正な補償（賃金支払い）が適用されるべきこと、その総額はのちに支払われるべきことを申し入れた（〈C〉1/29/46, WO203/5966）。またＪＳＰの労働状況の調査結果を踏まえ、改善を要請した。たとえば、レンパン島とガラン島での栄養状況は、六万八一〇一名の陸海軍将兵のうち、軽労働者は一日一七〇〇カロリー、重労働者が二五二六カロリー、病患者が二八〇〇カロリーであるなど、劣悪な労働条件の改善を提起していた（2/23/46, WO203/2727）。

五月三〇日、連合陸軍側は「一〇万名の日本人が復興業務、食糧生産などの労働者として六月三〇日以後もわが軍に残留することが決定されたが、これら日本人は一九四七年春以後までの残留とはならないだろう」と言明した。ただし沼田が要請した「マレー・シンガポールの日本人に代わるリアウ諸島二万名の残留」については、マレー・シンガポールの業務で必要とする四万七千名を下回るため、拒否する旨を伝えた（3/31/46, WO203/5968）。これに対して日本側は再考を求めたが、英軍側は、①労働者として残留すべきＪＳＰ一〇万名は、連合軍当局の「疑問の余地のない決定」である、②一〇万名の内訳は、ビルマ三万五千名、タイ九千名、西ジャワ九千名、マレー・シンガポール四万七千名（当初より三千名少ない）である、③西ジャワとマレー・シンガポールの人数は、南方軍司令部でも認められており、タイと西ジャワの人員は英軍が駐留する限り、現地にとどまる」旨を回答した（5/31/46, WO）。英軍の一方的通告を受けて、沼田と櫛田は改めて敗戦国の立場を思い知らされた。

ただし六月一日に英軍側は、沼田がこれまで要望してきたジャワでの混乱収拾（一三四名の日本兵脱走など）のために英軍が尽力しており、ジャワ方面からの日本軍の移動を極力完了させたいと述べたばかりでなく、マレーやビルマでの日本作業隊をレンパン島の日本人と交代させることにも理解を示し、とくにマレーでの三万五千名の救済とリアウ諸島の二万名を代替させたいとの沼田の要請を目下考慮中である、と従来の強硬な姿勢を緩和させた（〈R〉6/3/46, WO）。あるいは英軍側は、従来の早期復員という基本方針を放棄し、南方軍全体の七分の一とはいえ、ＪＳＰ一〇万名を残留労働させるとの新しい方向へと転換するため、日本側の要望に一部譲歩した方が得策であると考えたのかもしれない。

ところがここで英国側に新たな障害が生じた。それは復員船の燃料負担をめぐる英米間の対立であり、これが復員過程ばかりでなく、右記のＪＳＰ一〇万名残留問題にも影響を及ぼすことになるのである。

五　残留決定をめぐる英米対立

（一）復員船の燃料問題をめぐる英・米の対立

英国側は一九四六年五月、ＳＡＣＳＥＡのマウントバッテン（五月三一日付で退任）や後任のストップフォード（Sir Montagu Stopford）中将、連合陸軍参謀長パイマンや特別長官キラーン卿などを中心に、総計一〇万五千名の日本人を強制残留させてビルマ、マレー、シンガポールで労働に従事させるとの方針を固めたが、そこに新たな障害が生じた。それが復員業務に従事する米国船の燃料負担に関する米軍参謀総長からのクレームである。

これまで英軍側は米国の復員業務船に対して、東南アジア軍内の港から日本の目的地までの燃料を片道分だけ負担してきた。ところがＮＩＰＯＦＦ作戦下で六〇万名近いＪＳＰを六月末までに一括帰還させることになり、そのため米国船舶は現地と日本間を幾度も往復することとなった。そこで米軍側は往復分の燃料負担を英国側に求めてきたわけである。

これを受けて五月二七日、英軍側は極秘の参謀総長会議を開催したが、「われわれにはすべての艦船に対して無制限に燃料を供給できる余裕はない」と米軍側の要求に否定的であった。ただしこれを拒否すれば、米軍参謀総長が米船による復員業務を取り消す可能性があり、米軍側とのさらなる交渉は困難であることも重視せざるを得なかった。最終的に会議は、「東南アジア軍港から日本まで航行し、その後に東南アジア軍港まで戻るということを基本とする往復航海の船舶に対して燃料を供給するとの原則は、この業務に携わる米国船すべてに適用されるべきである」との結論に達した〈〈S〉5/27/46, FO〈外務省〉371/54243〉。そして二日後、ロンドンの内閣府からSACSEAに対して、その旨が伝達された〈〈TS〉6/6/46, FO〉。

内閣府の命令によって、SACSEAは米軍参謀総長の要求どおり、JSPの復員業務に携わる米国船すべての往復分の燃料供給を余儀なくされた。この燃料問題の決着で、英米間の対立要因は解消されたかと思われた。ところがまた新たな問題が起こった。それは英国側が日本人の完全な復員を中断したことに対する米国側からの厳しい批判であった。

（二）ストップフォードのしたたかな復員延期方針

マウントバッテンに代わってSACSEAに就任したストップフォードは、燃料問題を決着させると、JSPの残留期間を再延長することをめざした。七月二〇日、彼は極秘文書を内閣府へ送り、その中で、JSP一〇万名を「四六年末ないし四七年初頭」まで延長する承認はすでに得られているが、自分はＪＳＰ一〇万四五〇〇名を「一九四七年一二月三一日」まで延長したいので許可を願いたい、と要望した。つまり従来の「四七年初頭」という期限を覆し、「四七年末まで」へと実質一年間の延長を提起したわけである。

その理由としてストップフォードは、ビルマ、マレー、シンガポールでは、鉱山やゴム園など様々な公共事業があるが、一定数の民間労働者を現地で得るのは不可能であること、シンガポールでは収容施設・飛行場建設・海軍ドックの復旧などにＪＳＰが必要不可欠であり、とくにＪＳＰの民間人は復旧技術や生産能力が高く、もしＪＳＰが四七年末まで残留できなければ、これらの計画は深刻な打撃を受ける旨を指摘していた。その上で、ＪＳＰの各要求人員数を次頁の表のように示した。

なおＳＡＣＳＥＡは、①もしＪＳＰが四七年末まで残留する場合は、ＪＳＰの士気の低下に十分留意すべきである、②もしこのような一年延長と、このＪＳＰの人員割当が承認されるならば、毎月約二、三千名の乗船と定められている日本人の復員はそのまま継続するだろうが、四七年後半には英国船ないし米国船がＪＳＰ一〇万四五〇〇名の復員を担う必要がある、③もちろんオランダには蘭印に残した一万三五〇〇名を復員させる責任がある、④これらの提案はすでに総督と特別長官の間で検討されて支持されている、とつけ加えた〈S〉7/20/46, FO)。このような英国側のなし崩し的なＪＳＰの残留期間を延ばす方針は、燃料問題が解決した以上、米国側から批判は起こらないだろうとＳＡＣＳＥＡ側は楽観していたかもしれない。ところが米国側は英国側の一方的なＪＳＰの残留延長を強く牽制してくるのである。

（三）復員延期方針に対する米国側からの非難

一九四六年八月二八日、在ワシントンの英国統合参謀代表部（ＪＳＭ）は内閣府に対し、次のような米国側の非難を伝えた。①米国は、英軍参謀部が東南アジアの日本人復員を延期したことに対して、船舶の調達上「反対」する態度である。なぜならＳＣＡＰ（マッカーサー）は同年末までに復員を完了させるとの公約に従って船舶を調達したが、もし英軍側が日本人の復員を延期すれば、マッカーサーの復員業務を長期化させるからである。②米軍参謀総長は、四六年末までに米軍船舶がこの復員業務からすべて撤退し、復員船は一隻も残らないと予想している。したがって、英軍が要求するような復員延期に同意できない。それゆえ英軍参謀部は、日本人一〇万名の復員延期の決定を再検討すべきである（〈S〉8/28/46, FO）。

このような米国側の反対通告は、ロンドンばかりでなく、現地をも驚かせたに違いない。今度は燃料程度の軽度な経済問題ではなく、

JSPの各要求人員数（SACSEAによる）

1947年1月1日以降　（単位：名）

	公共用	民間用	病患者	計
ビルマ	17,400	15,000	3,700	36,100
シンガポール	13,500	2,000	2,000	17,500
マレー	8,250	15,200	3,350	26,800
蘭印	13,500	0	0	（蘭へ引渡し）
タイ	300	9,000	0	9,300
合計	52,950	41,200	9,050	103,200

1947年7月1日以降

ビルマ	16,800	15,000	3,700	35,500
シンガポール	11,970	1,000	1,650	14,620
マレー	6,100	14,200	3,000	23,300
蘭印	13,500	0	0	（蘭へ引渡し）
タイ	300	0	0	300
合計	48,670	30,200	8,350	87,220

出典：〈S〉7/20/46, FO〈外務省〉371/54243

復員船の調達という本質的問題であり、同時にそれは「一九四六年末までに東南アジアからすべての日本人を帰還させる」とのマッカーサーの国際公約に直結する政治問題でもあった。ビルマ、マレー、シンガポール等の深刻な内部事情など、米国側はまったく顧慮せずに原則を重視していた。もし英軍側が復員用船舶を保有していれば苦労はなかったが、保有船舶が皆無に等しい以上、米軍船に依存せざるを得ず、この米軍側の主張にいかに対処するかは難問であった。

九月五日、ロンドンの統合行政計画参謀部（JAPS）は、外務省、運輸省、植民地省と協議し、SACSEAからの「JSP一〇万四五〇〇名の残留を四七年一二月三一日まで延長したい（ただし同年一月一日に再検討する）」との要望と、「船舶調達以外の理由によって日本人の復員を延期することは望ましくない」とする米軍参謀総長からの反対意見とを比較検討し、以下のような長文の極秘文書をまとめた。第一に、米軍参謀総長はマッカーサーの任務を延長させるとのマイナス面から、JSPの復員延期に反対している。また当初の予定を超えたJSP残留に対しても政治的反対が強い。反面、JSPの四七年中への延期は当該地域の復興に必須であり、したがってSACSEAの要請は強く支持されるべきである。第二に、もしその延期が認められれば、英統制下の船舶での日本人の復員は実施可能となり、米国船は不要となろう。第三に、JSPの復員延期について米国政府との合意後、他の連合国と協定を結ぶ必要が生じるため、SACSEAはJSPの復員計画をSCAPに繰り返し伝達すべきである（〈S〉9/5/46, FO）。要するに、SACSEAの要求を肯定し、米国の反対を退ける論旨であった。そしてこの方針を外務省へ送付するよう勧告した（〈S〉9/5/46, FO）。

それでも懸念が残った。その理由は、第一に、東南アジア地域を荒廃させた日本人が、この地域の復興のために自ら貢献すべきであるというのがＪＳＰを残留させる正当な見解であるが、外務省は、戦争捕虜を長期に雇用することは「弁解し難い」と考えていたからであった。第二に、ワシントンの極東委員会（ＦＥＣ）では、目下、日本軍の非軍事化に関する「政策声明」を検討中であり、その第八項では、「ビルマ、マレー、蘭印、タイにいる日本軍はすべて、移送手段が許す限り、早急に日本本土へ戻す」と記載されていることであった。にもかかわらず、ＪＳＰ残留を求めるＳＡＣＳＥＡの要望が英国で承認されれば、この残留を合法化するために他の連合国との合意が必要となり、ＦＥＣで問題化することは避けられない点であった。第三に、ＳＣＡＰは四六年末までに日本人全員の復員を完遂するための組織と船舶を所有しているが、それが延期されることで連合国軍の復員業務を遅延させることは望ましくない、と米軍参謀総長が明言している点であった。

そこで英国当局は「ＪＳＰ復員のための船舶の可能性」を模索し、次のように提起した。第一に、米軍参謀総長は、ＳＡＣＳＥＡによる米国船使用の期限は「ほぼ本年八月一日まで」と決めているため、「英軍側の主張する復員延長に同意できない」としているが、もしもわれわれが米国船のさらなる供給を要請すれば実現可能となるかもしれない。第二に、われわれがＪＳＰの復員用の英国船をどの程度用意できるか試算したところ、五隻の日本船によって四六年末までに二万名を、翌四七年初頭までに一万名の復員を可能とするとの運輸省の報告があり、四七年後半までには、ＪＳＰを月々一万五千名のペースで送還することが可能となろう。第三に、英軍参謀総長による「ＪＳＰ復員の延期」決定は、米国当局から不評を買っているばかりか、ＦＥＣの政策声明（第八項）にも反するが、われわれは米国との調整後、その他の連合国との間で新しい規定を設けるつもりであり、オランダ側に対しても、外務省が蘭印のＪＳＰを残留させるよう要請している〈S〉9/5/46, FO)。

以上のように英軍側は、政府全体を巻き込んで（ただし外務省は慎重論）「ＪＳＰの残留延長」方針を貫く姿勢を固めた。その上で、内閣府はＳＡＣＳＥＡに対し、①国防委員会は原則上、貴官が要請するＪＳＰの残留を承認する、②ただしＪＳＰの復員期限を超える延長には政治的反対が強い、③復員は英統制下の船舶によって自力で遂行されねばならない、四七年五月以降、日本船五隻を使用続けることで、ＪＳＰの復員を月々一万五千名ペースで実施できるだろうし、効率良い方法で実施するべきである、④貴官はこの復員計画をＳＣＡＰに常に伝達すべきである、と伝えた〈S〉9/5/46, FO)。

この統合行政計画参謀部の決定を受けて、主要閣僚委員会（PAOC=Principal Administrative Officers Committee）が九月九日に極秘に開催され、「四七年中のＪＳＰ残留」が承認されるとともに、ビルマ・タイ間の鉄道維持のためにＪＳＰ七千名をタイから選抜することも承認された〈S〉9/10/46, FO371/54244)。

以上のように英国側は米国からの圧力に屈することなく、ＪＳＰ残留方針を貫く姿勢を明らかにした。この結果、南方軍の第一次復員は幕を閉じ、以後の復員への希望は封印された。こうして残留者一〇万余名の苦難の日々が新たに始まるのである。

（四）ＪＳＰ残留延長に関する英国の主張と米国の主張

ロンドンのＪＳＰ残留延長の承認に対して、一九四六年九月、シンガポールのキラーン卿は外務省に対して、今回の決定を歓迎する旨の文書を送付した。その中で彼は、日本人の復員は早ければ早いほどよいと常々強調されているが、東南アジア地域の日本人捕虜一〇〇万（実際は七八万）のうちの四分の三から五分の四が復員を終了しており、「残り五分の一程度の残留は現地の復興にとって重要である」、これらの捕虜をいつ、どのように帰還させるかはわからないが、たとえこの残留がＳＣＡＰにとって不都合であるとしても、また日本人社会で失望感が高まっても、私は米国や日本との問題よりも、東南アジアの利益の問題の方が重要であるとの見解に同意する。私はＳＣＡＰに対して日本人の残留を訴えるよう求める（9/11/46, FO）。このようにキラーン卿は現地の対米強硬論を代弁した。

しかし米国も簡単には引き下がらなかった。同月、米国務長官代理は駐米英国大使に対し、次のように言明した。①ＳＡＣＳＥＡが戦地復旧のために、四七年末まで一〇万四五〇〇名の「日本の戦争捕虜（ＰＯＷ）」を残留させるとの英軍側の意図は、「船舶以外の理由で東南アジアからの日本人の復員を延期しない」という四六年八月二八日付の米軍参謀総長と英軍合同参謀部間の覚書に照らして望ましくない。②これほど大量の日本人戦争捕虜を残留させることは深刻な政治的影響を生じる。米国務省はポツダム宣言の第九項に留意する。③米国務省は、英国側が日本人戦争捕虜の復員を延期するとの決定を〝再検討〟し、できるだけ早く可能な船舶をもって復員を進展させるよう心から願っている（9/13/46, FO371/54243）。このように米国側は改めて英国側の残留方針を穏やかな表現で否定する意思を表明したばかりでなく、インドネシアを管轄するオランダに対しても政治的圧力を加えた（9/19/46, FO371/54244）。

そこで九月二二日、ロンドンでは国防委員会が閣議中に開かれたものの、やはり根本的な変更はなく、従来の基本方針が再確認された。そしてＳＡＣＳＥＡに対して、四七年中のＪＳＰ残留を承認すべきであり、外務省は米国政府に対してこの決定に至った理由を説明し、その他の連合国と協定を結ぶために米国の同意を得ること、運輸省はＪＳＰの復員を完了させるための余剰船舶を調整すべきこと、を勧告するにとどまった（〈S〉9/22/46, FO）。

以上のように英米双方の主張は依然として平行線を辿ったのである。

六　残留をめぐるマッカーサーと日本政府の英蘭批判

（一）吉田茂首相のマッカーサー直訴

南方軍総参謀長の沼田は、一九四六年三月時点で、「帰還準備は各地共完了し船舶の到着待機中なり」と東京の第一復員省次官宛に報告していた（前掲「南方軍状況」二八～九頁）が、現実は違った。四～五月に南方軍の引揚が本格化した際、連合軍側が「一〇万を超える大量の作業隊員の残留」を通告したからである。同年一月頃の南方全域では、労働作業に従事する日本人員は五万一五〇〇名余であったが、八月三日、ＳＡＣＳＥＡは「強制労働のため一〇万人の日本兵の帰国を当分認めない」と決定した。その際、戦時中に日本軍が英国人に対して厳しい労務をさせて多くを死亡させたことに基づく報復論を隠さなかった。しかもこの残留作業隊の期間が、夏季には翌四七年末まで延びる懸念が相当濃くなった。それは当然ながら現地側に深刻な憂慮をもたらした（前掲書『復員・引揚げの研究』八三～四頁）。

ついに日本政府が動き出した。九月一日、吉田茂首相はマッカーサー宛に次のような書簡を送った。

「現在英国管轄下の東南アジア地区の日本人の窮状について注意を喚起することをお許し願います。この地区には帰還を待つ約二万名の男女、子供がいると理解されています。その人員数や生活状況に関しては連絡が拒絶されているため、正確な情報を入手できませんが、悲惨な生活を続けているとの報告が最近届いています。特に元日本軍の地位や名簿が入手困難となっています。彼らは厳しい労働、時には肉体的拷問を受けているようです。……そのような行為はポツダム宣言に違反します。……英国当局下に置かれている当該拘束者の氏名を入手できるよう影響力を行使していただければと願っています」（前掲「在外邦人引揚関係雑件」昭二一・九・一）。

マッカーサーはこの吉田の直訴に即応した。すでに英軍から提案されているJSPの復員延期の方針は、彼自身も承服し難いものであり、米軍当局も否定的であったことは既述のとおりである。この書簡はただちにマッカーサーからアチソン（George Acheson）GHQ外交局長を介して、九日、東京の英国連絡代表部（UKLM=United Kingdom Liaison Mission）のガスコイン（A. Gascoigne）部長へ送られた。そしてガスコインは、翌日、SACSEA宛に文書を送った。その中で、マッカーサーが、吉田首相のために日本人捕虜に関する詳細な情報を提供できるか否かを私に問い合わせており、そのため、POWの病状や栄養状態のほか仕事内容や生活状況など、あらゆる情報を私まで送ってほしい、と要望した（9/10/46, FO〈外務省〉371/54244）。

まもなくSACSEAからガスコインへ報告書が届けられ、二五日、ガスコインはアチソンに対し、JSPの生活、健康、食糧、労務、使役、郵便、衣服状況などを詳細に報告した。ガスコインからの報告は、翌日にはマッカーサーから吉田宛書簡で伝達された（同、昭二一・九・二六）。吉田は三〇日、丁重な礼状をマッカーサーに送付し、その中で吉田は、英国大使（部長）からの書簡は、東南アジアにおける英国地区の日本人に関して信頼できる情報を提示しており、生活状況が改善されつつある旨を伝えている、また同地域の在留日本人名簿とわが方への連絡が準備されるなど状況は好転しつつある、旨を伝えた（同、昭二一・九・三〇）。このように日本政府は、吉田とマッカーサー間の信頼関係を軸に、米国の威信を巧みに利用して英国側に圧力を加え、東南アジアの在留邦人が早期に復員できるよう迫ったのである。

他面、SACSEAのストップフォードは東京のUKLMに対して、二六日に最速の機密文書を送り、傍受した東京のラジオ放送が、「英国と米国は東南アジア地域に残留している一〇万名以上の日本人をただちに復員させる決定を下した。米国当局によれば、東南アジアおよび太平洋地域からの復員は船舶の不足によって遅れてきたが、復員は一週間か一〇日以内に開始される。……東南アジアからの全日本人の復員は、今年末に完了すると予想される」と報じているが、「一体誰の指示の下に、なぜこのような（誤った）放送がなされたか、至急調査してほしい」と要望した（〈TS〉9/26/46, FO371/54244）。SACSEAは、「復員開始」という謎の東京のラジオ放送に驚き、その調査を依頼したわけである。ラジオ放送の真相は解明し難いが、マッカーサー下のGHQが作為的に、SACSEAら英軍側を攪乱する目的で誤報を流した可能性がある。米英の対立は、日本を巻き込んで険悪化していた。

（二）新聞メディアを使ったマッカーサーの反撃

以後もマッカーサーは新聞メディアを使って英国を揺さぶった。一九四六年一〇月二五日と二九日の二回、『ワシントン・スター（Washington Star）』紙は記者のブラウン（Constantine Brown）署名の長文記事、

「〝変化しつつある世界〟――マッカーサー将軍、日本の戦争捕虜の復員に関する不満」を掲載した。その要点は次のとおりであった。

ＳＣＡＰのマッカーサー将軍は、依然ビルマ、マレー、タイに抑留されている日本の戦争捕虜が〝奴隷労働者〟のように使役されていることに関して、ワシントンがこれら捕虜の明確な帰還日程を定めるようロンドンに迫って失敗した点を激しく批判した。将軍は極東で敗北した敵との平和協定を遂行する責任を負っており、日本の関東軍（約七一万）の復員を拒否しているソ連政府に対して強い抗議を発してきた。これら日本軍捕虜は、満州、シベリア、朝鮮で奴隷労働者となっている。

英国は今やこのソ連のパターンを継承している。ビルマには三万九千名、マレーには四万五千名、タイには一万二千名の日本軍捕虜がいる。マッカーサー将軍は英国が日本との停戦協定に従うよう求めており、彼らを母国へ帰還させるための必要な運搬手段を提供している。最近、将軍は英国のある当局者に対して、「来る一月一日以降は捕虜の復員用の船舶を保証できない」ため、「来る二カ月以内に復員業務を完了する」よう求めた。英国は、「今日本人捕虜は米の生産に従事している。なぜなら日本軍が多くの現地人を殺害したからである。もし日本軍捕虜がこの仕事を継続しなければ、現地の住民は飢えてしまう」と回答している。英国は、「一九四七年以後に日本軍捕虜を復員させるべき立場にある」と宣言しているが、明白な期日は一切示されていない。「英国の行動は明らかに戦争法に違反している」。ポツダムで米英ソ三巨頭が「戦争捕虜を母国へ帰還させる」と合意したことは事実である。「復員は運輸手段が許される限り、早急に開始されるべきである」との一般的な理解がある。

ソ連はこの合意を尊重していない。将軍は（フィリピン）統制下の日本人捕虜をまったく利用せずに数カ月間で送還している（実際は第四章のとおり、一九四七年七月に送還を終える）。英国がかつての戦争地域で戦争捕虜を今もなお保持しようとしていることは、この合意を一層難しくしている。ワシントンへの報告の中で将軍は、「わが西側同盟国の一国が合意の精神を守らない以上、ソ連を説得するための道義的理由を失ってしまう」と指摘した。「英国が日本人を本国へ帰すのを拒否しているのだから、ソ連も送還しなくてもいいではないか」とソ連側が反論することは十分予想される。

日本の降伏直後、英国はＳＣＡＰに対して、「戦争捕虜を復員させるための必要な手段がない」と説明していた。将軍はわが同盟国のために船舶およびその他の手段を申し出たが、その行為は米国の納税者に重い負担を強いるものであった。将軍は英国が道義性に反する点を認識し、その立場を変えることに期待を捨てていない。将軍は「日本人が戦争法を犯して残虐行為をしたから、連合国も残虐行為に走ってもよいとの理由は成り立たない」との立場を取っている。連合国政府は日本政府に対して平和的取り決めを教導する立場にあり、そうすべきであると将軍は信じている（10/25/46; 10/29/46, FO371/54245）。

この記事は、明らかにマッカーサーの持論を代弁しており、それは同時に英国政府・軍部への痛烈な批判であった。マスメディアという手段を巧みに使って相手を揺さぶるマッカーサー流の戦法は、太平洋戦争中に対日戦、また本国にもたびたび用いられた。ワシントンの英国大使は、この新聞記事をマッカーサーの本音と見なして、これをロンドンへ伝達した。

このようなマッカーサーの英国を攪乱する戦法に対して、『シンガポール・フリー・プレス（Singapore Free Press）』紙は、三一日、日本軍による破壊、数千名もの大虐殺、強制労働という非人間的行為に対して、もし日本人が何も補償しないならば、われわれはマッカーサー以外の誰にこの不満をぶつけたらよいのか、われわれは日本人が現地の復興業務を終える前に東南アジアから祖国へと復帰させないよう英国政府に要望している、東南アジアには約一〇万の日本人捕虜がいるが、その半分はマレーにいる、と報じた。それを『マンチェスター・ガーディアン（Manchester Guardian）』紙は一一月一日に「日本人捕虜の帰還——不満と反論」と題して伝えた（11/1/46, FO）が、同紙は英国側の意見を代弁していた。このように米英両国の対立は、プレス報道による論戦へとエスカレートしていったのである。

七　残留者の復員をめぐる英米対立

（一）英国側による対米姿勢の見直し

マッカーサーと日本政府が連携して英蘭両国の日本人残留政策を批判したことは、英米関係に亀裂をもたらした。対立がピークに達していた頃の一九四六年一一月四日、ロンドンの内閣府はワシントンのＪＳＭと東京の英国連絡代表部（ＵＫＬＭ）と現地の東南アジア連合軍最高司令官（ＳＡＣＳＥＡ）の三者に対して、四七年中のＪＳＰ残留問題については、ＳＡＣＳＥＡがＳＣＡＰと協議することを指示した（〈S〉11/4/46, FO〈外務省〉371/54245）。これを受けてロンドンの主要閣僚委員会（ＰＡＣＯ）は、統合行政計画参謀部（ＪＡＰＳ）に対して、四七年中の復員用船舶の可能性を運輸省とともに検討し、その上で、参謀総長のための草案を用意するよう指示した。そこで一二月九日、外務省のマクダーモットは内閣府のハッドン中佐へ書簡を送り、①もし残留ＪＳＰの復員のために英国船が使用されるならば、マッカーサーはこの計画に反対しないとガスコインから聞いている、②極東委員会（ＦＥＣ）で米国が復員船に関して英国を牽制しようとするだろうが、その企てでは、カナダ、オーストラリア、ニュージーランド、インドがわが方を支持しているために失敗に終わるだろう、との見通しを伝えた。危機は去ったとの認識であった。〈S〉12/10/46, FO）。

要するに内閣府は、外務省の強い要求に従い、今の復員計画を遂行するために十分な配船を用意すべきこと、また道義的見地からも、四七年初頭に復員計画の詳細をＪＳＰに示唆することを決めた。そして英国を翻弄してきた米国務省や極東委員会（ＦＥＣ）がもはや障害ではなくなったことで、ようやく英国は自由に計画を立てられる、と結論した。内閣府と外務省は、「ＳＡＣＳＥＡが一〇万余のＪＳＰを四七年末まで残留させたとしても、米英両国がこの件で対立を深めることはない」との楽観的見通しに立ったわけである。

同月一七日、統合行政計画参謀部は、「一九四七年中の東南アジアにおけるＪＳＰの復員」と題する長文の報告書をまとめ、陸軍参謀総長へ提出した。同報告書は、たとえ米軍参謀総長が連合国軍の復員業務を長期化させると反対しても、また米軍船の使用期限を超えたＪＳＰの残留に強い政治的反対があると主張しても、五隻の日本船を使用してＪＳＰを本国へ帰還させるならば、米国側の反対意見を抑制できる…〈中略〉…ＳＡＣＳＥＡはＳＣＡＰに対してＪＪＳＰの復員計画を常に連絡すべきである、と指摘していた（…）。

その上で、次の三点を結論とした。第一に、まだ国務省から返信が来ていないし、国防委員会もこの件で明確な決定を下していないが、（a）四七年一月時点でこの残留問題を再検討するべきである、（b）JSPの使役方法に関しては最善を尽すべきである、（c）JSPに対して復員計画を道義上早急に知らせるべきである、ということをSACSEAに理解させる。第二に、米軍参謀総長は四六年末までに復員用の米艦船がゼロになると述べているが、SACSEAは、四七年五月から予定されている月々約一万五千名の復員を着実に実施すれば、日本船に加えた英統制下の船舶で十分実現可能であると考えている、第三に、四七年一二月末以前にJSPの復員を完了するため、われわれはSACSEAに対して、（a）復員の割合を均等にして段階的に進めること、（b）現在の日本船の乗員規模に加えて、英国船の乗員規模も上記のようにすることを伝えるべきである（略）。〈S〉12/17/46, FO）。

右記の報告書は、外務省とSACSEAへ送付された。あくまでも英国は所期の予定どおりにJSPを四七年末まで残留させる方針であり、「マッカーサー側の抵抗はもはやない」との確信に満ちたものであった。ここに英国政府の対米姿勢は定まったのである。

(二) マッカーサー側の巻き返しと英国側の弁明

ところが英国側の確信はまもなく立ち消えとなる。一九四六年一二月三〇日、ロンドンの主要閣僚委員会（PAOC）は、SCAP（マッカーサー）が反対している旨を明らかにした。すなわち、①SCAPが連合陸軍下の日本商船に日本人クルーを乗務させない、と言明している、②SCAPは、SACSEAが現在日本で修理中の日本軍艦四隻を使用する意図を理解できないと述べている、③

ＳＣＡＰは自己の復員支援の申し出が拒否され、しかも残留ＪＳＰが「英国船によって四七年中に段階的に帰還する」との英国大使からの国務省宛覚書を問題視している〈S〉12/30/46, FO）。ここに再び英米間に暗雲が漂い始めた。

そこでＰＡＯＣは、ＳＡＣＳＥＡに対して、事態の沈静化を図るよう次のように勧告した。英国側の提案意図は、復員用に使用可能な日本船を含めることで、米国船なしで実施したいだけである。現在ＳＡＣＳＥＡが所有している六隻の日本商船に日本人クルーを乗船させるのは難しいだろうが、ＳＣＡＰの誤解を解くために、日本人クルーの規定について再度ＳＣＡＰと緊密に協議すべきである。もしこれが成功しなければ、外務省に対して米国務省との協議を要請する。本件は両者間で直接解決すべきである〈S〉12/30/46, FO）。

この電文は連合陸軍にも送られ、貴官はＳＣＡＰに十分説明して、日本商船のクルーを復員用に使う必要性をＳＣＡＰに理解させるべきであるし、旧日本軍艦四隻の使用に関して、ＳＡＣＳＥＡ・ＳＣＡＰ間で直接解決すべきである、と指示した〈S〉12/30/46, FO）。

そこで一九四七年一月一七日、東南アジア陸軍（SEALF=South East Asia Land Forces, 前年一一月三〇日にＳＡＣＳＥＡから名称を変更）総司令部はＳＣＡＰに対して、次のような極秘の暗号電文を送った。①英国船という語句は「日本船を含む英統制下の船舶」という意味である。英国政府は四六年一〇月に、「米船舶の支援を得ずに、残留ＪＳＰを四七年中に復員させる」と米国政府へ伝達した。それゆえ、貴官が日本商船四隻のクルーを使った早期復員に異論を唱えることは理解に苦しむ。②わが方は、四七年前期に効率良く復員を実施する予定であり、商船への日本人クルーの乗務も認めていただければ大変ありがたい。航海術に長《た》けた日本人クルーは、同胞の帰還のために献身的に働いている。③クルーの管理をシンガポールと呉（広島県）の英海運会社に委ねることも可能である。④日本軍艦は三隻でも異論はない（〈S〉1/17/47, FO371/63740）。このように英国側はマッカーサーに日本艦艇の使用許可と日本商船への日本人クルーの乗務に対する理解を重ねて求めた。

続いて二四日にも、ロンドンの外務省から東京の英国代表部宛に釈明の公電が寄せられた（〈S〉1/25/47, FO）。二月五日にも外務省は東京の代表部に対して、「もし残留ＪＳＰのすべてが四七年末以前に帰還することになれば、東南アジアの復興に多大な損害をもたらすだろう」と強調し、「日本人クルー約四〇〇名」の乗務についてマッカーサーから了解を得るように促した（〈S〉2/5/47, FO）。

これに対して東京のガスコイン部長は、八日、マッカーサーと会見し、日本人クルーを英統制下の日本商船に乗務させる件と、東南アジアからのＪＳＰの復員は「本年末以前」ではなく、「本年末」に完了させるとの件についての討議結果を本省に報告した。①マッカーサーは、日本人クルーに関しては英国側に満足な結果を出せるように「最善を尽くす」が、英国当局が英国船という語句の中に「日本人クルーとともに英統制下の日本船を含む」との意味をなぜ事前に明示しなかったのか、これは「遺憾である」と述べた。②日本人クルーを乗船させるには、（a）米国政府と米労働同盟間の公約、（b）四六年以降は復員目的のために日本人クルーを使用しないとの日本政府との公約、との関連で難点がある。両公約を変更することは、「自己の名誉に関わり、時間が必要である」と言明した（〈S〉2/8/47, FO）。

つまりマッカーサーにとっては、日本との公約はともかく、米労働同盟との関係の方が面倒であり、無条件での承諾は難しい、と回答したわけである。英国側はマッカーサーの理屈に異論を感じながらも、その機嫌を損ねることなく、慎重に解決の方途を見出すほかなかった。

（三）復員計画の再検討

英国政府と東南アジアの現地軍は、予想もしないマッカーサーからの旧日本軍艦艇の使用に対するクレームと、日本商船への日本人クルーの乗務に対するクレームによって、復員計画の再検討を余儀なくされた。一九四七年二月一三日、ロンドンの主要閣僚委員会の統合行政計画参謀部（JAPS）は、外務省とともに東南アジア陸軍（SEALF）総司令官から国防省宛の二通の電文（一月六日付と一七日付）を協議し、次のような現状分析を行った。

第一に、現在使用を検討している日本船が、復員に関与できるか否か判明するまでは、残留する総計八万五千名の日本人の毎月の復員割当人数を決定することが難しいばかりか、JSPの代替労働力の問題を検討することも不可能である。

第二に、元来SEALFが月々の復員者数の承認を参謀総長に求めていたのは、日本商船四隻と日本軍艦三隻を使用できると想定していたからであったが、SCAPから、（a）英国側の「英国船」という意味が東京では疑念をもたれており、（b）復員船を一定期間未使用としたことと、日本の接待センター（復員者の収容施設）費用を無駄にしたことにより、日本船問題の進展が難しくなっている。

第三に、SCAPは、（a）すべてのJSPは「四七年六月一日まで」に日本に帰還させる、（b）これを英国が認めるならば、SCAPは同年二～五月に月々三万名を限度とする復員用船舶を供給する、（c）ただし同船の往復の燃料と緊急の必需品を英国側が担うことを条件としている。

第四に、二月五日、外務省は東京の連絡部にSCAPへの接触を命じ、日本商船四隻への日本人クルーの乗務に関して同意を得るよう求めたが、SCAPは前項の回答を要求してきた。

第五に、われわれが日本商船四隻の使用を求める理由は、月々平均三千名のJSPを送還したいと考えるからであり、もし四七年三月にJSPの復員を開始すれば、同年末までに、残留JSP八万五千名の約三分の一の三万名を移送できる計算となる。

第六に、運輸省は英国船単独による復員計画の遂行は困難であり、SCAPが申し出ている米国船の提供を応諾するよう主張している。ただしSCAPが要求する「本年六月一日までの復員完了」は、わが方の東南アジア復興計画に最悪の影響を及ぼす。とすれば、やはり四隻の日本商船の使用は不可欠である。

第七に、SCAPはJSPへの賃金支払い問題に論及していないが、財務省は「賃金支払いによるドル支出を極力避けたい」と願っており、そのためにも日本商船四隻の使用は「非常に望ましい」。

第八に、JSPに代わって、シンガポールとマレーから質の高い労働者を受け入れざるを得ず、そのためにもやはり日本人クルーが不可欠であり、SCAPの承認を求めざるを得ない〈S〉2/13/47, FO)。

以上のような現状分析に基づいて、統合行政計画参謀部は参謀総長がSEALFに対して、次のように勧告することを決定した。

貴官は日本商船の日本人クルー乗務問題で至急SCAPへ回答すべきである。この件が決着するまで、われわれはJSPの復員人員の割合や船舶の準備を決定できない。ただし、(a)「四七年末まで」というJSPの残留期間はすでに十分検討され、英国の最高レベルで承認されている。その点では、米国政府ないしSCAPからの反発はない。したがって、これに依拠してビルマ、マレー、シンガポールでの復員計画が実施されるべきである。(b) JSPに代わる労働力の移送を行う必要性がある。(c) われわれはドル支出を抑制すべきであり、それゆえJSPの復員は段階的に実施されねばならない。SCAPが提供を申し出ている船舶を使用しないで済むように、JSPの代替労働力の受け入れを考慮せざるを得ないが、日本人クルー問題が決着する以前に、貴官の提案が明示されれば大変ありがたい。またSCAPが申し出ている米国船の提供については、感謝の念は示すべきである。同時に、貴官は旧日本軍艦を使用できるようSCAPに対して圧力を加え続けるべきである。ただし現在ソ連に抑留されているJSPの復員と、われわれの現下のJSPの復員とを関連させることは得策でない(〈S〉2/13/47, FO)。

要するに英国側としては、「四七年末」という目標に向けたJSPの漸進的な撤退方針が厳守されねばならなかった。なぜなら、①すでに最高レベルでの決定であり、②英国船の状態が最悪であり、③それが東南アジアの復興計画にプラスする、④ドル支出も抑制できるなど、英国と現地にはそれが広範な効果と利益をもたらすからであった。

以上のような最も重要な勧告案が統合行政計画参謀部でまとめられた。結局、英国側としては、マッカーサーが提供を申し出ている船舶の受容に関しては未決定としながらも、マッカーサーが要求する「四七年六月一日までの復員完了」については、右の四つの理由をもって拒否し、あくまでも同年末までJSPを残留させ、段階的に復員を実施するとの既定方針を貫くことを決定した。半面、マッカーサーに対しては日本商船と旧日本軍艦への日本人クルーの乗務を認めさせようとの外交戦術を固めたわけである。依然として英国側は強気であり、既定方針にこだわった。とはいえ、ＪＳＰへの労働賃金の支払い、ＪＳＰの代替労働力の確保という新たな課題も浮上しつつあった。なおこの文案は翌二月一四日に正式に文書化されて参謀総長に報告され（〈S〉2/14/47, CO（植民地省）537/2493）、二四日には機密暗号電文として参謀総長からＳＥＡＬＦへ伝達された（〈TS〉2/24/47, CO）。

（四）ＪＳＰへの労働賃金支払い問題の浮上

ＪＳＰに対する労働賃金の支払いは是か非かという問題は、終戦直後からの英軍側の重要課題であった。それはまた同時に、賃金支払いを当然視するマッカーサーおよび米軍側と、逆に不要とするマウントバッテンおよび英軍側との間の対立事項でもあった。それでもＪＳＰの復員が進展しない段階では、米英間の相違や対立は表面化することはなかったものの、東南アジアやその他の地域からＪＳＰの復員が進展するに従って、双方の方針の違いが表面化していく。とくに一九四七年初頭以降は、両国の対立は避けられなくなった。

同年二月六日、連合国軍総司令部（ＧＨＱ）はガスコインに対して、公務に従事した降伏者への労賃支払いが求められる旨を伝えた（2/6/47, FO371/63740）。そこで同日、ガスコインは本省に対して、ＧＨＱがわが方の見解（労働賃金の不支払い）に同意しないため、英大使館が早急に米国政府に接触して、ＳＣＡＰを翻意させるよう依頼した（〈S〉2/6/47, CO537/2493）。

一方で米国務省は、同月二六日、英軍管轄地域および中国管轄地区から復員したＪＳＰが「労働賃金支払い証明書」を提出し、日本政府から「円貨」で労働賃金を受理していると伝聞した旨を指摘して、英国側を暗に牽制した。加えて国務省は、日本政府がこの証明書の受理を継続することに支障はないと考えているものの、この証明書の提出による外貨交換という最終的処理は、ワシントンの極東委員会（FEC）が決定すべきものと理解しており、実際FECはそのように動いている、と言明した（2/26/47, FO371/63740）。

これに対してガスコインは、三月一三日、本省に次のような極秘電文を送った。①GHQ内の某部署に非公式に接触した結果、米国務省の情報は誤りであることが判明した。英国地域から復員したJSPが労働賃金支払い証明書を提出した事例は一件もない。私はそれを確認できるものを提出するよう求めている。②GHQは、中国から復員した多数の者がこの証明書を提出しようとしたが、SCAPから指令を受けた日本政府は、中国政府の代表機関の東京設置が遅れていることを理由に、賃金の支払いに応じなかった。その結果、本件は極東委員会に付託された（〈C〉3/13/47, FO）。

さらにガスコインは、中国地区で発行された賃金支払い証明書による今回の措置からすれば、SCAPがSEALFから発行された労働賃金支払い証明書を拒否する危険性がある、と本省に注意を促した（〈S〉3/20/47, FO）。

こうして英米関係は、日本船の使用問題と日本人クルー乗船問題に加えて、このJSPへの労働賃金支払い問題によって一層険悪化していくのである。

八　残留者の復員計画の進展

（一）復員計画をめぐる英国内部の混迷

この間、外地にとどまっていた日本軍の復員はどこまで進展したのか。一九四六年九月二四日時点でＧＨＱが明らかにした日本人の復員状況は、外地の旧日本軍総数五九四万二九〇〇名のうち、本土への帰還者は四五四万七六八名、未帰還者は一四〇万二一三二名であった。つまり、全体の七六・四％が帰還できたものの、依然二三・六％が祖国に帰還できない状態にあった。東南アジアでは、七〇万四八四八名のうち、帰還者が六〇万七五五九名、未帰還者が九万七八九名であり、インドネシアの残留者一万三五〇〇名を併せると、合計一〇万四二八九名が依然強制労働を余儀なくされていた。そのほか、ソ連管理下のシベリアに六五万名、樺太に四五万名、朝鮮北部に五万名、千島に四万三千名、米国管理下のフィリピンに四万三千名、中国管理下の台湾に二万三千名が残留していた（9/24/46, FO371/54245）[5]。

さて一九四七年を迎えると、第二章のとおり、ようやく蘭印（インドネシア）からの復員が開始され、五月末帰還を完了する。では英軍管轄地域にいる日本人抑留者はどのような状況に置かれていたのか。

同年一月末、英陸軍省は現地ＪＳＰの間で「復員期日が不確定であるためにモラルや規律が悪化している」との東南アジア陸軍（ＳＥＡＬＦ）総司令部からの報告を重視し、①ＪＳＰに対して一部の復員が本年三月に開始される旨を伝えてよい、②ただし復員の完了期日を言明してはならない、との機密暗号文をＳＥＡＬＦに送った〈TS〉1/29/47, FO〈外務省〉371/63740）。英軍側は、帰国できるとの朗報を流すことで、ＪＳＰの士気を高めて労働効率を上げる方向へ転じたわけである。

ただしその「帰還完了期日」については、すでに前年九月二二日に英国政府の最高レベルで「一九四七年末」と決定済みであり、したがって、いつ、どのように現地のJSPにそれを明言するかは喫緊の課題となった。実際、シンガポールのSEALF総司令部からキラーン卿宛の一月二九日付極秘文書は、次のように伝えていた。①東南アジアに残留するJSPすべてを四七年末までに復員させるため、三～八月は月五千名、九月一万名、一〇～一二月は月一万五千名を移送する。②シンガポールにSEALF総司令部代表（委員長）、マレー総督、シンガポールの政府特別長官の三名で構成される復員委員会を設置して、JSPの帰還船問題を定期的に検討し、復員の優先順位を主要閣僚委員会（PAOC）へ勧告している。③同委員会の第一回会議が一月一六日に開かれ、ビルマ代表も出席した。④本計画はまだワシントンに示されていないし、これに関する情報も米国や日本に一切伝えないよう要請する（〈S〉1/29/47, FO）。

以上のように、英国内部ではJSPの復員計画が着々と進められていた。ところが四六年末から翌四七年二月にかけて、既述のように、マッカーサー側から日本船の使用に関する予想外の干渉に直面したため、ロンドンの統合行政計画参謀部（JAPS）は、二月二七日、日本人クルーが乗る日本船が復員に使用できると判明するまでは、東南アジアに残留する八万五千名の月々の復員割当問題と、JSPの代替労働力の問題に着手できないことを認めた（〈S〉2/27/47, FO）。つまり、英国側は現地主導の復員計画を保留し、米国との対立の推移を見守る姿勢に転じたのである。

しかし三月に入ると、英国側の方針は振り子のように元へ戻り始めた。同月五日、運輸大臣のバーンズ（Alfred Barnes）はマクニール（Hecter McNeil）に、以下のような文書を送付した。その要点とは、①

マッカーサーは「JSPの復員を六月一日までに完了するならば、残留者八万三千名の帰還のために十分な米国船を提供する」と申し出たが、現地の政府当局や民間側はこれに反対し、あくまでもJSPは一二月末までに漸進的に帰還させるべきであると主張している。②最後の日本人グループは年末の数カ月間に帰還させるが、それでも日本人の代替労働力として二万名のセイロン人を移入させる必要がある。③ただし粗末な船舶まで復員船として調達せざるを得ないほど、当初の予測を著しく超えており、もはや現地側の要求には応じられない。④そこで船舶に関しては、マッカーサーの申し出を受諾するか、四八年までJSPの復員期間を延長するか、の二者択一をするほかないが、前者は当局には受け容れ難いだろうし、後者は延長を嫌う外務省が反対するだろう（3/5/47, FO）。

以上を踏まえて、バーンズはマクニールに、どちらの方がよいのか、米国との同意を優先するのか否かと質《ただ》した。またバーンズは、復員割当数に若干の変更を加えた数値表と、四八年までずれ込んだ場合の日本船と英国船の分担割当数を七九ページの表のように提示した（3/5/47, FO）。

以上のように英国は、復員完了期限を延長する場合に備えた計画も検討し始めた。続いて一四日には、外務省のチェーク（D.J. Cheke）も次のように提案した。

（1）運輸大臣は復員計画を本年末までに完了するには船舶の調達が厳しいと述べている。マッカーサーが米国船の提供を申し出ているが、それはわれわれの復員計画を七カ月前倒しした「四七年六月一日までの完了」を条件としており、この条件では、現地の復興計画のために日本人労働者を同年末まで使うとの前提に合致せず、受諾できない。運輸大臣は、マッカーサーの申し出を受諾するか、復員を来年まで延長するか、二者択一しかないと言明しているが、前者は厳しい反対に直面するだろうし、後者は米国政府およびマッカーサーの信頼を裏切ることとなる。

（2）われわれは必ずしも大臣が示している選択肢に限定されるものではない。三月一日にSEALFがマッカーサーに対して、「六月一日まで」との期限を「受け容れやすい期限」へと変更することを要請した。まだマッカーサーから回答がないが、船舶割当を用意している可能性がある。となれば、年内の復員割当数を均等にさせればJSPの帰還は困難ではないかもしれないし、九月以降の船舶の乗員数を増加せずに済むかもしれない。

（3）この件に関する英米政府間の誓約は十分重視されねばならない。マッカーサーは東京の英国連絡代表部長（ガスコイン）に対して、「もし英国が約束を遵守しなければ、米国内で英国への激しい反発が生まれるばかりか、日本でも反英感情の波が起こるだろう」と警告している。英首相とマッカーサー間の使者（ガードナー）も、「もし英国政府が復員を越年させれば、きわめて不幸な事態を迎える」と認識しており、米国務長官もJSPの越年残留に強く反発することが予測される（3/14/47, FO）

チェークが右の（3）で指摘したとおり、東京ではガスコインがマッカーサーに会見し、「六月一日」という期限を多少とも緩和できるか否かを模索した。するとマッカーサーは、「英国は四七年末までに東南アジアからJSPを復員完了させるとの約束を守らないことが判明した」と断言し、「期限内に復員できなければ、米国や日本内部で反英キャンペーンが起こるだろう」と警告して、「ソ連は一月に五万人以下の復員の実施に合意しており、さらに加速させつつある。もし英国が年末までに日本人を帰国させなければ、ロシア人が英国人に勝つことになる」と述べた。マッカーサーはこの復員問題を真剣に考えており、英国が公約を達成できなければ、「英国の名誉を傷つける汚点」にもなると考えていた

復員割当数と日本船・英国船の分担数

	現在の計画			計画遅延の場合	
1947年	SEALF 提案人数（人）	日本船と英国船の分担（隻）		日本船と英国船の分担（隻）	
3月	5,000	3,000	2,000	3,000	2,000
4月	5,000	3,000	2,000	3,000	2,000
5月	5,500	3,000	2,500	3,000	2,000
6月	5,500	4,000	1,500	4,000	1,500
7月	6,000	4,000	2,000	4,000	2,000
8月	6,000	4,000	2,000	4,000	2,000
9月	12,500	4,000	8,500	4,000	2,000
10月	12,500	4,000	8,500	4,000	2,000
11月	12,500	4,000	8,500	4,000	2,000
12月	12,500	4,000	8,500	4,000	2,000
計	83,000	37,000	46,000		
1948年					
1月	—			4,000	2,000
2月	—			4,000	2,000
3月	—			4,000	3,000
4月	—			4,000	3,000
			計	53,000	29,500

出典：3/5/47, FO〈英外務省〉371/63740

(〈TS〉3/12/47, FO)。

つまり、ガスコインにとっては「六月一日という期限」を緩和させるどころか、年内の復員完了の達成こそが当面の緊急課題となった。しかもマッカーサーが英国の復員の遅延状況をソ連の場合と比較して非難したため、英国の立場は一層苦しいものとなった。実際、ソ連政府は四六年一〇月、日本国籍の戦争捕虜および民間人の復員を開始する決定を下し、翌四七年二月一五日時点で、合計一四万五千名以上がソ連地域とソ連統制下の地域から日本へ送還されていた（3/5/47, FO）。ガスコインはさらに同日、再度デニング(Maberly Denning）へ機密文書を送り、「マッカーサーが復員計画の不履行に憤慨している」旨をシンガポール（ＳＥＡＬＦ）に説明すべきであり、デニングからＳＥＡＬＦに対して、「三月一一日付のマッカーサーからＳＥＡＬＦ宛文書への回答を早急に出すよう圧力をかけてもらいたい。マッカーサーは回答の遅れに強い不満を述べている」と伝えた（〈TS〉3/12/47, FO）。

以上のようにマッカーサーおよび米国政府の圧力を受けて、英国側は混迷に陥り、復員計画を再度見直さざるを得ない状況に追い込まれたのである。

（二）英国側の執拗な態度

ところがマッカーサーは、一方でガスコインを介して、シンガポールの東南アジア陸軍（ＳＥＡＬＦ）とロンドンの英国政府に復員期限を厳守するよう圧力を加えながら、他方で懸案の日本人クルーの乗船問題では、英国側に譲歩する柔軟性を示した。一九四七年三月一二日、ガスコインはＳＥＡＬＦへの機密電文で、今朝マッカーサーと復員問題を再度話した際、彼は日本人クルーの乗務に関して、ＳＥＡＬＦに承諾を与えた旨を述べた（〈TS〉3/12/47, FO）。マッカーサーの胸の内は不明ながら、英国側には久しぶりの朗報となった。この東京からの報告にロンドンも喜びの反応を示した。同月一九日、国防省のサミュエルソンはＳＥＡＬＦ総司令部宛に極秘の暗号電報を送り、その中で、「ＳＣＡＰが貴官の三月一日付文書に大変好意的な回答をしている。……ＳＣＡＰの回答を嬉しく思う」と率直に述べた（〈S〉3/19/47, FO）。ただしマッカーサーは肝心な期限の問題、つまり「六月一日」という復員完了期限の緩和については何も言明していなかった。それでも英国側からすれば、マッカーサーとの関係改善の糸口を見出した意義は大きかった。

このような経過を踏まえて、ロンドンの統合行政計画参謀部（JAPS）は長文の極秘報告書案をまとめ、主要閣僚委員会（PAOC）に提出した。その草案は次のような骨子であった。

（1）日本人クルーの日本船乗務に関して、われわれは必要な日本人クルーを乗船勤務させる同意をSCAPから得たと理解し、四七年四月（実際は三月）に最初の日本船が出航できると考えている。そこで目下、東南アジアに残留するJSP八万三千名の復員の割当問題とJSP労働者の代替問題に重点が置かれている。

（2）復員の完了期日に関しては、かつて英国船に基づく四六年末の復員完了が困難と判明した際、英外務省は米国務省に対して、四七年末まで復員完了の期日を延ばすことに同意するよう要請した。国務省からは公式の返信がなかったが、外務省は「黙認」したものと受け止めており、防衛委員会はその完了期日を未決定のままにしている。

（3）月々の復員割当人数に関しては、英軍参謀総長はSEALFに対し、「四七年五月から日本船を含む英統制下の十分な船によって月々一万五千名の復員を確実に進める」と伝えたが、この割合では四七年末よりも早く復員業務を完了する可能性があるため、「四七年を通じて復員を均等かつ段階的に行うことで同年末に首尾よく完了させる」よう伝達している。この要請に基づき、SEALFは、「JSPの月々の復員割合は一〜二月ゼロ、三〜八月各五千名、九月一万名、一〇〜一二月各一万五千名とする」旨を明らかにした（これはバーンズ運輸大臣案と比べると、全体的にJSPの帰還を遅くさせ、九〜一二月期に集中させる案へと変更されている――増田注）。ただし運輸省は、船舶不足によって、SEALFが示唆するような復員の割合人数などは難しいと回答している。

（4）東南アジアでの労働力に関して、①ビルマではＪＳＰ一万八四〇〇名が陸軍に雇用されているが、代替なしに復員できる。②同じくマレーとシンガポールでは計二万六千名が公共事業用に雇用されているが、ＪＳＰの代替労働力が可能になるまでは、これら人員を必要としている。③ビルマ政府は約一万二三〇〇名を雇用しており、四七年六月一日以前にＪＳＰすべてを解放する用意がある。④マレーとシンガポールでは一万二五〇名が民間側に雇われており、植民地省は四七年中まで彼らを必要とすると述べている。⑤ビルマとマレーとシンガポールでは、全体の八万三千名のうち、代替労働者が見つかるまでは、公共事業用に各二万二一〇〇名と二五〇〇名、民間事業用に一万二五〇名、行政用に六五〇〇名など計四万六一五〇名を必要としている。

（5）ＪＳＰの撤退がもたらす影響に関して、①民間労働力を検討する主要閣僚委員会は、ＪＳＰの代わりとして、海外から軍人を労働者として活用するとの結論を下している。②シンガポールの行政委員会は、ＪＳＰの代替労働力が移入されなければ深刻な結果を生じると主張している。とくに海軍ドックの業務や船舶の修復業務ばかりか、現在進行中の陸軍業務も中断せざるを得ない。マレー陸軍もすべてのプロジェクトを中止せざるを得ないだろう、と指摘している〈S〉3/13/47, CO537/2493)。

（6）ＪＳＰの代替労働力に関しては、①ＳＥＡＬＦは香港から中国人労働者を移入させようとしているが、インド人の移入は難しい。②セイロン政府に一万三五〇〇名の労働者移入を要望しているが、九月以前には難しい。③ＳＥＡＬＦは陸軍省に対して、「ＪＳＰは日本からの労働力によって代替されるべきである」旨を伝えたが、外務省は反対するだろう。

（7）復員船の可能性に関しては、①ＳＣＡＰが日本の商船に必要なクルーを用意すると同時に、旧日本軍艦の使用も許すだろうと考えている。帰還は四月にスタートし、月々平均四千名を乗船させ、四七年末には計三万六千名に達するだろう。②英国船がすでに船内に収容スペースを用意しており、三月にJSP三千名を復員させようとしている。運輸省は月平均二千名の乗船が四月から可能になれば、四七年末までに計二万一千名を送還できると考えており、いずれ二万六千名まで増員できるように特別な配慮がなされるだろう。運輸省はJSPの復員に必要な英国船の供給にきわめて消極的である。

（8）目下の問題を解決するためには、①「四八年五月一日までの復員完了」へと延ばすことであろう。これならば英国船や米国船を特別に手配しないで復員を完了できる。この場合、東南アジアでは四七年一〇月以前に必要最小限とされるJSPの労働要件を満たせるだろう。②外務省は「四七年末までの復員完了」という政治的理由を強調する。その時点では米国の統制地域（フィリピン）からJSPの全員を帰還させているばかりか、ソ連地区からの復員が英国地区以上に進展する可能性がある。とすれば、英国がその達成を怠ると、英米関係は険悪化すると外務省は考えている。③もし外務省の見解を認めるならば、運輸省は四七年の七〜一二月期に各二万六千名のJSPの乗船を必須とするが、貿易船を旧船主に返却するとの運輸省の計画は大幅に停滞する。④われわれはSCAPからの船舶提供の申し出を喜んで受諾するよう勧めているのではないが、四七年七月一日までに三万七千名を移送するとしても、日本船と英国船の輸送能力は一万五千名に限定されるため、四七年七月末以前には外部からの労働力の補充なしにJSPを四万六千名以下にはできない。

以上の諸要件を踏まえ、統合行政計画参謀部は、（a）JSPの代替労働者としてはセイロン人一万三五〇〇名を得る見通しがあり、また日本の旧軍人を労働隊として得ることは決して困難ではないが、四七年七月以前に代替労働力を獲得するのは無理である。（b）もし代替労働者を獲得する以前にJSPが帰還すれば、マレー・シンガポールに深刻な影響をもたらすため、それは回避せねばならない。（c）もし四八年五月一日までにJSPの復員の完了を達成できなければ、七月末以降、船舶の追加が要求されるだろう、との結論を出した〈S〉3/47, FO371/63740）。

ここに英国政府側のJSP帰還の方針が定まった。あくまでもJSPの復員完了は、①ビルマ、マレー・シンガポールなど現地の復興にマイナスにならないことを絶対条件とし、②そのためにはマッカーサーからの支援申し出を反故にしてまでも、四七年末までに復員を急がずに徐々に実施する、③それが無理ならば、復員を「四八年五月まで延期」させても致し方ない、との方針であった。それは米英関係の悪化や国際世論の反対を顧みない内向きで頑固な姿勢であり、結局、対米関係を重視する外務省側の主張が現地SEALFらの強硬姿勢によって押し切られたことを意味したのである。

（三）マッカーサーの英国側に対する譲歩

一九四七年三月一一日、SCAPのマッカーサーはSEALFへ返信し、次の四点を伝達した。①SCAPは同年中に日本商船四隻（ボゴタ丸、朝嵐《ちょうらん》丸、大安《たいあん》丸、輝山《きざん》丸）への日本人クルーの乗船勤務を許可する。これら商船はSCAPの統制下に置かれ、東南アジアの港から日本までJSPの復員用に使われる。②三隻の旧日本軍艦は復員用としては収容規模が小さいために望ましくない。その代わりにSCAPは右の①に述べた条件で同程度の船舶を用意する。③SCAPは延期されている東南アジアからの復員を支援するため、四七年六月一日まで月々一万五千名を輸送できるSCAP統制下の日本船を追加する。英国は以前と同様に、往復燃料の提供をＳＣＡＰ統制下の船舶に対して実施する。④英国側の復員計画を早急にＳＣＡＰへ提出するよう要請する（3/20/47, WO〈陸軍省〉203/5969）。

このようにマッカーサーは、日本人クルーを日本船に勤務させることを認めたばかりか、復員完了の期限には論及しないまま、米国船の即時提供と追加の配船も提示するなど、大幅な譲歩を明らかにした。それは英国側からすれば待望の朗報であり、またある程度、英国側の予想が的中したことを意味した。

同月一五日、ＳＥＡＬＦはＳＣＡＰに対して次のように回答した。第一に、右の①に関して、ボゴタ丸、朝嵐丸、大安丸の三隻は、ＳＣＡＰの統制下で東南アジアから日本までの復員業務に従事することに同意しており、すでにシンガポールへ向けて出航した。右の②に同意する。右の③の追加的な米国船の詳細を至急お知らせ願いたい。第二に、日本商船と日本軍艦の代替船によって、四月九七〇〇名、五月一二〇〇名、六月八五〇〇名、七月一二〇〇名、八月八五〇〇名、九月一二〇〇名、一〇月八五〇〇名、一一月一二〇〇名、一二月五七〇〇名、合計四万五七〇〇名が乗船できると推定する。四月には最大限の人員を他の地域から東南アジアへ移送できるだろう。輝山丸の修理を急ぐようシンガポール港湾部に要請している。第三に、右の③に依拠して、われわれは米国ないし英統制下の船舶で三万四三〇〇名の乗船を要請する。ただし月々の輸送人数に加えて、四～五月に三万名乗船できる船舶を追加するとのＳＣＡＰの提案に従えば、計四万九〇〇名の復員となる。移送人員の大量前倒しは、公共事業で雇用されているＪＳＰ七万名のうち三万名の撤収を意味し、それは業務上きわめて深刻な影響をもたらす。とくにビルマで業務するＪＳＰは分散されており、二万四七〇〇名を四月までに一カ所に集結させるのは不可能である。したがって、ＳＣＡＰの申し出に十分感謝しながらも受諾できない。わが方では一万二千名の前倒し送還を準備しており、四月ではなく五月に一万五千名を送還し、六〜一二月（できれば九〜一二月）の期間内に計一万九三〇〇名を帰還させる計画であり、そのための英国船を用意する必要がある（3/20/47, WO）。

以上のように英国側は、あくまでも現地の復興事業を最優先する姿勢を崩さず、国益に基づく持論を粘り強く主張していた。とくにＳＥＡＬＦ案は、先のバーンズ運輸大臣案やＰＡＯＣ案よりもＪＳＰの帰還をさらに遅くさせる方式となっていた。当然ながら、米国務省は英国側の反応に怒りを露わにした。三月二五日、ワシントンのインバーチャペル男爵（Baron Inverchapel）は本省へ機密暗号電報を送り、その中で、国務長官代理が英国統制下の東南アジア地域における「日本人戦争捕虜」（英国風のＪＳＰではなく、ＰＯＷと指摘している――増田注）八万二千名の復員に関して、駐米英国大使の過去の覚書に論及した上で、米国政府は、「ポツダム宣言の明確な意図と責務という見地から、東アジアの日本人の復員は急速に完了されることがきわめて望ましく、英国政府はＳＣＡＰの提案に肯定的な姿勢を示すよう言明している」旨を報告した〈TS〉3/25/47, FO371/63740）。

米国からの圧力を受けて、ロンドンの外務省からシンガポールのＳＥＡＬＦ総司令部に対して、同月二七日に極秘・重要文書が右の二五日付文書とともに送付された。第一に、四六年一〇月に英国政府は「東南アジアのＪＳＰの復員が四七年末までに完了することを受諾する」と明言し、その復員は英国船によって遂行されることと、英国船とは東南アジア陸軍司令官の裁量で英統制下の日本船を含むことを米国政府に説明している。ところが第二に、ＪＳＰの帰還計画を進める過程で、ＪＳＰの労働力の必要性と、船舶調達の可能性とのバランス上に難問が生じた。つまり、復員を通年で平均化して段階的に進めないと、英国船の配船は厳しい状況になる反面、ＪＳＰの大半が残留せずに、しかもＪＳＰの代替労働力が確保できずに一二月段階でＪＳＰが四分の一（約二万名）になる場合、東南アジア再建計画は打撃を受ける。このようなジレンマに基づき、復員の最終期日を「四八年五月一日まで延期する」との意見が浮上している。第三に、米国政府とマッカーサーは、「四七年末の復員完了」にきわめて熱心であり、この計画を実施するようわが方へ強い圧力を加えている。現在ＳＣＡＰは米国船の無期限の提供にさえ言及しているが、「四七年六月一日までの復員完了」にわが方が同意することを要件としている。ＪＳＰの復員問題と代替労働力の問題は今ここで検討されており、貴官が推進する方向へ進みつつある。貴官がすでに米国側に譲歩する姿勢を示していることに感謝する〈S〉3/27/47, FO）。

外務省と入れ替えに、同月二五日には、在ワシントン英国統合参謀代表部（ＪＳＭ）も国防省に極秘暗号電報を送り、米軍参謀総長が英軍参謀総長宛覚書の中で、改めてＳＣＡＰが「日本人の大量復員の目標期日を四六年末と設定していた」ことと、同期間中にＳＣＡＰが日本人を帰還させるとの条件で米国船の提供を申し出たことに対して、「東南アジアで労働に従事する日本人約八万名を英国船で復員させる」という覚書を国務省へ送ったことを改めて強調している旨を伝えた〈S〉3/25/47, CO〈植民地省〉537/2493）。

米国務省も米軍上層部も、〝最後通牒〟的な厳しい覚書を英軍側に突きつけたわけである。またしても英国側は米国からの強い反発に直面した。そのような緊迫した状況の中で、四七年三月、ついに東南アジアの英国管轄地域から残留ＪＳＰの第一陣を乗せた帰還船が日本へ向けて出航した。

九　残留者の復員開始

（一）残留日本人の日本帰還開始と日本政府の提訴

一九四七年三月一九日、ＧＨＱは終戦連絡中央事務局（ＣＬＯ）を介して日本政府宛に、ビルマのラングーンから日本人二二四〇名を乗せた復員船が三月一九日に広島県の呉に到着する旨を伝えた（前掲「在外邦人引揚関係雑件」昭二二・三・一九）。東南アジアからの第一次復員が前年九月に途絶えて以来、約半年が経過していたが、待望の残留者復員の第一報が届けられたのである。そして同日、英国船エンパイアプライド号が宇品（広島県）に接岸した（同、昭二二・五・二四）。前年一二月にＣＬＯの朝海浩一郎総務部長がＳＣＡＰに対して、英軍占領地区での日本作業隊九万一千名の救済を直訴したが、ようやく三カ月後にその一部が実現した。

ただし依然として現地に多数残留する同胞の過酷な処遇と環境が問題視された。翌四月二六日、朝海はＧＨＱへ書簡を送り、その中で、南方の旧日本軍は「降伏者」と呼称されているが、それは「国際法によって保障された戦争俘虜としての保護と権利を放棄することを決して意味しない。むしろ通常の戦争俘虜よりもより名誉ある扱いを受けてもよいはずである」、にもかかわらず「彼等は労働隊として扱われ、無償の労働を命ぜられている」、「米軍管下のフィリピンおよび中部太平洋諸島の日本将兵が戦争捕虜として扱われ、権利や保護が許されているという事実からすれば、その状況を改善するよう求めることは決して不合理ではなかろう」と丁重に論じ、その上で、ＳＣＡＰが英蘭両国側に「この状況を修正するよう調停していただければ大変幸いである」と懇願した（同、昭二二・四・二六）。

このように日本政府は、国際法に立脚した米軍側の公平かつ良識的な処遇を全面的に押し出して、英蘭両軍下の日本人に対する劣悪な環境を間接的に批判したわけである。

続いて吉田首相は、五月二三日、マッカーサー宛に請願書を送った。その中で吉田は、「英軍管下の旧日本軍の帰還が三月から開始され、現在まで約一万三千名が帰国できたことは喜ばしい」が、依然として約六万七千名（ビルマに二万七千名、シンガポール・マレーに四万名）が残留しており、その帰還に関する英国当局の将来計画が何ら知らされていないため、彼ら自身もその家族も心配している旨を指摘し、英軍当局が迅速にこれら日本人を帰還させるとともに、その帰還完了計画を明示するように調停を強く要請した。さらに吉田は、「これはソ連地域からの日本人帰還を促進する支援にもなる」と述べて、マッカーサーが最重視するソ連地域の抑留者問題を引き合いに出して、東南アジアの残留日本人問題の解決を促した（同、昭二二・五・二三）。外交官出身者らしい巧みな訴えであった。

この吉田の要請に基づき、翌日、朝海がSCAPに「英国管下の南方地域における日本労働隊の帰還」と題する文書を送付した。①英軍管下のビルマ、シンガポール、マレーにいる日本人作業隊全員がいつ送還完了となるか何ら明示がない。現地からの送還は一万三千名に達しているが、この送還率をさらに上げたい。②現地の日本作業隊員の状況は、精神的、肉体的に消耗し切っている上に、帰還期日が明示されていないために不安や動揺が広がり、内部の紀律が弛緩して統制が困難となっている模様である。③日本内地では、作業隊員の安否を憂慮する留守家族等から引揚促進を求める声が高まっており、嘆願書は政府や引揚促進団体に連日殺到し、三月以降だけでも三万二千通に達している。④訴えている者の多くは戦災を蒙り、生活維持者（つまり残留者）の帰還がないため、極度の生活難に直面している。

以上のようにGHQに改めて引揚完了期日について英国との折衝を要請した。今国会でこの問題が論議されることにもGHQが特別な配慮を払ってほしいと訴えた（同、昭二二・五・二四）。

この頃、ビルマに残留する日本人から窮状を訴える英文の書状（「ビルマでの労働隊の状況」）が入手された。それは次のような論旨であった。①ビルマで非常に貧弱な状況下で働かされている総勢三万名余の日本人として、母国への帰還を訴えたい。戦後ビルマには約七万名の日本人がおり、約三万五千名が昨年（四六年）夏に母国へ送還された。その時点で唐突に、残りの三万五千名が占領軍下での労働を命じられた。②われわれは陽を浴びることもできず、雨季（五～一〇月）も室内に閉じ込められている。この苦痛がどれほどかは説明し難い。③三万五千名の日本人をこのように処した当初の理由は、食糧生産など戦後再建のために労働させるということであった。しかし実際の仕事は英軍将官への日常的な世話、台所仕事、波止場での船荷の揚げ降ろし、ドブ掃除、洗濯といった、再建に関係のない奴隷の仕事である。④与えられる食糧は公式上二千カロリーといわれているが、実際はそれをはるかに下回っている。歯磨き粉、ハブラシなどの日常品は与えられず、野菜と肉の欠乏で皆栄養不足となっており、約一七〇〇名が食糧不足で死亡した。キャンプ内では陰惨な事件が頻発し、環境悪化が恐ろしい事件を引き起こしている。⑤労働隊として働いているにもかかわらず、賃金の支払いはない。国際協定からすれば、このようなビルマでの労働隊の貧弱な状況は理解し難い。早急な復員の実現を願っている（6/47, FO371/63741）。

従来英軍側は、ビルマやマレーなど日本軍によって破壊された地域を復興させるために日本人を雇用して働かせていると主張してきたが、この訴状は英国の大義名分が虚構にすぎず、実状はそれとまったく無関係の雑役に日本人が従事させられているとの衝撃的な内部告発であった。この文書が日本政府へ届けられたか否か不明ではあるが、このような現地の窮状が日本政府を動かし、それがさらにマッカーサーを動かすこととなったのである。

(二) 英国側の残留者帰還(第二次復員)計画

ではこの間、英国政府と現地の軍部側は、残留日本人の第二次復員に向けた準備態勢をどのように進めていたのか。

一九四七年四月一日、統合行政計画参謀部(JAPS)は「一九四七年の東南アジアにおけるJSP残留」と題する報告書をまとめた。その骨子と改訂点は次のとおりであった。

(1) JSP八万名の復員完了の期日に関しては、SEALFが「東南アジア軍内の公共および民間の要求にJSP残留を合致させるべきである」と表明するとともに、国防委員会が外務省に、「復員完了の期日を四七年末まで延期することに同意」してもらうよう米国務省への折衝を要請した。国務省からは、「復員をできるだけ早急に完了すべきである」との回答が現在寄せられている。

(2) 復員の人的割合に関しては、SCAPは現在四隻の日本商船に日本人クルーを乗務させることと、三隻の日本軍艦を追加することに同意しており、さらに「四七年六月一日までに月々一万五千名を輸送できる日本船の追加」を申し出ているが、SEALFは、「五月に関しては一万五千名の乗船の申し出を受諾できるが、四月に同規模の人員を乗船させるのは無理である」と述べている。われわれは八万名のJSPを、以下のような計画のもとで復員させたい。日本商船で、三月ゼロ、四月九七〇〇名、五月一二〇〇名、六月八五〇〇名、七月一二〇〇名、八月八五〇〇名、九月一二〇〇名、一〇月八五〇〇名、一一月一二〇〇名、一二月五七〇〇名、計四万五七〇〇名、SCAPの追加船で三万名、英国船で一万九三〇〇名、総計八万名である。われわれはSEALFに対して、上記の修正案を基礎としてSCAPの申し出を受諾するよう指示している。八月の一万九三〇〇名の乗船を運輸省は保障できないと言明しているが、一万四千名は確実であり、残りの五三〇〇名もほぼ問題ない。したがって四七年末までの復員計画に無理はない。

（3）SEALFはJSP二万二一〇〇名（陸軍二万四〇〇名、海軍一七〇〇名）の代替労働者が必要であると報告しているが、現地労働者も外国人労働者もそれほどの能力はない。インド人は政治的理由で雇用できず、セイロン人の一万三五〇〇名は進展がない。そこで香港から中国軍人労働者をリクルートするか、日本軍人を労働隊として陸軍で雇うことを提言したが、日本軍人が英軍籍に入ることは法的問題を生むこととなり、外務省は反対するだろう。それゆえ、少なくとも四七年九月以前に代替労働力はない〈S〉4/1/47, CO〈植民地省〉537/2493）。

右のとおり、今回の英国側の復員割当案は、三月五日のバーンズ運輸大臣案から大きく変更された。東南アジア現地の復興作業が優先的に考慮されて、四七年後期（九〜一二月）にJSP復員者数を膨らませる工夫がなされていたものの、復員自体を遅延させるとの方針は、米国とマッカーサーの介入で崩れており、同年前期に一定の人員を割当てざるを得なくなっていた。とはいえ、米国務省はマッカーサーの主張する「四七年六月一日までの早期帰還」を断念し、英国の要求を認める決定を下した。英国側の粘り強い交渉能力が米国側を上回ったといえる。マッカーサーはさぞ臍《ほぞ》を嚙む思いであったろう。

（三）国際社会の中の残留者問題

結局米国務省は、残留ＪＳＰの「一九四七年六月一日」までの復員完了をあきらめ、同年「一二月三一日」という英国側の主張に歩み寄ったが、マッカーサー自身は英国への警戒心を緩めていなかった。四月五日付のシンガポールから外務省本省への極秘文書は、そのような気配を伝えていた。「計画どおりに英統制下の日本船と、米統制下の日本船追加で一万五千名を乗船できるならば、四七年末までに所定の復員が達成されよう」との楽観的なキラーン長官の見解に対して、東京のガードナーＳＥＡＬＦ代理は、「米国側はその期日までに英国が復員を完了させるとの確たる保証を求めて」おり、もし英国船だけで復員を実施できるならば、「米国側は英統制下の日本船を取り上げる可能性がある」と注意を喚起した（〈S〉4/5/47, FO〈外務省〉371/63741）。つまりガードナーは、マッカーサーがまだ英国側の真意に疑念を抱いており、もしも英軍が公約どおりに実施しなければ容赦しないだろうと見ていた。

それゆえ、英国側はマッカーサーの対英不信に細心の注意を払う必要があった。同時に、ワシントンの極東委員会（ＦＥＣ）における米ソ間の復員関連の対日文書をめぐる争いにも注意を払う必要があった。四月五日、在米英国代表部は本省への公電で、次のように報告した。ソ連のＦＥＣ代表は、対日文書の中に、「日本軍の解体と非軍事化の完了は、早期に遂行されるべきである」との一節を追加挿入するよう提案している。その文言は影響力を増すだろう。米ソ間の議論に英国代表は参加していないが、米国は、①未帰還の日本軍の武装解除と、日本に残存する全日本軍の非軍事化と武装解除を早期に完了すること、②日本軍の復員に関するポツダム宣言の条項は達成されるべきこととの二文書案を作成し、極東委員会が二者択一するよう求めている。われわれは両案に賛成できないし、ソ連も米国の両案を受諾する可能性はほとんどない。とはいえ、私はソ連案への支持を明確にしたくない〈S〉4/5/47, FO)。このように英国としてはこの対日文書の承認を拒む必要があった。

ここでは英外務省が米ソ冷戦に留意する一方で、自国の利益も考慮しなければならないジレンマを露呈していた。英国のJSP復員の遅延作戦は、対米関係ではかなり功を奏したものの、米ソ関係を軸とする国際社会や国際世論の中で次第に拘束されつつあった。

(四)英国側の残留者復員計画の修正

前述のとおり、英国政府とSEALFら現地側は、米国からのJSP早期復員要求を退けることにひとまず成功したものの、他面、復員の早期実施を求める国際的潮流には明らかに逆行していた。そのような孤立状態を英国自身はどのように認識していたのだろうか。

一九四七年四月二二日、統合行政計画参謀部(JAPS)は「一九四七年における東南アジアのJSPの残留」と題する文書を作成した。まず残留JSPの復員完了期日に関して、米国務省が「四七年末までの復員完了」という英国側の要請を受容したこと、SCAPが日本商船四隻への日本人クルーの乗務に同意し、三隻の旧日本軍艦に匹敵する船舶を追加的に供給することにも同意したこと、SEALFは、SCAPの提案する月々一万五千名の日本船による復員を五月以後に開始すること、英国船の一万九三〇〇名が削除されて日本船のみとなったこと、全体的に月々の復員者数が一万弱へと平均化されたこと、米国船が五月に一万五千名の復員業務に従事すること、を指摘していた。とくに米国船の参入に関しては、JAPSからSEALFに対する圧力があり、「残留JSPすべてを四七年末までに復員させる計画は合理的」であり、「SCAPの申し出を受諾」せよ、と迫った結果であった。さらにJAPSは、「JSPにはわれわれが一九四七年一二月三一日までに東南アジアから彼らの帰還を完了させることを今伝えるべきかもしれない」とSEALFに指示するよう勧告した〈S〉4/22/47, CO537/2494)。

これは従来の英国側の頑固な姿勢からすれば、画期的な変化であった。要するに英国政府は、もはや現地のJSPに対して復員期日を明示せざるを得ないと考え始めたのである。同月二四日午前、国防省で極秘の主要閣僚委員会が開催され、残留JSPの復員に関して、右のJAPSの報告を検討し、次のような結論に達した。①現在東南アジアにいるJSPはすべて一九四七年一二月三一日までに帰還する、とのSEALFによる復員の割合は合理的である。②われわれは上記の帰還期日を今JSPに伝えるべきかもしれない。③質の高いJSPの代替労働力はまだ確定していないが、セイロン人一万三五〇〇名を獲得するのが好ましい。日本から旧軍人の労働隊を導入するのはかなり難しいし、四七年九月以前にJSPの代替労働力を獲得するのは不可能であろう(4/25/47, CO537/2493)。

こうして同委員会は、JAPSの報告文書を承認し、修正文を参謀総長へ送付するよう指示した。そして翌日、主要閣僚委員会が開催され、この文書が正式に承認されたのである(〈S〉4/25/47, CO)。

(五) 残留者復員期日の公示をめぐる英国内部の対立

復員問題を扱う最高レベルの主要閣僚委員会(PAOC)が、SEALFに対して、「現地JSPに日本帰還の期日を公示せよ」と指示したことは、従来の英国側の強硬姿勢からすれば大きな転換を意味した。その背景には、米国およびマッカーサーからの政治的圧力があったほか、日本政府側のＧＨＱを介した執拗な要請、そして現地のＪＳＰ内部における不穏な情勢があり、結局それらが英国政府側の既定方針の変更を促したわけである。

それでもＳＥＡＬＦらは、ロンドンの指示に容易に従おうとはしなかった。五月六日、ＳＥＡＬＦは国防省に極秘文書を送り、次のように巧みに反論した。一九四七年二月一日の決定では、「ＪＳＰに対して復員完了の最終目標期日を伝えるべきではない」とされていた。たとえ日本船が復員業務に携わり、英国船が使用されないとしても、である。にもかかわらず、そのような声明がＪＳＰの士気を高め、ＪＳＰの仕事に効果をもたらすというならば、「ビルマ、マレー、シンガポールからＪＳＰの復員が、戦犯を除いて、同年六月からほぼ同規模で月々行われる」旨を六月に言明する許可を下せばよい。そうなれば年内における復員完了が理解できるし、ＪＳＰに復員完了の期日を言明する必要はなくなる〈S〉5/6/47, CO〈植民地省〉537/2494)。つまり、ＪＳＰに復員完了の期日を公示しなくとも、計算上彼らには帰国が自明となると指摘したのである。依然ロンドンとシンガポール間で齟齬が生じていた。

一方、英外務省は主要閣僚委員会の決定を歓迎し、六月三日、米国務長官に英国内の動きを伝えた。すなわち、「明日、国防大臣が東南アジアの英軍管轄下の降伏者すべてが一九四七年一二月三一日までに帰還できると声明する予定であり、これは大変好ましい」。当初、船舶の調達と代替労働力の確保という二つの厄介な問題が生じ、われわれは約束を達成できないかもしれないと懸念したが、マッカーサー将軍の申し出により、今や計画の達成が期待できるようになった。「太平洋戦争の終結時にはＪＳＰの五分の四がわが手中にあったが、四六年末までにその大部分が復員した。そして残留する八万二千名は祖国帰還を非常に心配しており、それが彼らの士気や仕事に影響している。今やその明確な復員計画が決定されており、彼らには帰還の期日が知らされるべきである」（6/3/47, FO〈外務省〉371/63741）。

以上のように外務省は、英米関係また国際関係を見据えて、ＪＳＰの復員完了期日の明確化を歓迎した。ところがまもなく、この外務省の見解は国防省および陸軍参謀総長によって退けられた。同月九日、国防省はＳＥＡＬＦに対して、次のような陸軍参謀総長の見解を機密暗号電報で伝達した。一九四七年六月に八九〇〇名、七～一二月に月々九五〇〇名の割合で実施する復員計画は承認されている。「現在東南アジアに残留するすべてのＪＳＰ（戦犯容疑者および戦犯確定者を除く）は、同年一二月三一日までに東南アジアから復員させるべきであり、すべてのＪＳＰは同日までに復員できるだろうとの声明は、発表されない旨決定している。そのような声明は英国内にいるドイツ人戦犯をして早期復員の要求を促す可能性がある」。ただしビルマ、マレー、シンガポールのＪＳＰには、「復員は月々ほぼ同じ割合で従来と同様に今後も進められよう」との情報を軍事的手段で伝えることにはまったく反対しないが、「公的な声明は行われるべきではない」（〈TS〉6/9/47, CO537/2494）。

つまり、復員完了期日の明示は英国内のドイツ戦犯問題に波及するから、そのような声明を出す必要はない。ただ軍事的手段という非行政的かつ間接的な方法での通知ならばよい、との理屈であった。これは主要閣僚委員会（ＰＡＯＣ）とＳＥＡＬＦ間の折衷案であったが、外務省からすれば、またも土壇場で軍部側からハシゴを外されたのである。実は東南アジア主要閣僚会議も外務省と同様に、復員期日の声明発表を認める決定を下したばかりであったが、同会議の見解もまた退けられる結果となった。

こうしてＪＳＰに対する復員完了期日の公示は棚上げされ、英国はあくまでも帰還期日を空白とする方針を貫いた。それは遅延の可能性を担保する作戦でもあった。またしても米国とマッカーサーおよび日本政府の要請は土壇場で拒否されたわけである。

一〇 残留者の復員完了

(一) 日本政府に対する復員期日の通知

これまでに述べたとおり、吉田首相は一九四七年五月二三日付のマッカーサー宛書簡の中で、第二次復員の開始により計一万三千名が帰還したが、依然として約六万七千名が残留したままであるため、英国側に対して帰還完了の計画を明確にしてほしい、と強く訴え出た。この要請に続いて朝海がSCAPに対し、英国側との折衝の上、引揚計画の細部発表を促すよう要請した(前掲「在外邦人引揚関係雑件」昭二二・五・二四)。これに対して七月一五日、GHQの外交局長代理シーボルト(W.J.Sebald)より日本政府宛の至急文書が届き、七月一〇日に在東京・英国連絡代表部(UKLM)から、「英国管下の日本人の帰還は一九四七年一二月までに完了する」との情報を日本政府へ伝達するよう依頼があった旨を連絡してきた(同、昭二二・七・一五)。

これは日本政府にとって、東南アジア残留日本人が復員完了の具体的日程を知らされた初の公的情報であった。これはガスコイン単独というよりも、英国外務当局が日本側には完了期日を非公開とするとの政府方針をあえて覆す、異例の通報であったと思われる。ここに残留南方軍の最終帰着が同年末と判明し、復員への不安や疑念が払拭された。ようやく日本政府や内地関係者は大きな喜びに浸ることができたのである。なお『朝日新聞』（七月二一日）は、戦犯容疑者七千名が海外の三〇余箇所に収容されており、そのうち英軍管下のマレー、シンガポール、ビルマ等に「陸軍一七三七名、海軍三一一名、一般邦人五八名」がいると報じた。

（二）日本政府の賃金不払い問題

以上のように日本政府の必死な要求がマッカーサーおよびＧＨＱを動かしたことは、英国側としても無視できなくなった。まず東京のガスコインが動いた。一九四七年五月一五日、彼はシンガポールのＳＥＡＬＦへ次のように伝えた。日本政府はＧＨＱに対して、「ＳＥＡＬＦ下のＪＳＰは適切な扱いを受けていない」と訴えている。たとえば、降伏時に所持金がすべて没収されたが、その剝奪について通知がない。収容所内に食堂が設置されていない。労働賃金がまったく支払われていない。階級による区別が認識されておらず、将校が労働に従事させられている。労務中に事故死した者やケガ人への補償がない。個別の通信が送付されていない等である。これらに関する回答を得たい〈S〉5/15/47, FO〈外務省〉371/63741）。

右のうち、とくに「労働賃金不払い」問題は、終戦直後から英米間の争点となっていた。既述のとおり、マウントバッテンは日本軍を降伏者（ＪＳＰ）と規定し、捕虜（ＰＯＷ）と認定しなかった。日本政府がジュネーブ協定を批准していない以上、国際的な捕虜規定外にあるとの解釈であったが、マッカーサーは日本軍をＰＯＷと見なし、あくまで国際協定に準じた人道的な処遇を主張した。以降、英米両国間の見解の違いは平行線を辿ったのである。

これに対して朝海は、四月二六日、南方の旧日本軍は「降伏者」と呼称されているが、それは「国際法によって保障された戦争俘虜としての保護と権利を放棄することを決して意味しない。むしろ通常の戦争俘虜よりもより名誉ある扱いを受けてもよいはずである」と英国側の措置に反駁し、彼らは「無償の労働を命ぜられている」とその不当性をGHQに訴えていた（前掲「在外邦人引揚関係雑件」昭二二・五・二四）。

このような日本側の活発な動きを、ロンドンの財務省は看過できなくなった。もしもJSPに労働賃金を支払うことになれば、膨大な国庫の流出につながるからである。同省の担当官フランス（A.W. France）は、五月一九日に次のような文書を外務省のチェークへ送った。「戦争捕虜に関する（ジュネーブ）協定はJSPには該当しない」し、「彼らに適用しない」点を慎重に理解させてきた。したがってガスコインに対して、GHQ側には「日本の降伏は無条件降伏であるから、日本はこの条件外にある」と伝達するよう望む（5/19/47, FO371/63741）。二七日、チェークはフランスに返信した。「もちろん私は貴殿の見解に同意する。SEALFがGHQ／SCAPへ回答すべきであり、とくにわれわれが検討している事例を基礎とした十分な証拠を提供できると確信する。労働賃金に関しては、われわれの見解（JSPには賃金不払いとする方針）がワシントンへの発信済み公電によって理解されていると想像するが、この点を再確認すべきだろう。この件はSEALFの主導に任せられるべきである、との見解でわれわれは一致しよう」（〈C〉5/27/47, FO）。

以上のように、日本政府が提起している労働賃金支払い問題に対しては、英財務省と外務省は、「戦時中の日本軍による自軍への非道な行為」との観点から、「賃金不払い原則」を変更する必要性を認めなかった。ただしワシントンの極東委員会では、この問題で英米対立が顕現化しており（6/6/47, FO）、またしても日本政府・米国（マッカーサー）対英国という対立の構図となりつつあった。

（三）労働賃金支払いの検討

当初からＪＳＰへの労働賃金支払いに否定的な英国政府ではあったが、その後、米国政府や極東委員会（ＦＥＣ）、また東京のマッカーサーとＧＨＱ、その背後にいる日本政府からの政治的圧力を受けて、英国政府はその賃金不払い原則を再検討せざるを得なくなった。

一九四七年六月一七日、この問題に関して陸軍省のウッドハウス（Woodhouse）大佐とコリンズ（E. Collins）中佐、外務省のウォーカー（Walker）とキリック（J.E. Killick）四者が協議した。彼らはここに至るＪＳＰの労働賃金問題を整理した。①四五年八月に英国は勝利したが、以後、現地の復興に一〇万名のＪＳＰが不可欠となった。ここからＪＳＰへの賃金支払い問題が生じた。②ＳＥＡＬＦによれば、ＪＳＰへの賃金支払いの詳細な賃金体系が形成されていなかったために、ＪＳＰ各人の労働記録は皆無となっている。ただしＪＳＰは労働への若干の報酬は得ている。「ＪＳＰは彼ら自身が戦争中に破壊したものを単に再建しているにすぎない」との論理から、「賃金支払いは認め難い」との見解もある。③ＪＳＰ各人の専門性と非専門性という能力差から〝心付け〟に格差をつけており、これが労務上の記録として賃金問題への唯一の解決策となるかもしれない。④四六年六月一日を支払い開始期日とする場合、賃金の算出方法は二つあり、同日までに獲得した賃金をクレジット化する方法と、その記録に基づく新体系に従って獲得した賃金をクレジット化する方法である。それに各人の復員期間を加算する。⑤もしＪＳＰが専門レートで算出した賃金を承諾するなら、残留ＪＳＰ一〇万名の総合計はこれを基礎とするものとなろう。ただし娯楽とか休暇日などは賃金から控除されねばならない。⑥略。⑦英軍管轄地域で日本〝円〟は使用できないため、ＪＳＰへの支払いは経済上の経費という制度を確立する必要がある。⑧そのようなクレジット伝票は、ワシントンの英国代表と米国務省間の協議事項であるが、現在ＳＣＡＰは日本政府にその伝票を認めるよう指示している。

以上のような認識に立って、四者は次のような勧告に合意した。目下準備されている声明文内に、（a）ロンドンでのクレジットに関する算出により、六月一日までのＪＳＰ全員のクレジット総数が明示されよう、（b）ＳＥＡＬＦに対して、休暇・娯楽等の内容を示すよう依頼する、（c）ロンドンでの財政的な算出にＳＥＡＬＦが適合できるように配慮する（6/19/47, FO）。

要するに、陸軍省と外務省の実務者は、残留ＪＳＰへの賃金支払いを具体化する方向へと舵を切ったのである。従前からすれば、正反対の決定であり、ＳＥＡＬＦら東南アジアの現地軍側との違いが顕在化することとなった。

そのような折、東南アジアの軍管轄区を視察する赤十字代表団（IRC= International Red Cross）のビエリー（Frederick Bieri）団長が、民政官という第三者的立場から、六月二七日、現状を批判する報告書を陸軍省のコリンズへ送付した。それは以下のような論旨であった。

（1）わが代表団が五月二二日にクアラルンプールの南方軍総司令官の木下中将に面会した際、①四七年六月一日以前のＪＳＰすべての労務を無視して、その期日以降のみの賃金総額を各人のクレジットとする英国側の方式は不正であり、英国が約束を守らないとのＳＥＡＬＦ宛の抗議文を作成中である、

②この新制度が六月一日から開始されるため、復員が遅れるだろうと多くのJSPが不安に陥り、全体の士気に悪影響を及ぼしている、③JSPは賃金が日本政府から支払われることを知って労働意欲を失っている、と彼は述べている。

（2）「敵国降伏者（SEP=Surrendered Enemy Personnel）」に対する賃金支払いと比較すれば、在イタリアのドイツ人の場合、四六年九月一日以降、食堂料金を個人勘定カードで支払っており、優良者は一週間のボーナスを付与されている。また多くのドイツ人は一週間の労働時間が四八時間となっている。これに対して東南アジアの日本人は、熟練者は一時間につき一・五、未熟練者は一時間につき四分の三のクレジット伝票（日本で兌換可能）が支払われるため、熟練者と未熟練者は一週間、四八時間労働に対して各六・三のクレジット伝票を得るが、イタリアのドイツ人のように食堂での兌換制度などがない。自国政府が自分たちへの賃金支払いを連合軍から強要されることを知って、仕事を嫌っている。

（3）旧枢軸国側に対する処遇改善を求める動きは、日本人への賃金支払い問題ばかりではなく、協定や条項の精神を当局が適用していないことにも起因している。四七年二月二〇日に外務省は、「海外のSEPに対して、ジュネーブ協定の精神と合致するような待遇を与える」旨を確認している。それゆえSEPへの処遇は、抑留の場所や人種に関係なく、POWに与えられている条件と同一とすべきであるが、当局はこれをまったく無視している。

（4）そこで以下のように改善すべきである。（a）在伊ドイツ人は、英国当局のために労働を開始して以来賃金を得ていなかったが、四六年九月一日から賃金を得ている。日本人の場合、その期日は四七年六月一日に設定されており、ドイツ人よりも九カ月遅れている。ジュネーブ協定第三四条には、

「ＰＯＷは自己の果たした労働に対して報酬が支払われるべきである」と定められており、このルールに違反する。（ｂ）日本人の賃金規模はドイツ人の賃金規模と比べて非常に不利となっている。（ｃ）第三四条は「捕虜の賃金は、その抑留期間に基づく」と定めており、在伊ドイツ人の処遇は同条に合致している。これに対して東南アジアの日本人は、使用できる現金が皆無であるばかりか、復員後のクレジットがどの程度の金額になるのか、またいつ支払われるのか等も知らされていない。

（5）われわれにとって現状は明らかに不満足であり、次の手段が取られるべきである。（ａ）在伊ドイツ人と在東南アジア日本人への賃金は、労働に関与した時点から支払われるべきである。少なくとも日本人に対しては在伊ドイツ人と同じ資格が与えられるべきであり、その支払いは四六年九月一日まで九カ月を遡及されるべきである。（ｂ）日本人の賃金規模は、在伊ドイツ人レベルまで引き上げられるべきである。（ｃ）日本人には、在伊ドイツ人と同様に賃金を使用できる便宜、たとえば食堂や地方での買物に適用されるべきである。しかも近親者へ送金できるようにするべきである。さらに重要な点は、第三四条の原則に従って、日本政府内にＪＳＰの賃金支払いのための行政部署が設置されるべきである。日本人はすべてを承知しており、木下が指摘するとおり、日本人が「長時間の厳しい労働」に意欲をなくしていることを英陸軍省は配慮すべきである（6/27/47, FO）。

なおビエリーは同日、外務省の日本・太平洋部次長デニングに対しても同様の文書を送付し、「われわれは陸軍省へこれらの問題点を伝えることは正しいと考えており、もし貴殿が判断を下す際、これらの諸点を考慮されることを信じる」と結んでいた（6/27/47, FO）。

以上のとおり、ビエリーの報告と提言は、日本人の現状を在伊ドイツ人の場合と比較した上で、しかもジュネーブ協定に基づく国際法に準拠した上で、現状を改善する具体的かつ公平な提言であり、英国政府と軍部にとってはきわめて手痛い批判を意味した。逆に、それは現状に切歯扼腕する日本側からすれば、日本政府の主張を強力に支援する提言であった。ただし赤十字代表団という非政府組織（NGO）の勧告であり、それゆえ政府や軍部の政策決定過程にどれほど影響を及ぼしたか不確かながら、ビエリーの所見は従来の政府や軍部の見解とは大きく異なり、人道的かつグローバルな視点に依拠していたことに新規性があった。

（四）労働賃金問題の決着

懸案となった日本人への賃金支払い問題に関して、英国政府の態度がほぼ決定したのが一九四七年九月末であった。外務・陸軍両省間の交渉後、陸軍省のキャメロンは極東陸軍司令官代理として、次のような外務次官宛文書（主題「JSPの労働賃金」）を送付し、双方の合意を確認した。「四六年六月一日から四七年五月三一日まで一年間のJSPの賃金を計算する」との貴殿の七月三一日付書簡にわれわれは同意する。修正点はまったくない。四七年六月一日から復員に至るJSPへの労働賃金の支払い推定総額は、六万八七五〇ポンドであり、その算出方法は週四〇時間、時給一ペニーを基礎とする。当方のデータでは、残留者数は六月一日に五万三六六〇名、七月一日に三万九七三〇名、八月一日に三万一〇〇名、九月一日に一万四八〇〇名、一〇月一日に四千名、一〇月一五日にゼロとなる。JSPは週約五〇万名であり、最大時で九〇%が雇用されたと仮定すれば、週約四五万名となる。したがって、時給一ペニー、週四〇時間の労働を基本とすれば、賃金総計は七万五千ポンドとなる。これに対して週三ペンスの控除、すなわち六二五〇ポンドを差し引くと、六万八七五〇ポンドが支払い総計と推定される。

以上のような基本方式に基づき、ＪＳＰ各人への支払い方法は、四六年六月一日から帰還時までとし、乗船リストが主要な情報源となる。この乗船リストには階級と船名と復員期日が明記されるからである。ただしこの情報では、四七年六月一日以前における各個人の労働賃金支払い証明書をＧＨＱは収集できないが、各ＪＳＰの賃金支払い上のデータを提供できるだろうし、四六年六月一日から四七年五月三一日に至る一年間の労働に見合う賃金は、各ＪＳＰに対して支払われるものと考えられる。

そこで、（a）日本の当局は、四六年六月一日以降のＪＳＰすべての復員者の乗船リスト・コピーを添付させること、（b）政府内の関係部署間で協定を結ぶように示唆すべきこと、その上で、①前掲期間にビルマ、マレー、シンガポールで労働隊に従事したＪＳＰは、日本政府からその期間のクレジットを受け取る、②ＪＳＰは船名と復員期日を報告すれば、日本の当局は保有している船舶リストとその他の記録を照合し、日本内で現金に換金できる証明書を発行する、③クレジットは四六年六月一日から復員日まで、同日以後の復員者の場合は四七年五月三一日までとし、月々一〇分の二ペンスのレートで賃金証明書が発行される、④四七年六月一日以後の復員者で労働賃金支払い証明書の所有者は、その証明書が現金化された際に自動的に六二〇ポンドのクレジットを受領できる（9/30/47, FO）。

以上のように英国側での日本軍側に対する賃金支払い方式が確定した。当初の賃金不払い方針から支払う方針へと逆転したものの、結局、英国政府はＪＳＰの労働賃金の算定はするものの、肝心の賃金支払い自体は、英国政府が行うのではなく、日本政府に委ねる方法を取ったわけである。最後まで英国は狡猾であった。

とはいえ、この間の英国政府の財政負担も決して軽くはなかった。九月三〇日、財務省は「JSPの復員」の総括討議を行い、①四六年三月以降、SCAP統制下の船舶費用（米リバティ船および日本船の燃料・必需品・食糧）に加えて、米リバティ船の雇用費用を英国が負担しており、財務省は一八〇万ポンドを限度とするドル支出を認めた。また米国側は、同年六月末から八月末まで、一日ほぼ船一隻分二四〇ドル（月七三九六・九一ドル）の支払いを要求したため、すべてマレー海軍が支出を負担した。②四六年七月末まで、英海軍が英統制下の日本船四隻とSCAP提供の米国船の支出を負担し、八月一日以降は、英統制下の日本船の費用を海軍が、またSCAPの船舶費用を運輸省が各々負担した。③その後、約九万名のJSPが東南アジア、オーストラリア、香港から四七年末までに復員するが、この間、英国政府は日本船と米リバティ船の支出のほか、米国船の雇用費用として約二〇万ドルを支払わねばならない。そのほか自国の海運船の費用も支払わねばならない（12/11/47, FO）。

こうしてJSPに対する賃金支払い問題はひとまず英国政府内部では決着したものの、依然として米国政府と日本政府とSCAPでは未決着であった。復員も終盤を迎えた一一月六日、英外務省の日本・太平洋課から東京の英国連絡代表部（UKLM）宛に、次のような英国内部の動揺を示す電文が送られた。

（1）われわれの最終案は極東委員会（FEC）には未提出であり、したがってただちにSCAPに対して、「日本政府が東南アジアからの復員者への労働賃金支払い証明書について責任をもつように」との指令の発出は期待できない。

（2）ビルマ、マレー、シンガポールに残留するJSPすべてが復員しつつある。労働賃金支払い証明書は四七年六月一日以降だけがJSP各人に発行されており、その期日以降の労働に対するクレジットが提示されている。ただし四七年六月一日以前に復員したJSPは、同様の証明書を所持していない。それでも原則上、JSPは同日以前に実施された労働へのクレジットが記載される。したがって四六年六月一日から四七年五月三一日に至る期間では、業務に見合うクレジットすべてを算定する方法を決定しており、その総計額から娯楽等の必要経費を差し引いて、JSP各人の賃金を算出している。

（3）極東陸軍（FARELF）司令部は、四六年六月一日以前に復員した日本人に対して、同期間の各人のクレジット証明書を発行できる詳細な記録を所有していない。そのため、復員者自身が所持する復員期日や復員船名のリストに基づいて、各人の詳細なクレジットをチェックする必要がある。

（4）「日本政府がJSPへの賃金支払いについて責任をもつようにすべき」であり、この政策にFECが同意するようにわが政府が説得するまでは、貴殿はその政策を堅持せねばならない。これらリストが詳細であるため、日本政府にとって賃金の支払いは簡単な仕事ではない。ビルマ、マレー、シンガポールから復員したJSPは、四七年六月一日以後の復員場所で、そのクレジットを各地方当局（引揚援護局）で換金できるように公的な声明を出すべきである。

（5）リストはポンド建てのクレジットとして表示される。これはクレジットが円と交換される際のレートとして誤解されないためである。ただしこの件は以後再検討されるべきだろう。われわれは再度ワシントンに対して、FECが早期に行動を起こすよう圧力をかけ続けるよう要請している。もしこのJSPへの賃金支払い問題が公に提起されると〝厄介〟なことになるかもしれないからである〈S〉

11/6/47, FO)。

英国側は、このような賃金支払い方式が極東委員会などで公然化した場合、国際社会から厳しい批判を招くことを強く恐れていたわけである。それは赤十字のビエリーが英国政府を批判したとおりとなることを十分承知していたからにほかならなかった。

(五) ようやくの復員完了へ

JSPの労働賃金問題が決着する方向へ進みつつあった時期、復員船による日本への帰還事業は最終段階を迎えていた。すでに英国内部の復員計画では、JSP労働隊の残留者数は、六月一日に五万三六六〇名、七月一日に三万九七三〇名、八月一日に三万一〇〇名、九月一日に一万四八〇〇名、一〇月一日に四千名、そして一〇月一五日にはゼロとなる手筈が整えられた(9/30/47, FO)。そのような中で、一九四七年七月一五日、東京のUKLMからGHQを介して日本政府へ、「東南アジアの残留日本人の復員が同年末に完了する」との報が届けられた(前掲「在外邦人引揚関係雑件」昭二二・七・一五)。八月二七日の『朝日新聞』も、「南方残留同胞の引揚は目下着々と進み……ビルマ地区はほとんど完了し、シンガポール・マレーに未帰還者約一万五千名がいるばかりであるが、いま海王丸など四隻が相次いで帰航の途にあり、一〇月末には引揚が完了する見込み」と報じた。

とはいえ依然、英国政府からは正式な復員業務の終着期日が公表されていなかった。それは日本側に一抹の不安を抱かせた。

九月二五日、極東陸軍司令部はロンドンの国防省へ極秘暗号電報を送り、その中で次のような提言を行った。貴殿の指示に従って、JSPの復員人員に関する情報を公開していないし、復員の完了期日も公開していないが、「最終の復員船が一〇月一八日頃にシンガポールを出航する予定であり、戦犯裁判関係者の若干名以外は現地に一人の日本人も残らない」ことが明白となる。報道関係者の関心はすでに当地で高まっており、「もしわれわれが復員に関する事実をもっと先に延ばせば、誤った情報が伝わるかもしれない」。そうなると、英国にいるドイツ人捕虜の地位に関して厄介な事態をもたらすかもしれない。加えて、SCAPは情報を完全に把握しており、復員の完了に関する公式声明を注視しているだろう。したがって、国防省は今後報道機関からの質問に対処してほしい（〈S〉9/25/47, CO537/2494）。最終の復員船が出航する事態に至って、ようやく現地の軍部から「復員終結の公開を解禁すべし」との声が上がったわけである。

他方、東京のガスコインからも、一一月九日、やはり報道機関による復員問題への関心が高まりつつある旨が本省へ発信された。それはソ連の復員問題と関連していた。すなわち、「去る一〇月二九日、海外からの日本人復員の問題が、ソ連統制地域に残留する約七六万一《ママ》千名との特別な関連で、対日理事会（ACJ=Allied Council for Japan）の場で協議された。……そこでシーボルト（米国代表）が冒頭では、東南アジアに二七三九名が残留していると述べたが、閉会時に、その二七三九名は今日本へ向かう航海上にいると言明した。……一〇月三一日の『デイリー読売』と同月三〇日の『朝日新聞』は、シーボルトの声明を報じ、「東南アジアには今や日本人は一人も残留していない」と伝えた。私はマッカーサーが声明を出す前に、（復員の終結を）彼に話した方がよいと思う」（11/9/47, FO371/63741）。

続けて翌日にもガスコインは本省に対し、重要・極秘暗号で次のように報告した。私はマッカーサーに対日理事会（ＡＣＪ）の場を利用して、この復員問題について新たな声明を発しないよう望んでいると伝えたところ、マッカーサーは「この件よりも、ソ連からの日本人の復員が遅延している問題の方が重要」であり、英国のことを「述べることはもう何もない」と言明した〈S〉11/10/47, FO〉。マッカーサーにとってＡＣＪの場は、もはや英国との戦いよりも、ソ連との戦いに重点が移っており、ガスコインが心配したようなマッカーサーによる英国バッシングはもはや起こりえないことが判明した。米ソ冷戦の深化が進むことで、ようやく英統制下の東南アジア ＪＳＰ 問題は幕を閉じることとなった。

こうして一九四八年一月三日、東南アジアからの最終帰還船が日本に到着し、苦難に満ちた東南アジアからの復員史に終止符が打たれたのである。

おわりに

東南アジアの日本軍七八万余名は、終戦以降、戦闘の停止、連合軍への降伏、武器の処分と引き渡し、収容所入り、強制労働、戦犯裁判といった段階を経て、一九四八年一月に戦犯を除く全員の復員を完了した。この二年半もの残留は、ソ連・中国地区を除けば、もっとも長い抑留生活であった。しかも第一次復員（一九四六年五～九月）では約六〇万名の帰国が実現したものの、復員計画は中断され、英蘭両国が主張する東南アジア復興という大義名分により、一〇万名を超える多くの日本人抑留者がビルマ、マレー、シンガポール、タイ、インドネシアで継続的に過酷な労働に従事させられた。これはきわめて特異な事例であったが、戦後抑留史では案外その事実が知られていなかったといえる。

では本章で解明された日本軍の復員過程は、わが国の戦後史や復員史の中で一体どのような位置を占めるのか、またどのような歴史的意義をもつのであろうか。

その場合、日本軍の強制残留を推進した東南アジア連合軍最高司令官（SACSEA）マウントバッテンら英国側と、これを厳しく批判して早期復員を促した連合国軍最高司令官（SCAP）マッカーサーら米国側との対立をどのように評価するかがきわめて重要となる。しかもこの復員問題には、ポツダム宣言第九項、戦争捕虜（POW）および労働賃金に関するジュネーブ協定といった国際協約が関連するばかりでなく、極東委員会（FEC）や国際赤十字（IRC）の動向のほか、米ソ冷戦に伴うソ連管轄下の日本人抑留との比較であるとか、旧枢軸国のドイツ人に対する処遇との比較など、国際環境へのグローバルな視点が欠かせない。そこで国際的視座から、日本軍の復員を改めてマクロ的にとらえることで全体をまとめてみたい。

（一）平穏な終戦受入れ

第一に日本軍、とくに南方軍の終戦過程では、天皇の絶大な威信を背景とする寺内総司令官の卓越した指導力が発揮され、毅然としたトップダウン型の終戦決定によって継戦や抗戦といった不穏な動きは未然に封殺された。反面、英軍への停戦・降伏過程では、交渉に臨んだ日本側の降伏条件（自主的な武装解除、軍刀保持、労役の不行使、治安維持のための小武器の保持、生活の保証など）は、英軍側によってすべて峻拒された。それは日本側の敗戦認識の甘さを露呈していた。ただし逆に日本側の潔い敗北姿勢は、抵抗を予想して警戒を怠らなかった英軍側を驚かせ、また安堵させて、不要な混乱が回避された。

次いで降伏調印式後の抑留過程では、日本側が英軍側に対して粘り強い交渉を行い、労働隊（作業隊）の労働条件の改善や復員促進のために一定の役割を果たしたが、全般的には英軍側の意向によってほとんど退けられた。とくに英国側には、戦時中の連合軍捕虜に対する日本軍の過酷な処遇への復讐気運が強く、日本側の待遇改善要求は大幅に制約された。ソ連抑留者の酷寒状況とはまったく異なるものの、熱帯地域特有の炎天下における労務は、抑留者の体力と気力を奪い、多くの犠牲者を出すに至った。これは戦争の勝者と敗者間の絶対的な立場の差から生じるものであり、どうすることもできなかった。

なお日本人の戦犯裁判に関して、英国は英国流の洗練された裁判方式を導入するなど事前に周到な準備を行った。ただし膨大な日本人の復員促進という政治目標を重視した結果、裁判自体が簡略化・形骸化されたばかりでなく、戦犯容疑の調査に不透明さや不公平さが散見された。実はマウントバッテン自身、公正な裁判の実施には当初から疑念を抱いており、とくにマッカーサーによるフィリピン戦犯裁判のあり方には批判的であった。

（二）早期帰還計画の変更

英軍側は（のち蘭軍側も）、終戦直後から政治・経済・軍事の三つの事由から、日本軍の早期復員のための総合計画を立てて準備を開始した。政治的事由とは、ベトナムやインドネシアなど独立をめざした民族運動が活発化し、政情不安をもたらしたこと、経済的事由とは、米などの食糧生産が停滞していたばかりでなく、運搬手段も戦災から手痛い打撃を被っており、主要都市では食糧調達が困難に陥っていたこと、軍事的事由とは、降伏した日本軍の規模が予想外に巨大であって、人的に劣勢な英軍側は、収容所入りした日本人の維持管理に苦慮したこと、しかも管理上の経費が膨大になることが予想され、本国政府の財政を圧迫する可能性があったことが挙げられる。要するに、英国側はコストと人員数の観点、それに加えた現地の政情不安から、早期に日本軍の復員を進める意思を固めていた。

ところが四六年二月頃より、英国側に船舶不足という深刻な物理的問題が発生し、復員計画全体を軌道修正する必要に迫られた。東南アジア各地に分散する多くの日本人を、シンガポール周辺のリアウ諸島とかレンパン島など中継地まで運搬する小型船舶は確保できても、中継地から日本本土まで運搬する大型の外洋船舶を英国はほとんど保有しておらず、そのため、復員完了には五～七年という長期間が予想された。SCAPのマッカーサーによる本格的な支援態勢が整うのは、同年春以降であった。そのため英米間に復員用船舶の調達をめぐる確執が生じたが、主導権は終始米国側、実質上マッカーサーの手に握られていた。

(三) NIPOFF作戦の推進

それでもSACSEAは船舶不足のまま、既定方針に従って、日本の軍人や民間人に対する包括的な復員計画、すなわち「NIPOFF作戦」を四六年四月にまとめ、七〇万二千名を一〇月までに帰還させるとの一大目標を掲げた。幸いにもこの時点でSCAPは米リバティ船やLST、日本船をも英国側に大規模に配船し、この復員事業を強力に支援できる態勢となっていた。その結果、九月までに約六〇万名もの大量の帰還を達成する。ところがこの間、英米間に米艦船の燃料負担をめぐる対立が起こった。これまで米艦船は日本までの片道航路用の燃料負担を英軍側から受けていたが、NIPOFF

作戦によって米国船は東南アジアと日本の港とを頻繁に往復することになったために、米国は応分の燃料負担を要求し、結局現地英軍と英国政府は渋々これを受諾したのである。

一方でマウントバッテンは、NIPOFF作戦を推進していた同年五月、ビルマやマレーで復員待機中の日本降伏者（JSP）約一〇万名を現地の労働者として強制残留させる方針への転換を図り、本国政府に承認を求めた。その背景には、日本軍の破壊による米不足が全域で深刻化していたこと、現地の陸・空軍から射撃訓練場とか沿岸防備施設など日本軍の高度な専門技術を生かした復興建設事業にJSPや民間人を使いたいとの要望が持ち上がったこと、中央・地方での鉄道建設や農園事業の再開支援など、多くの戦災地域の復興に有能で勤勉な日本人を使役したいとの声が強まったことがあった。それならば、現に待機中のJSPをそのまま一定期間残留させ、無賃金で使えばよい、という一石二鳥の構想となった。その際、労働者一〇万名を残留させるため、六〇万名の復員は必ず早期に実施せねばならないと現地の英軍側が考えたとしても不思議ではない。要するに、待機者一〇万名の強制残留と六〇万名の復員実施とは交換条件の形となったわけである。

しかも東南アジア連合陸軍（ALFSEA）のパイマン参謀長は、SACSEAのマウントバッテンとともに、当初の日本人の残留期間を「四六年末」から「四七年末」へとなし崩し的に延長していく。蘭国側も英国側に追随し、インドネシアの一万三五〇〇名を残留させる決定を下す。こうして英蘭両国は、早期復員という当初の方針を放棄し、現地復興のためとの大義名分を掲げて、抑留者一一万余を使役する方向へ大きく舵を切ったのである。

（四）強制残留方針に対するマッカーサーの怒り

このような英国政府・軍部による日本人の強制残留方針、つまり完全復員の中止決定に対しては、同年夏以降、米国政府・軍部が厳しく非難した。マッカーサーは四六年末までの復員完了を国際公約としており、復員に従事する米艦船はゼロになるとの理由をもって、英国の残留延期には強く反対して再考を促した。しかし九月に開催された主要閣僚委員会（ＰＡＯＣ）は、ＪＳＰを残留させるとの現地側の方針を支持し、基本政策を変えようとはしなかった。これに対して米国側は、ポツダム宣言第九項の規定をもって、英国の速やかな復員の促進を主張したが、結局双方の主張は平行線を辿ったのである。

ここで前面に登場してきたのが、マッカーサーと日本政府の吉田首相であった。九月以降、吉田はマッカーサーとの信頼関係を軸にして、また米国の威信を巧みに利用して英蘭両国に間接的な圧力を加え、南方軍の復員再開を強く訴えた。またマッカーサーは、東京のラジオ・メディアを用いて、「東南アジアから日本人すべてが年内末までに復員を完了する」との意図的な誤報を流し、英軍側を背後から攪乱した。さらにマッカーサーは、新聞を通じて、ビルマ、マレー、タイでは日本の戦争捕虜が〝奴隷〟のように酷使されている、英国の行動は戦争法やポツダム宣言に違反しており、いまや〝第二のソ連〟と化している、英国は米国納税者に重い負担をかけている復員船提供の申し出を受け入れようとしないなど、彼自身の見解を代弁させ、英国側を激しく攻撃した。これに対抗して英国側も同様に新聞を介して反駁するなど、英米対立はメディアを巻き込んだ論戦へとエスカレートしていく。

翌四七年を迎えると、第二次復員の開始に消極的な英国側に対して、マッカーサーはまたも追撃した。それは英軍側が懇願する旧日本軍艦の使用と日本商船への日本人クルーの乗船勤務を阻止することであった。半面、マッカーサーは、もし英国がＪＳＰの早期復員（同年六月一日まで）を認めるならば、英国支援の用意があると懐柔しようとした。アメとムチの硬軟織り交ぜた揺さぶり作戦であった。それでも英国側はマッカーサーからの圧力を巧みに退けて、実を取る外交戦術を取った。つまりＪＳＰの復員完了は、「現地の復興にマイナスとならない」ことを絶対条件とし、そのためにはマッカーサーの支援申入れを反故にしてまでも、当初の方針の「四七年末」までに復員を〝漸進的〟に実行することに固執した。しかも、もしそれが実現できなければ、復員自体を「四八年五月まで遅らせる」との見解さえ示唆した。もはや英国側は対米関係の悪化や、国際世論の批判を顧みない頑なな態度であった。

結局マッカーサーは譲歩せざるを得なくなった。三月、日本人クルーの日本船乗務ばかりでなく、旧日本軍艦に代わる米国船の提供すら認めて、英軍側の復員計画を再度促進させようと試みた。これに対して英国政府と現地のＳＥＡＬＦ（ＳＡＣＳＥＡの後身）も、ようやく三月からの第二次復員開始を表明しつつ、現地の復興事業を優先させる原則は変更せずに、四七年後半にＪＳＰの復員人員を集中割当する方針を決定した。結局、米国務省は第二次復員の「六月一日完了」をあきらめ、英国側の掲げる「四七年末完了」を追認せざるを得なくなった。まさしく英外交の粘り勝ちであった。

しかしながら英国は、ワシントンの極東委員会（ＦＥＣ）や国際赤十字（ＩＲＣ）からの批判は免れなかった。それはとくに現地のＪＳＰに対して帰還期日を公示しなかったことである。再三日本政府からＳＣＡＰを介して「帰還完了期日の明示」を求められたが、現地の英軍側は公示を拒否した。反面、英外務省は国際世論の批判や対米関係重視の観点から公示を容認する立場を取ったが、最終的には軍部側の頑なな姿勢によって退けられた。

（五）英国側の労働賃金支払い方針の曲折

ようやく英国側も譲歩し、四七年三月に開始された第二次復員は進展していく。すると夏以降、日本政府は現地日本人への「労働賃金未払い問題」を取り上げ、ＧＨＱを介して英国側を厳しく追及した。終戦以来、マウントバッテンら英軍側は日本人の無賃労務を当然視してきた。日本がジュネーブ協定を批准していない点を論拠として、日本人を「戦争捕虜（ＰＯＷ）」とは認めず、「日本降伏者（ＪＳＰ）」と規定したのである。捕虜となれば、労働賃金の支払い義務が生じるばかりでなく、ポツダム宣言第九項の規定により、日本人の早期帰還を実施する義務が英国側に課せられるが、捕虜ではなく、単なる降伏者であるならば、英国はそのような義務から免れるとの論理であった。加えて、かつて英軍捕虜が日本軍から非道な虐待を受けたとの理由に依拠して、英国政府は現地側の既定方針を積極的に支持し、それが一〇万余名の日本人の強制残留と無賃労務容認に結びついたわけである。

これに対して米国政府とマッカーサーは、日本人を「ＰＯＷ」と認め、賃金支払いを当然視した。米国側の主張に対して英国側は、その賃金支払いは「連合軍の責任ではない」と拒否し、「少なくとも降伏者は管理下にある期間中は賃金を受け取れない」と反論した。しかし極東委員会や国際赤十字など国際世論からの批判には抵抗できず、四七年九月、ついにロンドンの陸軍省と財務省はＪＳＰに労働賃金を支払うことで合意した。ただしその基本は「四七年六月一日以後から復員までのＪＳＰに労働賃金をＪＳＰに対して支払う」という方針（総額七万ポンド弱）であって、降伏時点からの二年弱の労働賃金は除外されていた。このような不当な処遇に南方軍の木下総司令官は不満を表明したものの、無視された。しかも英国政府はこれら日本人の各労働賃金の査定はしても、支払い自体を拒否し、これを日本政府側に押しつけたのである。終始英国側は巧妙かつ狡猾であった。ただし英国政府側からすれば、日本人帰還のための費用、つまりSCAP提供の船舶費用（燃料・必需品・食糧）など一八〇万ポンドを米国側に支払う義務があり、その財政負担は決して軽いものではなかった。

以上のような問題点や意義をはらみながらも、戦犯者を除いた残留日本人の帰還は進み、一九四八年一月に南方復員史は幕を閉じるのである。

（1）「日本国軍隊ハ完全ニ武装ヲ解除セラレタル後各自ノ家庭ニ復帰シ平和的且生産的ノ生活ヲ営ムノ機会ヲ得ソメラルベシ」。

（2）二〇一一年二月一五日から一七日までロンドン郊外の英国公文書館で収集した。英国側資料の収集に際して、ユアン・マッカイ（Euan McKay）氏から多くの助言と支援を得た。

（3）NIPOFF is the short name for the repatriation of all JSP, Koreans and Formosans to Japan, Korea and Formosa respectively by 1 Oct less of course those retained as War Criminals, suspected War Criminals and witnesses required for War Crimes Trials.

（4）終戦時に残存していた日本海軍艦艇は約八〇〇隻（七四万トン）であり、日本の領海内には約七〇〇隻（六三万トン）、外地には約一〇〇隻（一一万トン）があった。このうち復員・引揚に使用されたのは、航空母艦から特務艇に至る一三二隻（約一八万トン）であり、兵装を撤去し輸送施設を整備して、一九四五年一〇月から外地に向けて逐次その任務についた（厚生省援護局編『引揚げと援護三十年の歩み』厚生省、一九七八年、五五頁、七二頁、八二頁）。

（5）同右書（八五頁）によれば、終戦の日以後一九四六年末までに五〇九万六三二三名が引揚げている。

第二章　インドネシアでの抑留と復員――オランダ軍管轄下

はじめに――独立運動に翻弄されたオランダ

本章では、当時のオランダ領東インド（NEI=Netherlands East Indies, 以下「蘭印」(1)）、現在のインドネシアに強制残留させられた日本人一万三五〇〇名の抑留状況と復員に至る道のりを明らかにする。

そもそも一九四一年一二月一日、日本政府は米英両国と同時にオランダに対しても戦端を開く決意であったが、蘭印への無血進駐を企図して、八日の宣戦詔書ではオランダを交戦国から除外していた。大本営が定めた南方作戦とは、蘭印の石油資源を獲得して「スンダ列島線（スマトラ島、ジャワ島など）に防衛線を形成する」ことを意図していた。そこで大本営は翌四二年一月、南方軍総司令部を通じて第一六軍の今村均大将に対し、蘭印の中心地ジャワ（瓜哇）ほか主要地への攻略を命令した。第一六軍の兵力は九万七八〇〇名であり、翌二月、ジャワ島攻略のために約五万五千名が上陸した（防衛庁戦史室編『戦史叢書・蘭印攻略作戦』朝雲出版社、一九六七年、一七三～六頁）。

これに対してオランダ政府（一九四〇年五月以降ドイツの占領下にあった）はただちに日本政府に宣戦

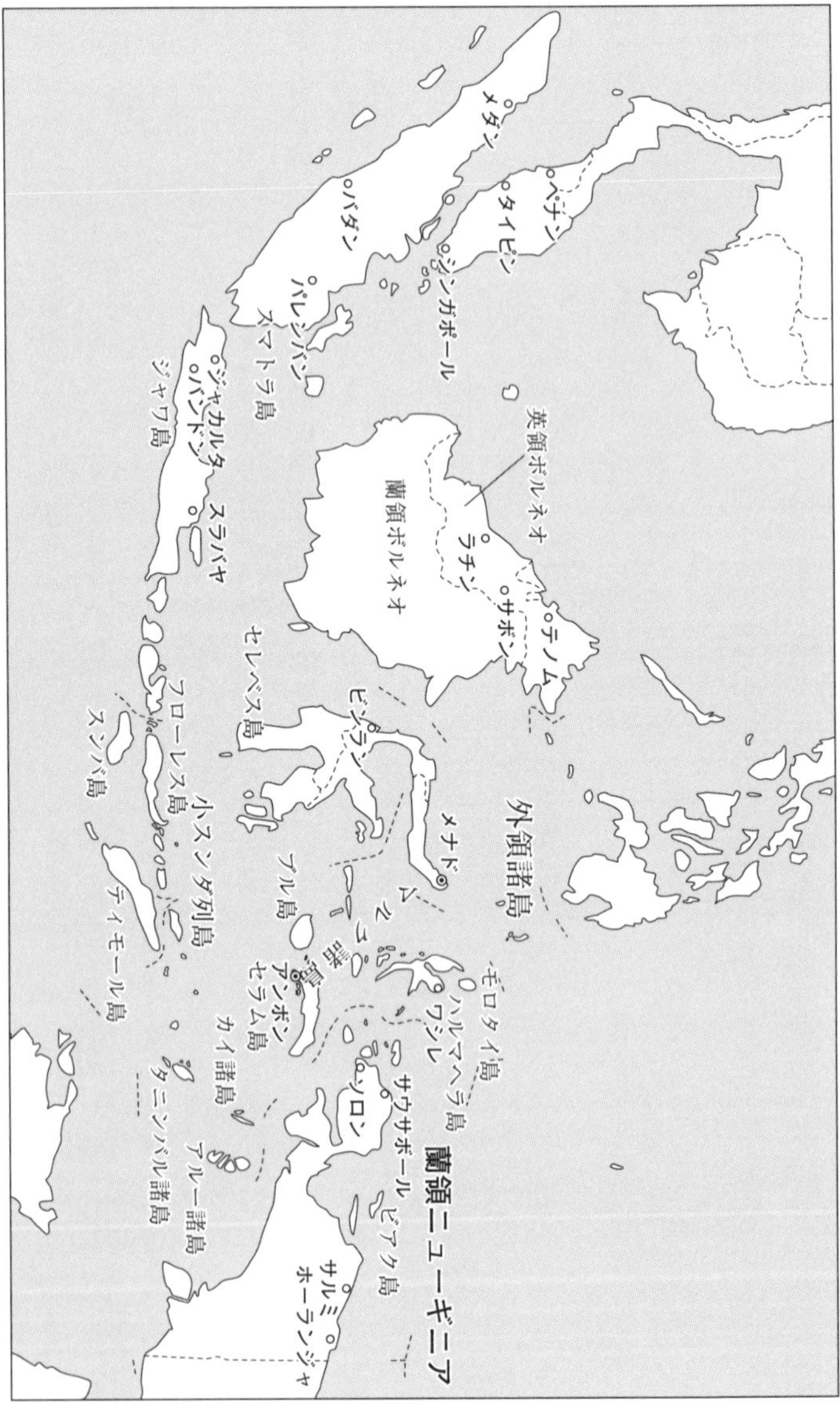
メダン
パダン
ペナン
タイピン
シンガポール
パレンバン
スマトラ島
ジャカルタ
バンドン
ジャワ島
スラバヤ
英領ボルネオ
蘭領ボルネオ
ラナン
サボン
テノム
セレベス島
ビンラン
メナド
外領諸島
フローレス島
スンバ島
小スンダ列島
ティモール島
ブル島
アンボン
セラム島
モロタイ島
ハルマヘラ島
ワシレ
カイ諸島
タニンバル諸島
ソロン
サウサポール
アルー諸島
ビアク島
サルミ
ホーランジャ
蘭領ニューギニア

オランダ軍管轄地域

を布告し、蘭印では米・英・蘭・豪連合軍が組織された。日本軍によるジャワ上陸戦が開始された時点で、同島の連合軍兵力は、蘭印軍約六万五千名と米英豪軍約一万六千名の計八万一千名であり、兵力数では日本軍を上回っていた。しかし戦闘は日本軍優位のまま進展した。三月九日、蘭印軍は実質九日間で全面降伏し、一二日にはジャワ島のバンドンで英豪軍八千名も降伏した。その結果、連合軍俘虜は九万三千名（うちジャワ部隊が六万名）に達した（同書五五三〜九五頁）[2]。なおジャワをはじめ、スマトラ、セレベス、ボルネオなど各島の住民は日本軍に対して友好的態度を示し、住民側からの組織的な反攻や流血事件はほとんどなかった（加藤裕著『大東亜戦争とインドネシア』朱鳥社、二〇〇二年、一二一頁）。

すでにハワイ奇襲に成功し、マレー、フィリピン方面の急襲も予期以上の戦果を上げ、続く蘭印攻略も多大な成果を収めたことで、連合軍側の太平洋方面における反攻は一九四二年中には無理であろうと大本営は予想した。ところがマッカーサー率いる連合国南西太平洋地域軍（SWPA=Southwest Pacific Area）の反攻準備は急速に進捗していた。同年六月のミッドウェー海戦で日本海軍は大敗北を喫し、八月、ソロモン諸島の拠点ガダルカナル島の日本軍守備隊がほぼ全滅した。さらに一一月のソロモン海戦でも敗れ、翌四三年一月にはニューギニア東部ブナの日本軍が玉砕した。ここに日米の形勢は逆転し、以降、日本軍は後退を余儀なくされるのである。

この間、蘭印では日本による軍政が行われた。その重点はジャワを「大東亜解放戦」の補給基地とすることにあった（大庭定男「インドネシア抑留体験と終わらない戦後」[3]（軍事史学会研究報告）（保阪正康編集『昭和史講座』第八号（二〇〇二年六月）））。軍政は、ジャワおよびスマトラを陸軍が、ボルネオ（現カリマンタン）、セレベス（現スラウェシ）、西部ニューギニア（現イリヤン）など「外領（蘭印の東北地域）[4]」

を海軍が分担した。そしてジャワのジャカルタには陸軍の第一六軍が、またスマトラのブキティンギにはシンガポールから移駐した第二五軍がそれぞれ軍政監部を置き、外領を担当する海軍は、セレベスのマカッサルに民政府を置き、各占領地域を統治した（前掲書『大東亜戦争とインドネシア』一一五～六頁）。ただしジャワの今村軍政については、施行早々から「寛大すぎる」「軟弱すぎる」との批判が軍中央や他の軍から起こった。とくに今村がスマトラに幽閉されていた独立運動の最高指導者スカルノ（独立後の初代大統領）を解放し保護したことを危険視する意見があった。結局今村は一九四二年一一月、新設されたラバウルの第八方面司令官へ転任となった。事実上の左遷であった。ただし日本の軍政が順調に施行されたのは、スカルノやハッタ（Mohammad Hatta 独立後の副大統領）ら民族運動指導者の対日協力や、後述する「防衛義勇軍」や「兵補」の支持や共感があったからこそといえる（同書一二三～六頁）。むしろ、日本の軍政に一貫した方針が確立されていなかったことの方が問題であった。

はたして一九四五年を迎えると戦局は極度に悪化し、ついに八月一五日の終戦を迎えた。これを転機として蘭印情勢は一変する。ただしオランダは第二次世界大戦中に五年間もドイツ占領下に置かれたため、蘭印に進駐してきたのは蘭軍ではなく、英軍とインド軍（以下「英印軍」）であった。ようやくオランダが現地に復帰して英軍から行政上の移譲を受けるのは、終戦からほぼ半年を経た翌四六年初め以降であった。この時点ではすでにインドネシア側の独立運動が激化していた。しかも独立に協力して民族側に加わる日本軍将兵も多く、これが政情を不安定化させたばかりでなく、日本人の復員を妨げる要因ともなった。ここにほかの東南アジア地域との大きな違いがあった。

ではオランダ側はなぜポツダム宣言第九項に反して、蘭印にいた日本軍人だけでなく民間人も併せた約二三万名を強制労働に駆り立て、ひいては一万三五〇〇名を残留させて一九四七年五月まで重労働に従事させたのだろうか。

第一章では、戦後東南アジア一帯を管轄した英軍側が、七八万名に及ぶ日本邦人の早期復員方針を放棄し、現地の戦災復興を名目として一〇万余名を残留・強制労働させた経緯を明らかにしたが、第二章では、英国から権限を移譲された蘭印政府と蘭軍が、蘭印の邦人を抑留させて使役した経緯や実態、そして復員に至る過程を明らかにする。蘭印資料[5]に限度があるものの、当時の多くの関係者による証言などを広く駆使して真相に迫りたい。

一　終戦と武装解除

（一）インドネシア独立運動の勃興

太平洋戦争に伴う日本軍の南進は、東南アジア地域で潜在化していた現地人のナショナリズムを刺激し、宗主国である欧米諸国からの独立気運を高めた。中でも蘭印は民族運動がもっとも激化し、オランダ軍との全面戦争の末、一九四九年一二月に完全な独立を達成したところに最大の特異性がある。しかも降伏前後に二千名ともいわれる日本軍将兵が脱走してインドネシア軍に加わり、蘭印軍と戦闘を交えた。まずはその背景から明らかにする。

一九四三年五月三一日の御前会議では、ビルマとフィリピンの独立は認めたものの、インドネシアとマレーは日本領土に編入する方針を決めた。名目とはいえ、独立を認めると、石油をはじめ豊富な資源を自由に確保できなくなることを恐れたためであった。それゆえ「大東亜政略指導大綱」にはインドネシア独立は明記されず、〝アジアの解放〟という建前は大きく後退した（太平洋戦争研究会編著『戦略・戦術でわかる太平洋戦争』日本文芸社、二〇〇二年、一〇〇頁）。翌四四年初頭から終戦まで民政に関わった陸軍主計将校の大庭定男は、初めてジャワに赴任した際、〝独立〟はタブーであり、どこにもその言葉がなく、上層部から「性急に独立意識をあおってはならない」との方針を聞かされたと証言する。ところが小磯国昭首相は、一九四四年九月の第八五帝国議会で、「近い将来に東印度の独立を認容する」と発表した。これは日本がインドネシア独立を初めて公式に認めたものであり、現地民衆を歓喜させた。小磯声明が発表された夜、ジャワでは「突然の発表に（民衆が）場内総立ちとなり、民族歌「インドネシア・ラヤ」を涙を流しながら歌い出した」と大庭は証言する。この頃から日本陸軍側は独立に向けて積極的となったが、海軍は消極的であったという（前掲「インドネシア抑留体験と終わらない戦後」）。

翌四五年八月一二日、終戦の情報を密かに入手した南方軍総司令官の寺内寿一元帥は、かねて準備中であったインドネシア独立の実現を急ぐこととし、その立役者であるスカルノとハッタを総司令部のあるベトナム南部ダラットに招き、余剰の日本車・兵器・資材を与える措置を取った。これは日本政府の命令ではなく、寺内の独断で実施された（前掲「南方軍状況」一二頁）。そして八月一七日、インドネシアは念願の独立を宣言する。この独立宣言は、日本が降伏して連合軍が再上陸してくるまでの、いわば権力の真空状態を利用して行われたもので、多少の武器を備えた軍隊組織として連合軍の介入を阻止しようとした。日本は心情的に同調しながらも、敗戦国でもあり、微妙な立場に立たされた（倉沢愛子著『戦後日本＝インドネシア関係史』草思社、二〇一一年、二三頁）。

では英蘭両国は、このような現地の独立気運にいかに対処したのか。終戦直後、ジャワのバンドンに連合国捕虜抑留者を救出するために英空軍将校が落下傘降下してきた。特殊部隊を示すベレー帽をかぶった彼らは、降伏した日本軍に対して、連合軍側の捕虜収容所への食糧、医薬品などの補給命令を出すと同時に、インドネシア武装勢力に対する発砲を命じるなど、日本軍司令官を悩ませた。次いで九月二八日から英印軍が進駐しはじめ、一〇月一七日には本格的な英印軍の第三七旅団がジャワに進駐してくると、独立をめざすインドネシア武装勢力との間で交戦が起こった。インドネシア側は義勇軍、兵補出身者など戦闘能力のある者のほか、青年団、警防団などの団体訓練を受けている者など多種多様であったが、中でも主流となったのが義勇軍出身者であった。

義勇軍、正確には「ジャワ郷土防衛義勇軍」は日本軍が発案し、一九四三年一〇月の政令で布告された。彼らはジャワの防衛は自力で達成するとの気概を示して、のちに三三個大団、三万八千名もの大部隊を編制するに至った。この各大団に対して、日本軍は三～七名の将校・下士官・兵の「指導官」を派遣し、起居を共にしながら訓練に当たった。同じ組織として「スマトラ郷土防衛義勇軍」、「バリ郷土防衛義勇軍」などがあった（前掲書『大東亜戦争とインドネシア』一三六～四一頁）。スマトラの第二五軍司令部付で義勇軍の指導官を務めた酒井弘は、日本語、体操、各個教練などをインドネシア将校と一緒に教育していたが、兵の体力が乏しいことや、イスラム教徒は日に五～六回も礼拝をする、金曜日を休日にするなど宗教上の慣習に関する苦労があったものの、終戦まで教育を続けたことを証言する（「人間に敵味方はなし――バンキナン抑留所」『平和の礎3（兵士編）』）。

義勇軍と並んで重要な役割を果たしたのが「兵補」であった。これは一九四四年初頭、大本営が決定して蘭印全体で実施された制度であり、各地で不足がちな日本軍の兵力を補うものであった。一六～二五歳までの独身男性で、六カ月の日本語学習を終えていること、州や市からの推薦があることを必須条件としたが、志望者はきわめて多く、競争率は四倍にも達した。その任務は警備や探索など多種多様であり、日本の敗戦直後に解散となった（前掲書『大東亜戦争とインドネシア』一三五～六頁）。なお戦後、スカルノ失脚後に大統領に就任して絶大な権力を握ったスハルト（Suharto）は、当時、この兵補の中団長（日本軍の中尉に相当）を務めており、その際のキャリアがのちに政財界を牛耳る土台となった。

南方軍の野戦造兵廠に勤務しつつ、この兵補隊の教育指導に当たった神崎芳郎は、次のように証言する。兵補は日本の兵隊の助手ながら、「独立をした時は国軍の基幹になる」との明確な目的があったために皆優秀で勇敢であった。日本語会話は必須科目であり、日本の軍歌も知っており、号令も全部日本語であった。肩章（階級章）はベタ黒に黄色い星、上等兵は日本兵と同じ三ツ星であった。一個小隊は一〇名ほどが日本兵で四〇名がインドネシア兵補であり、神崎は「兵補五〇名ぐらい連れてジャングルに入り、要地警備とか、山の中の弾薬庫警備」を行った。「彼等は今までオランダに虐げられていた。今度は自分達は独立しなければならない。その気概でしたし、植民地だったのを日本軍が来て助けてくれたと……物凄く感謝していた」（「インドネシア独立の先兵――兵補教育と終戦」『平和の礎5（兵士編）』）。

しかしいざ戦闘となると、優れた近代兵器で物量攻勢を行う英蘭軍に対して、日本軍から獲得した旧式で貧弱な武器で戦うインドネシア軍は劣勢となり、次第にゲリラ戦へと追い込まれていく。そのため作戦の指揮を取れる日本軍の力を必要とした。日本の将兵の中には部隊から脱走してインドネシア側に加わるものも現れた。現地に残留した関係者は通説では二千名であり、そのうち約一千名が独立戦争に参加して死亡したといわれる。のちにこれら軍人・軍属の相互扶助団体として結成された「福祉友の会」の調査では、戦後残留者はインドネシア全域で九〇四名であり、うち二四六名が戦死し、二八八名が行方不明になった（前掲書『戦後日本＝インドネシア関係史』七八頁）とあり、通説の半数程度となる。

なお日本兵の残留理由は単純ではなかった。①インドネシアに同情して独立闘争を援助しようと居残った、②憲兵など戦犯として捕まれば重罪になることを恐れて残留した、③終戦当時の混乱状況の中で残留を余儀なくされた、④女性関係で残留した、⑤帰国しても故郷が焼け野原で帰る家も農地もなく、こちらの方が住みやすい、など様々な理由があった。これに対して連合軍は徹底的な報復措置を取り、捕虜収容所・民間人収容所の関係者を摘発し、憲兵は犯罪に関係なく刑務所に拘束した。それゆえ、憲兵は戦犯を恐れて現地軍に参加した者が多かった（前掲書『大東亜戦争とインドネシア』一六五〜九八頁）。

先述した指導官の神崎も独立軍から強く誘われた。「敗戦でムシャクシャしておりました」し、「日本国籍を脱してもやろうじゃないか」という気持ちにもなった。「当時、暗に志ある者は離隊してもいいという話もあった。インドネシアが自力で独立とは可哀想ではないか、協力しよう……。それと、マラバルという要塞化した山がある。そこへ敵を迎え撃つという。三〜四年は補給せずとも持ちこたえる米などの食糧があるといわれた。これら物資を日本軍がインドネシア軍に放出した。日本軍は扇動することは出来なかったが、インドネシア頑張れよという空気もありました」（前掲「インドネシア独立の先兵――兵補教育と終戦」）。ただし神崎は上司から説得されて踏みとどまった。また小川佳男は、「（独立運動の）中心は日本軍が養成した現地人兵補であった。彼らは、日本軍が引きあげるのだから兵器を我々にくれ、というのである。連合軍側イギリスは、日本軍の武器解除は厳重におこなうというので非常に困った。終戦後再び、インドネシアや独立義勇軍と日本軍の間に武器争奪のたたかいが各地におこった。私は（やむなく）部隊の防衛にあたった」と証言する（「私の体験記」『平和の礎2（兵士編）』）。

一方、前記の大庭定男は過大評価を戒める。インドネシア側が真に求めたのは戦術に通じた指揮官であったが、残留兵で独立戦争への参加者には将校が少なく、佐官以上は皆無であったことや、残留兵の中には純粋にインドネシア独立を願って戦った人も多いとはいえ、数百万の中のわずか千人程度にすぎず、「残留日本軍の貢献を過大評価してはならない」という。

では一体、この独立戦争の発生と日本将兵の加担が、その後の現地邦人の抑留と復員にどのような影響をもたらしたのだろうか。

（二）日本軍の降伏と武装解除

まずは終戦前後の情勢を概観する。終戦直前における蘭印の日本軍は、次ページの表のとおり、板垣征四郎（元陸軍大臣）大将を軍司令官とする第七方面軍（司令部はシンガポール）の管轄下、ジャワ島のジャカルタに長野祐一郎中将率いる第一六軍（第四八師団、第二七旅団、第二八旅団）、スマトラ島のパダンに田辺盛武中将率いる第二五軍（近衛第二師団、第二五旅団）、セレベス島のピンランに豊島房太郎中将率いる第二軍（第五師団、第三二師団、第三五師団、第三六師団、第五七旅団、第一二八旅団）が駐兵していたが、既述のとおり、蘭印を含む東南アジアを広く管轄した南方軍は、連合軍の強力な反撃によって一九四五年四～五月には総退却となり、「自戦自活をもって永久抗戦の態勢」へと追い込まれた。

そして終戦の情報を密かに入手した寺内は、八月一五日の「終戦の大詔」に接すると、ただちに「承詔必謹」の態度を鮮明にし、隷下の諸部隊および海軍（第一〇方面艦隊）を終戦へと誘導していく。翌日、寺内は、ダラットの総司令部に板垣ほか、第三航空軍司令官（木下敏中将）、第一〇方面艦隊司令官（福留繁中将）など直轄方面軍の司令官と参謀長を招致して、改めて「承詔必謹」の根本方針を明示するとともに、進攻作戦の中止と停戦を命令した。その結果、南方軍は降伏宣言に抵抗せずに、順当に受諾する方向へと進んだことは第一章で明らかにした。そして九月二八日にジャワに進駐してきた英印軍との間で降伏文書に調印し、次いで一〇月一日に第一六軍はジャカルタで降伏文書に調印した。さらに同月二一日にはスマトラの第二五軍がバタンで同様の降伏式を実施した。

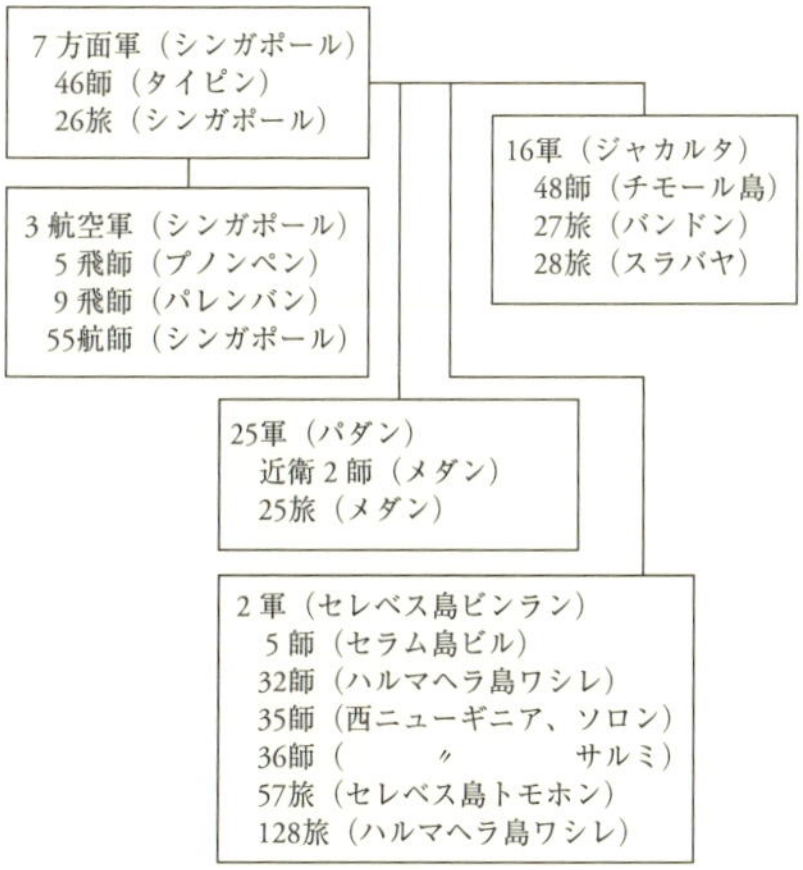

第七方面軍（蘭印）

しかし蘭印は島嶼群であるために、降伏の状況にはかなりの差異が生じた。ではジャカルタ以外の終戦状況はどうであったか。

スマトラ南部の防衛軍に属していた小山信一は、「終戦は知らなかった。知ったのは二〇日頃だった」、「我々南部の部隊はラハト周辺のパカララム（第一次大戦時の独軍俘虜収容所）に集結した」、「『お前等は自活の俘虜だ』といわれたが、連合軍の監視もなく、むしろ『現地人が（日本軍の）兵器を獲りに来る』というので配備についたが、現地軍が直接攻めては来なかった」と明かす。また兵補や義勇軍と関係が深かった小山は、「上等兵は曹長にする。兵器を持って義勇軍へ来い」との勧誘があり、中には三八式歩兵銃一挺をもって現地軍へ入った日本軍兵士もいたが、その後帰って来た者もいた、それからパレンバンで初めて英印軍に武装解除された、と証言する（「アッツ島要員が南方スマトラ勤務」『平和の礎5（兵士編）』）。

スマトラ北部で終戦を迎えた越智隆綱は、われわれの目的はシンガポール防衛、つまり、北スマトラのメダン石油を防衛し、英インド洋艦隊の行動を探知することにあった、日本降伏のデマ放送が飛びかっていたが、「私達の信号室では、あらゆる通信線で傍受していました」から驚かなかった、「インドネシア軍に参加の誘惑が各部隊へ伝わる。我が部隊は部隊長以下、祖国の土をふむまでは行動を共にする方針が一貫していて逃亡兵はいませんでした」と当時の状況を明かす（「南方戦線従軍記——水、水、水が欲しい」『平和の礎14（兵士編）』）。

セレベス島にいた脇村英一は、次のように証言する。「私たちの上陸した昭和一九年八月の時点では、連合軍の反攻必至とみて、それにそなえるべく陸軍の精鋭関東軍が第二軍として転出してきてから約二年有余、北東部に二万人、南部に一万人の兵力をもって防備していた」。しかし米豪連合軍が「蛙飛び作戦」によりニューギニアからフィリピンへと跳び越えたため、セレベスには上陸せず、八月二五日に作戦任務を解除された（「死の草原マリンプンよりの生還」『平和の礎2（兵士編）』）。

そのセレベス東方、アラフラ海の北に位置するカイ島で終戦を迎えた鳥井督三は、次のように明かす。「終戦後……ケイ（カイ）島に戻ってからが大変だった。部隊に百人ぐらいの台湾軍属がいて、その班長にさせられた。彼等は『戦勝国だ。戦争に勝ったのに何故お前達に使われるのか』と騒ぐ。『日本人を皆殺しにして班長だけは助け、台湾に連れて帰る』という。それをなだめるのに大変」であった（「アンボン、ケイ、セラム島——私の体の戦後は終らない」『平和の礎3（兵士編）』）。またボルネオ島で降伏した矢野美三雄は、「八月一八日に、やっと日本が負けたことが判った。初めは豪州軍に降伏であったので食糧も充分配られたが、後はオランダになり随分苦しめられた」と証言する（「労苦体験記」『平和の礎16（兵士編）』）。

終戦後にスンバ島からジャワ島へ移送された横山武夫は、「イギリス軍による武装解除を受けた。さすがにジェントルマンの国だけあって、感服させられること多し。がしかし一部の兵が私達の時計、万年筆を略奪した。イギリス軍への敬意は消えた。やがてオランダ軍と交替した。私達の仕事は乳牛の乳しぼり、草刈り、清掃等であった」と証言する（「大東亜戦争参戦抄録」『平和の礎16（兵士編）』）。

以上のように島嶼ごとに終戦と武装解除への多様な対応があったわけである。

二　抑留と強制労働

（一）インドネシア独立闘争と脱走日本兵

当初東南アジアに進駐した英印軍を主体とする連合軍は、膨大な兵力を誇る南方軍や海軍また一般民間人など、総計八〇万もの強大な日本人がはたして従順に降伏するかどうかを訝っていたが、結局それは杞憂となった。寺内の命令に従って平和裡に各部隊が降伏手続きと武装解除を行ったからである。ただし既述のとおり、インドネシアでは終戦を境として、ジャワとスマトラを中心にオランダからの独立闘争が起こり、義勇軍や兵補などが武器を取って進駐軍に立ち向かったため、たちまち混乱状態に陥った。終戦直前、寺内は独断で彼らに対して日本軍の武器・弾薬などを密かに渡すなど、独立を公然と支持した。

それゆえ、敗戦後も軍政をしく日本の第一六軍は、この独立運動とジャカルタに進駐してきた英印軍との板挟みになった。つまり、独立をめざす民族軍からは日本兵の加担や兵器の引き渡しを迫られる一方で、英軍からは運動の取り締まりと武器の引き渡しの厳禁を命じられたからである。一一月以降、インドネシア軍と進駐軍とが全面衝突すると、ジャワ各地の日本人はインドネシア軍の抑留下に置かれた。しかも日本軍司令部との連絡も途絶えたため、邦人の安否が気遣われた。そこで一九四六年四月に南方軍の沼田総参謀長が現地に飛んで「指導（仲介）」に当たったほか、日英両軍の総司令部が一体となり、現地の第一六軍と英印軍とが協力した結果、日本の軍民は無事にジャワ島外へ脱出できた（前掲「南方軍状況」一二五〜七頁、前掲書『復員・引揚げの研究』六〇〜一頁）。

これに対して蘭軍側は、当初、インドネシア側の動向を軽視していた。たとえば、一九四五年一〇月三日、東部ジャワのスラバヤに進駐してきたフェーエル在スラバヤ連合軍進駐準備委員長（蘭軍海軍大佐）は、日本軍側に、兵器類をインドネシア官憲に渡すよう命令してきた。蘭印には一〇万名以上の日本軍人や民間人がいたことで、日本側を警戒するあまり、現地民衆の独立気運を過小評価したのである（前掲書『大東亜戦争とインドネシア』二三一頁）。

しかし現地軍の攻勢ぶりに蘭軍は衝撃を受ける。ジャワ島内はゲリラ化した現地軍に攪乱されたばかりでなく、スマトラなどの島々でも反乱が続いたため、皮肉にも英蘭軍は武装解除した日本軍兵士の一部に再び武器を渡し、安全確保に努めざるを得なかった。先述した神崎芳郎は、「終戦になり、日本軍はオランダ軍捕虜を解放したが兵力は少ないので怖がっていた。そのためイギリス兵も進駐して来たが治安がとれぬのでどう仕様もない。そのため一度は武装解除した日本兵にまた兵器を渡して警備させたわけです。インドネシア兵補などは日本軍に教育を受けたので強く、……我々は一年ぐらい武器を持っていました。……ジャワ島では各地で暴動が起こるので、私は昭和二二年まで、一年半残されました」と明かす（前掲「インドネシア独立の先兵――兵補教育と終戦」）。

一方、民間の石油専門技術者としてスマトラ南東部のパレンバンで終戦を迎えた小倉彰は、次のように回顧する。翌四六年三月に「英海軍の特務艦三隻からなる約一五〇名の海兵隊が進駐して来たが、その当時はすでにインドネシアの独立運動が激しくなる一方で、警備は依然として日本軍にゆだねられていた。続いて八月には本格的英国陸軍部隊が進駐してきて、ここに初めて警備の交代が行われたが、製油所内の保守は日本側の責任であった。進駐して来た英国陸軍部隊は英国自慢の精鋭部隊で、先にインパール作戦に勝ち抜いて来たインド兵を交えた混成部隊であった。……この兵達は軍規も厳しく一兵にいたるまで戦勝国とは思えないほど物静かで礼儀も正しかった」が、「これに引きかえオランダ兵の質は最低であった」と英軍と蘭軍の質的な違いを指摘する（「パレンバン石油部隊の追想」『平和の礎4（兵士編）』）。

以上のように、武装解除後も日本軍に武器をもたせて治安維持に当たらせるなど、他の東南アジア地域にはない事態がインドネシアでは生まれていた。

一方、オランダ側を代表する蘭印生まれのファン・モーク（Dr. Van Mook）副総督（総督は空席）は、過去三年数カ月の日本占領を経て、インドネシアの住民が予想以上に大きな精神的変化を遂げていることとを実感し、もはや以前のような完全な植民地支配を復活させることは不可能であると理解した。そこで一九四五年一一月頃、「オランダ＝インドネシア連合」という形態で、蘭印を非植民地化する構想を打ち出した。これはある程度、インドネシア側にとって望ましい構想でもあった。なぜなら独立を宣言したといっても、民族側の主権が及んでいたのは、ジャワとマドゥラ島とスマトラの一部にすぎず、そのほかの広大な地域ではオランダ側が徐々に勢力を復活させ、インドネシア人官僚や伝統的支配者を中心とする親蘭的な傀儡体制を次々と樹立していたからである。そして首都のジャカルタ自体も蘭軍によって占領され、蘭印政庁が復活し、副総督の下に各種政府機関が再び置かれるに至った（前掲書『戦後日本＝インドネシア関係史』二四頁）。

インドネシア軍に加わった日本将兵も、オランダ側から圧迫を受けた。残留日本兵はインドネシア共和国の勢力が相対的に強かったジャワ、スマトラに集中しており、オランダが支配権を構築していた地域（外領やニューギニア、モルッカ（マルク）諸島、小スンダ列島など）ではほとんどいなかった。しかも連合軍側だけでなく、日本軍側もこれら離隊者への追跡を厳しく行った。ただし日本軍は「帰還する者の罪は問わない」という寛大な姿勢も示した。第一六軍司令官代理の馬淵逸雄少将名で、一九四六年六月三日付「離隊逃亡者に告ぐ」という勧告ビラが出されたが、これは連合軍と協議の上で、英印軍が上空から撒いたといわれる。これに対してオランダは、日本人に懸賞金をかけて、住民からの密告を奨励した。オランダは「インドネシアの独立は『日本製』である」と批判し、「認め難いもの」という立場を取ったのである。他方、共和国側もスカルノらが前面に出ることを避け、対日協力に手を染めなかったシャフリルを首相に立ててオランダとの交渉に当たらせた。インドネシア国軍にとって日本兵の存在は、軍事技術面では魅力的ではあったが、公の場に浮上してくることは避けたかったわけである（同書八一〜八頁）。

こうして一九四六年一一月、オランダは「リンガルジャティ協定」を独立側と調印し、ジャワ、マドゥラ島、スマトラでは民族側のインドネシア共和国が実効的な主権を行使している旨を認めた上で、一九四九年一月までにオランダ女王を元首とする「オランダ＝インドネシア連合」という連邦国家の樹立を固めた。しかし共和国側にはこれに反対する勢力が強く、オランダとの間で細目を協議するには至らなかった。そのためインドネシア側は、政府間交渉を続けながら、武力を行使する硬軟両面の闘争を繰り広げた（同書二四〜五頁）。

以上のような混乱した状況の中で、日本人の強制労働が実施されるのである。

（二）苛酷な強制労働

この間連合軍は降伏した日本軍に対して、戦災復興を名目とした使役提供を要求してきた。日本軍はラングーンでの降伏協定によって、連合国側が発するすべての命令や指示に従う義務を負っていた。当時、蘭印の日本人（陸海軍軍人や民間人）は、蘭領ボルネオに一万二千名、セレベスに二万二千名、カイ諸島に一万一千名、スンバワ島に二万名、西部（蘭領）ニューギニアに二万一千名、ジャワに七万三千名、スマトラに七万一千名、合計二三万名であり、東南アジア全域の在留邦人の約三割を占めていた。

彼らの大半は「作業隊（労働隊）」として労務へ駆り出された（沼田総参謀長ヨリ次官宛略号至急電報（昭二一・三・二））が、その大部分の復員後に、一万三八〇〇名が強制残留させられることは後述のとおりである。

連合軍による労務の強制は、一九四五年一〇月、ジャカルタ外港であるタンジュンプリオク埠頭で始まった。作業隊という名で、当初五〇〇名が動員された。ところが翌四六年二月には、埠頭での労働だけでなく、戦災復興に直接関係しないジャカルタ市内の仕事へと拡大した。これはインドネシアで独立気運が高まり、労働者までも作業を拒否した結果、市内の清掃作業がストップしてしまったとの事情があったが、それ以外にオランダ人の日本人に対する復讐心もあった。この頃には、戦時中に日本内地の炭鉱などで労働作業に従事していた元捕虜の蘭軍将兵がジャワに戻り、日本人に仕返しを始めたのである。こうして同年末には日本人労働者は一万数千人に達したばかりでなく、強制労働は各島にも広がった（前掲書『大東亜戦争とインドネシア』一三八〜四一頁）。

先述した主計将校の大庭定男は、その埠頭での厳しい労働状況を明かす。「一九四六年六月、バンドンの終戦処理業務も大体終わり、私はジャカルタに空輸され、タンジュンプリオク港の作業隊に配属された。当時、復員船が入港しており、我々もまもなく帰国できるとの期待があった。港には大きな埠頭が四つあり、その倉庫の二階に二千人の軍人、軍属、民間人が寝起きし、毎朝の点呼があった。点呼はカンカン照りの埠頭に、ほとんどパンツ一枚、飯盒と水筒をぶら下げた日本人を四列縦隊に並ばせ、手に刺青のある英軍下士官が人数を点検するが、頭が悪く、計算の下手な彼らはいくらやっても答えが出ない。焼け付くような太陽の下で三〇分以上も立たされることは苦痛であるので、文句が出、……我々に任せるようになった。……その場で、各隊のその日の作業が割り当てられた。もっとも嫌がられたのが石炭を炊いて走る船に石炭を積み込む作業で、船内のもうもうと炭塵の立ち込めた石炭庫に入って真っ黒になって石炭を積むことであった。また百キロ入りの米袋を担がされることも非常にきつく、危険な作業で負傷者の出たこともあった」（前掲「インドネシア抑留体験と終わらない戦後」）。

続けて大庭は、「英軍が我々に許した食べ物の定量は戦中に日本軍が連合軍捕虜に与えたものと同じで、明らかに報復的な意味合いを持っていた。朝の召し上げで配られた玉蜀黍《とうもろこし》入りの飯を二分し、半分を食べ、半分を飯盒に入れると底から一〜二センチしかない。それで重労働だから、腹が減って仕方がない」と、食事の貧弱さに苦しんだ経験を述べる。また神崎芳郎も同様に労働の苛酷さを証言する。「灼熱の地での連合軍の強制労働、埠頭での積み込み、荷揚げ作業、特に八〇キロ入りの砂糖袋や大きなゴム素材の運搬などに歯を食い縛って耐えた姿。報復的かと思われる屈辱的作業、放水路清掃の名のもとに胸までどぶ河に入っての作業、炎天下心なき民衆に侮辱されつつの道路整備作業等々どれをとっても苦痛の姿であった（前掲「インドネシア独立の先兵——兵補教育と終戦」）。

スマトラから強制労働のためにシンガポールへ移送された小川佳男は、次のように回想する。「（一九四六年）三月二五日頃、ベラワンへ移動集結」し、戦犯の審査後、「部隊はチャンギーへ移された。ゴム林のなかだった。直ちに大型便所を掘った。地面にテントを張って八人くらいがはいった。……スコールがきたら土地が湿って困った。一番困ったのは食料である。一日分ビスケット一二枚が主食で、夕食時配給された。子供のオヤツくらいである。仕事はチャンギー飛行場の鉄板敷きであった。広大な飛行場へ鉄板を二重に敷くのだからびっくりした。……太陽は真上で輝き、下の鉄板は焼き付いて熱く、地下足袋の裏はやわらかくなる。日陰のないところで作業するのだから体力の消耗が甚だしかった。……そして栄養失調になる者が多くなった。私も体をこわして入院した」（「私の体験記」『平和の礎2

（兵士編）』）。

南セレベスで七カ月抑留された脇村英一は、同島南にあったマリンプン収容所の劣悪さを語る。収容所は「マリンプン草原（約四キロ四方）内にあり、周辺に柵や鉄条網は張りめぐらしていないが、自動小銃をもった歩哨を配置し、歩哨線を一歩でも突破する俘虜がいれば、その場で撃ち殺されるしくみになっている。俘虜に与えられた労働は、農耕作業や道路、橋の修復であった。……ここに所収された軍人、軍属、一般邦人は、約二万人であったが、ほとんど芽、萱しか生育しない草原内の高地へ放り出されたかっこうで、途方に暮れた」。「『死の草原』マリンプンは、第一次大戦中のジャワ移民及びドイツ軍俘虜が、ほとんど死に絶えたというういわくつきの『地の果て』なのだ。私たちは、まず宿舎の建設、井戸掘り、ジャングルの開墾、堆肥づくりという分担に分かれて作業にはげんだ。直径二メートルの穴を掘り、堆肥をしきつめて水もれを少なくし、日本種のだいこん、きうり、なす、かぼちゃなどを栽培した。……激しい労働のため、身体は肉類を要求するので、我勝ちにねずみ、犬、猫を再び食べ始めた」（「死の草原マリンプンよりの生還」『平和の礎2（兵士編）』）。

スマトラで収容された越智隆綱は、次のように回想する。「行先はシンガポールのリババレイのキャンプと呼ばれていた作業隊でした。南方残留十万人の将兵は身をもって、敗戦国日本の賠償を受けたのである。……このキャンプに海軍が九百人、陸軍が八百人程いたとのことで、キャンプ長は英軍の将校で、元日本軍の捕虜であったとのことで、我々をきつく扱いました。……何が紳士の国か！　と思いました。キャンプでは一個分隊単位約二十人で軍律は厳しく、軍隊生活そのまま以上でした。毎朝、英国旗への敬礼から始まります。時間厳守です。そして作業班毎に出発します。作業内容は破壊された建造物の取り除き、片付け等の重労働でした。問題は食事で、五～六歳の幼児が食する程の量で、水も一日一升程の配給でした。ここは赤道直下で配給の水一升位一回に飲んでしまいます。実に散々な目に合ったものです。青い草はなんでも食べました。……水、すべてが水を欲しがった……。この苦しさは筆舌に尽すことはできません」。「英国軍も一年余りで本国へ帰り、後はインド兵と交替しました。インド兵は『日本人はアジア人種で偉大な民族である。小国で世界を相手に戦った勇士である』と粗末な取扱はしませんでした。作業場で何を食っても知らぬ振り、……友情と同情でキャンプ生活も幾分か解放的になった（「南方戦線従軍記――水、水、水が欲しい」『平和の礎14（兵士編）』）。

ボルネオで投降した軍属の矢野美三雄は、「捕虜とは哀れの一語につきる。昭和二〇年八月二五日より翌年六月五日までの抑留中、最初は豪軍に管理され、二一年二月よりは蘭軍に移管され、サマリンダで少量の食糧で露命をつなぎ、野草を摘みカルシウム源に海老をとり、現住民の情で果物を手に入れ、炭坑復旧の苦役に酷使された。特務士官が蘭軍の兵に欠礼し銃殺され、戦犯容疑者発見のため一列に並ばされた首実検を受け、薄氷を踏む気がした」と極限の恐怖を吐露する（「労苦体験記」『平和の礎6（兵士編）』）。

降伏後の南方軍全般の現況については、沼田総参謀長が一九四六年一～二月に南方を視察した際、とくにインドネシア地区の衛生状態が悪化しており、ニューギニアでは二、三割がマラリア患者で占められ、ボルネオでも約二割、その他も入院患者がほぼ一割に達しており、労務では、英領ボルネオの五千名弱と蘭領ボルネオの健康者の大部分とジャワの一万名余が荷役・道路建設・雑役などに従事している状況を東京に報告している（沼田総参謀長ヨリ次官宛略号至急電報（昭二一・三・二））。

数多い抑留収容所の中でも日本人にもっとも恐れられたのが、レンパン島の収容所であった。蘭領のレンパン島はシンガポールの南六〇キロにあり、北はバタム島、南はガラン島に挟まれた面積二五五平方キロメートルの小島であった。一九四五年九月、連合軍がこの島を日本軍の集中抑留キャンプ地に選んだ。かつて第一次世界大戦の際、ドイツ軍捕虜の収容所があり、栄養失調とマラリアで捕虜が死滅した「悪魔の島」であった。ここに送り込まれた日本の将兵たちは、山林を伐採して道路を造り、宿舎を建てた。また生きるためにジャングルを切り開き、畑作を始めた。魚介類が乏しかったため、兵隊たちはゴムの木の若芽、アオダイショウ、ノネズミ、バッタ等、何でも口にした。二週間も経過すると、マラリア、アメーバ赤痢、脚気、大腸炎などの病人が続出し、一一月までに三万名に達した。いつしか日本人はこの島を「恋飯島」と呼ぶようになった。あまりに悲惨な生活のため、シンガポールにあった東南アジア連合軍の最高司令部も人道的に放置できず、一二月から同島への食糧補給を開始した。しかし抑留者も陸海軍併せて八万名に及び、依然苦しい状況が続いた（前掲書『大東亜戦争とインドネシア』二四五〜八頁）。

以上のようにインドネシアの各島での収容所生活は苛酷そのものであった。

三　戦犯裁判の恐怖

戦後日本人を震え上がらせたのが戦犯裁判であった。開戦の責任を問うＡ級戦犯裁判は東京で開かれたが、戦時中の犯罪行為を対象とするＢＣ級裁判は各国で行われた。連合国のうちＢＣ級法廷を開いたのは、米・英・豪・蘭・仏・比・中の七カ国であり、合計四七カ所で実施され、総件数は二二四四件、延べ人員が五七〇〇名に達し、この中の九八四名が処刑された。BC級軍事法廷の中でも、とくにオランダの裁判結果が峻烈であった。オランダの裁判は、中国の六〇八件、米国の四五六件に次ぐ第三位の四四八件ながら、逮捕者は米国に次ぐ一〇三八件で第二位、死刑者は二三六名で第一位であった。蘭印の法廷は一二カ所で開かれ、一九四五年一〇月にモロタイ島で開廷後、四九年一二月にジャカルタ法廷が閉廷するまで続いた。そして同年暮、六九三名が刑期を残したまま日本に帰国した。現地インドネシアでは独立戦争が激化しており、もはや戦犯裁判どころではなかったわけである（同書二五五～六頁）。

では蘭印ではどのような戦犯裁判が実施されたのか。一九四六年二月一三日、次のような状況が報告されている。①クルアン（マレー半島南部）、パレンバン（スマトラ）およびジャワの中央審査チームは、一日に日本人を最大二五〇〇名処理することになろう。②審査のペースは、〝容疑者〟リストをどのように精査するかによる。この精査は審査開始前の四八時間以内に行われる。③容疑者は到着後に精査を受けて、三日間収容所で待機する。レンパン島とガラン島での収容人員は一日に二五〇〇名までであり、プホーとパンジャンの移動式収容所では、未審査の日本人七五〇〇名を収容する必要があり、また良質な日本人監督者と収容所スタッフも必要である。④審査チームは、二〇名の将校と約五名の准尉と三〇名の下士官で構成され、行政上独立している。⑤詳細な尋問を受ける日本人容疑者の場合、一日平均の処理数を今述べる段階にはない（〈S〉2/13/46, WO〈英陸軍省〉203/5965）。

続いて四月二〇日にも、東南アジア連合陸軍（ALFSEA）司令部は各軍司令部に次のような報告を出した。その中の蘭印関連では、オランダ側からジャワで裁判を受けるよう要求された者は、受け入れ可能となり次第、バタビアへ移送される。同様にスマトラでも、戦犯容疑者は早急にジャワないしスマトラへ移送される（4/20/46,WO203/5968）。しかし各地域における戦犯逮捕後の裁判状況は決して順調とはいえず、蘭印も例外ではなかった。つまり、相当無理な裁判となっていたのである。

では各島の戦犯裁判はどうであったのか。先述した小倉彰は、スマトラ島パレンバンの技術者であったにもかかわらず、戦犯容疑者として強制労働に駆り出された。その屈辱と恐怖を詳細に綴っている。「日本人の引き揚げも一段落し、また製油所の引き継ぎも無事完了したのは一〇月の末であった」が、連合軍からの命令で（彼を含む）計七名がプラジューのブラックキャンプに収容されることとなった。「このキャンプにはジャワ、スマトラ、ボルネオ等から送られて来た戦犯容疑者で我々を入れて約七〇〇名がいた。食糧も僅少で重労働にかり出され辛い毎日であったが、この連中の中から後日多数の刑死者が出たと聞く。……私はこの島に容疑者として四カ月の日時を過ごし、得難い経験をした」。「これら（日本海軍の基地の飛行場、砲台、弾薬庫）の処分が、我々の四カ月間の主要な仕事になった。……ブラックキャンプは、海岸近くに建てられていた。……囲いは厳重な有刺鉄線の柵で二重にできていた。出入り口の一箇所に衛兵所があり、重機関銃がキャンプの方向に向けてすえ付けられていた。……一つは炊事場と水浴場と便所になっていて、他の二棟の内一棟は将校、高等官の住居用であり、他の一棟は下士官、兵となっていた。将校用は割合にゆったり取ってあったが、下士官用は三段の蚕棚になってずいぶん窮屈に出来ていた」。

「仕事は強制労働であり、朝八時にトラックに積まれて出て行き、帰りは四時に仕事をしまってトラックで帰った。キャンプに帰ると水で体を洗うが、一人当り手桶に二杯ずつしかくれないので、よほど要領よくやらないと足りなくなってしまう」。「食事であるが、三度が三度皆同じドロンコである。その内容は米少々、コンビーフ大缶一缶（六〇人分）、イワシ缶小缶（八人分）、これに野生のカンコン。……雑炊であるがこれはとうてい食べられたものではないので、これにタピオカの粉を入れてドロッとなるくらいにする」。「労働は将校、高等官と下士官以下とは別であったので一緒に仕事をすることは少なかった。……四カ月間の内で一番気味の悪かったのは『面通し』であった。ある容疑者を捜すために行うもので、全員を一列に並べてその前を通って顔を見ながら犯人をさがすことで、……前を通過するまでの時間の長いことといったらない。誠にいやなものであった」。「三月三日にこのキャンプの解散命令が司令部から出た。……その内の約百名はその容疑が晴れなかったのであろうか、メダンの監獄へ移された」た（前掲「パレンバン石油部隊の追想」）。

またボルネオで抑留された小川佳男は、戦犯裁判の生々しい実態を証言する。「（一九四六年）四月一日マレー半島のバドウバハへ上陸した。最初にであったのが戦犯容疑者の調査であった。私は将校であったため、調査に時間をとられた。無事通過して部隊は鉄道のあるところまで歩かされた。……その後私のはいった部屋に戦犯にされた少尉の人がいた。……ボルネオで捕虜収容所の勤務だった……。彼は数日後、チャンギー刑務所で処刑されたと聞き、無念の涙を飲んだ。その頃、シンガポールの新聞には日本軍人の処刑の場面の写真が大きくのっていた。私は一面にのった銃殺の新聞を持って帰りたいと思った。しかし（没収されて）持ち帰ることが出来なかった（前掲「私の体験記」）。同じくボルネオで抑留された矢野美三雄は、「サマリンダで広大な土地に無数のテント小屋が並ぶ。なにしろ六千人もの人間を収容するのだから大きなテント村が必要になる。ここで日本人帰国者の最終検査が行われ、戦犯容疑者と規則違反者が摘発され、隣接のブラックキャンプに移送される。キャンプは金網の柵で仕切られた一画に設けられており、戸数は約十戸で百人程度所収できる。名はブラックであるがテントは緑色であった」(前掲「労苦体験記」)と証言する。

またスマトラで抑留された越智隆綱は、「終戦後一カ月、北スマトラ中部にあるミズ農園へ移動しました。……連合軍の命によりここで武装解除になり、すべての兵器を連合軍に渡しました。その頃戦犯に問われる人が出始めました。これより後、部隊も移動があり、マライ半島(クアラルンプール)行きでした。……部隊は連合軍へ降伏式を行い、検問を受けるのです。……大きい幕舎が色分けされており、ここで一人ずつ検問が始まる……。戦歴と職責の取り調べを受け、我が身の白黒、潔白を明確に証明するための一番長い時間でした」と戦犯審査の追及ぶりを語る(前掲「南方戦線従軍記——水、水、水が欲しい」)。

前に述べたとおり、英蘭軍はレンパン島やガラン島など無人島を日本軍捕虜収容所として利用した。孤島に捕虜を隔離すれば、船を入手しない限り脱出は不可能であり、警備も不要となる。たとえ日本兵がマラリア熱に倒れてもそれは連合軍の責任ではなく、南洋地域では一般的死因だから批判されることもない。一石二鳥、三鳥の良策であった(前掲書『復員・引揚げの研究』九七~八頁)。

四　残留労働をめぐる英・蘭側の画策

（一）英蘭軍による早期復員計画

英国政府と現地の蘭印軍を含む東南アジア連合軍（ＳＥＡＣ、以下「連合軍」）は、ポツダム宣言第九項に基づいて、東南アジア地域の日本軍すべてを早急に帰還させるつもりであった。実際一九四五年一〇月一一日、東南アジア連合軍最高司令官（ＳＡＣＳＥＡ）の統合行政計画参謀部は、政治的、経済的、軍事的見地から、日本軍を東南アジア地域にとどめずに、すべて一掃するが、英軍統制下の日本船は近海航路用であり、各地の収容所間の物資輸送は可能ではあっても、七一万余の日本人を本国に帰還させるには不適当であるため、マッカーサーに十分な日本船の追加割当てを要望すべきことを主張していた（〈S〉10/11/45, AIR〈英空軍省〉40/1850）。

蘭印政府もこの英軍の方針に同調し、インドネシアにいる日本軍を早期に復員させることを考えていた。とくに民族運動が激化しているジャワでは、日本兵が民族勢力側に加担するのを阻止するためにも早期帰還は緊急課題であった。そこで英蘭両国は、日本帰還の前段階として、日本軍総計七一万八三一四名を、シンガポール東方のリアウ諸島や南方のリンガ諸島などへ移送する計画を立てた。次のページの表は蘭印関連の集結予定である。

要するに、英軍側が早期復員をめざすのは、食糧不足と膨大な日本軍の管理の困難さのためであった。ただし船舶不足のために、復員の完了には五〜七年を要する状況にあった。これに対して日本側は、傷病兵の多い蘭印外領（西部ニューギニア、セレベス、モルッカ諸島など）の復員を最優先するよう請願し

当初の中間地への移送予定人員　（単位：名）

	陸軍	海軍	民間	総計	集結地
スマトラ	70,000	3,000	600	73,600	セバンカ諸島
ジャワ等	57,000	15,000	11,000	83,000	カンゲアン諸島
ボルネオ	24,000	8,000	7,000	39,000	バリクパパン等
セレベス	20,000	5,000	5,000	30,000	マッカサル
セラム等	42,000	4,000	8,000	54,000	未定
アルー、カイ等	7,000	2,000	500	9,500	未定
蘭領ニューギニア	42,000	5,000	4,000	51,000	未定
計	262,000	42,000	36,100	340,100	

出典：11/21/45, WO〈英陸軍省〉203/2727

たが、英軍側は食糧問題や政治問題に依拠してこれを拒否し、「食糧が欠如している蘭印東部の諸島を最優先とする」と回答すると同時に、復員船の割当はマッカーサー次第であると漏らした（〈C〉1/29/46, WO〈英陸軍省〉203/5966）。つまり、南方軍の復員が早期に実現できるか否かは米軍の配船如何であり、大型船舶を保有しない英軍側としては、米国側に依存する以外になかったのである。

以上のように、復員船の確保という厄介な問題があったものの、英蘭両国は当初の計画に従って、中間的な集結地へと日本人の移送を開始した。一九四六年三月には、ジャワから約六万七四〇〇名、スマトラから約四万四二〇〇名、バリ・ロンボク・マドゥラ各島から五八六〇名、合計一一万七五六〇名がシンガポール東方沖のリアウ諸島に到着した。

これに対して蘭印外領側の日本人は、直接帰還が実現するまで現地に待機することとなった。現地待機組は、蘭領ボルネオに一万二二六九名、セレベスに二万九八二五名、スンバワ・フローレス・チモール各島に二万五〇七名、アンボン・セラム・ブル各島に二万四四四七名、カイ・アルー・タニンバル各諸島

各地域からの日本帰還予定人員計画（残数）　（単位：名）

	4月13日	4月30日	5月31日	6月30日
外領諸島	159,272	96,677	0	0
ジャワ	67,037	57,000	27,000	0
スマトラ	30,059	30,059	25,059	0
レンパン／ガラン	78,223	81,223	67,223	0
総計	残334,591	残264,959	残119,282	0

出典：〈S〉4/4/46, WO〈英陸軍省〉203/5968

に一万一二七五名、ハルマヘラ島に三万七四五〇名、西部ニューギニアに二万三五〇五名、合計一五万九二七八名であった。蘭印からのリアウ諸島集結組と外領の現地待機組を合わせて二七万六八三八名であった〈S〉3/11/46, WO203/2727）。

なお三月一六日付の連合軍司令部の報告書では、日本本土への帰還者数はわずか二万九二名、南方軍全体の二・八％にすぎないこと、最短期間内にオランダ側に対して日本人復員の責任を負わせるには、蘭印の外領諸島からの復員計画を早急に開始するのが望ましいが、その引揚順位は、蘭印連合軍（AFNEI）に決定を委ねる旨を指摘していた〈S〉3/13/46, AIR40/1852）。

以上のように中継地までの移送業務は、近海航路用の日本船を使用して軌道に乗せることができたが、肝心の日本への復員に関しては依然見通しが立たなかった。そこで包括的かつ一元的に復員を推進する新たな計画案ができあがった。それが「NIPOFF作戦」であり、一九四六年四月四日、連合陸軍参謀長から各軍司令官に指令された。その詳細は第一章で明らかにしたとおり、米軍船を最大限活用して、JSPの残留者七〇万二二〇六名を帰還させるとの他力本願的な計画であった。蘭印に関しては、外領諸島二万三五〇〇名、スマトラ三万九四二二名、ジャワ六万七九二七名、バリ・ロンボク両島四七四六名、そのほかレンパン島に集結した六万八〇一三名、ガラン島に集結した一万一二四六名、合計二一万四八五四名を先に帰還させる予定であった。

また帰還順位は、一位が英領ボルネオ、二位が仏印と蘭印外領諸島とタイ、三位がリアウ諸島とビルマとマレーへと変更された。そして念願のマッカーサーによる大型船の配船が実現し、月々約二万名が移送される態勢が整った。もし米軍のリバティ船が使用できれば、五月に一〇万名、六月からは一八万名まで増員できることになり、さらには蘭印の外領諸島に残留する一〇万四七〇〇名を七月中旬までに送還できるばかりか、ジャワとスマトラにいる日本人も九月中旬までに送還を完了できる、と予想された〈S〉4/4/46, AIR)。こうして蘭印各島からの帰還予定計画は前頁の表のようになった〈S〉4/20/46, WO203/5968)。

こうして五月末以降、「NIPOFF作戦」が急展開する。残存する日本商船や旧海軍艦艇ばかりでなく、米国のリバティ輸送船などが加わった結果、九月までには六〇万余、南方軍のほぼ八五%が帰国できた。強大な米軍船の関与は、東南アジアにいる在留邦人の帰還計画を大きく前進させたわけである。

ところがここで厄介な問題が生じた。それは船舶の燃料負担をめぐる英米の対立であった。米国側が東南アジアと日本間の往復燃料費を英国が負担するよう迫ったからである。ロンドンの内閣府はこれを受け容れたが、現地の連合軍はこの問題を契機に、ビルマ、マレー、シンガポールで待機中の日本人一〇万名をそのまま残留させて、復興事業に活用させる方向をめざすことになる。もちろん蘭印側もこれに異論はなく、英軍に同調する。さらにオランダ政府は、戦中の捕虜をPOW、終戦後の捕虜をJSPと定めて、JSPをジュネーブ捕虜協定の規定から除外するとの英国側の方針にも足並みを揃えていく。在蘭印の捕虜収容所からようやく解放されたオランダ人たちは、日本への復讐心を露わにしており、日本人抑留者の立場は一段と苦しい状況に陥るのである。

（二）英蘭軍による日本人残留計画

この間、現地の英軍はＮＩＰＯＦＦ作戦を推進する一方で、五月中・下旬、米と船舶の不足を理由に挙げて、ビルマやマレーで帰還を待つＪＳＰ約一〇万名を強制的に残留労働させることをロンドンの本国政府に提案し、承認を求めた。中間点のレンパン島とガラン島にいる七万一千名（蘭印からの移送者も含まれる）、マレーの二万七千名、ビルマの四千名、スマトラからレンパン島への移送を待つ三万七千名、バリ島とロンボク島とジャワからガラン島への移送を待つ七万六千名、総計二一万五千名の中から一〇万名を一八カ月間、労働に使役したいとの要望であった。ただし英領ボルネオと蘭印の外領諸島、タイ、仏印にいるＪＳＰはすべて日本へ送還するとしていた（3/8/46, WO203/5965）。

これは英軍が船舶不足による復員の停滞を逆利用して、帰還途上にあるＪＳＰをそのまま現地で残留労働させ、復興と再建のために使役するとの一石二鳥の方法であった。国際社会からの批判を避けるためにも、英軍は南方軍の復員を加速化する必要があった。ただし英軍側は、当初の「一九四六年末までのＪＳＰ残留」予定を「一九四六年末ないし四七年初頭」へ、さらに「一九四七年末」へとなし崩し的に延長していく。同時にＪＳＰの使用目的も、「食糧生産」という限定枠を外し、多種多様な「公共および民間事業」にまで拡大させた。

このような狡猾でしたたかな英軍側の動きに、オランダも同調した。五月、蘭印連合軍（ＡＦＮＥＩ）

はスマトラのＪＳＰすべてを引揚げさせるよう要求する一方で、ジャワ、バリ、西部ニューギニア（ホーランディア）の「ＪＳＰ一万三五〇〇名を労働者として残留させる」ことを英軍側に要求した〈S〉5/15/46, WO203/5968）。しかしマウントバッテン最高司令官は、「オランダはＪＳＰを一人も残留させるべきではなく、せいぜい、ジャワに若干の人員を残すだけにとどめる」との方針であり、オランダ側の要求には否定的であった（〈TS〉5/4/46, WO）。

そのため、英国側と蘭印政府代表のモークとの間で激論となった。モークは、日本人の帰還船が確保されるまでは責任を取れないと執拗に抵抗し、蘭印の管轄を早く蘭印政府に移譲させたい英軍側を悩ませた。現地蘭印では、半年以上も駐留する英軍が苦労を重ねた末、四月初旬にインドネシアの民族側と合意し、日本人を安全に移送できる態勢を整えたばかりであった。英印軍はこれで蘭印政府に管轄面の全責任を移し、晴れて撤退できると想定していたため、今回のオランダ側のＪＳＰの残留要求は受け容れ難いものであった。

ただし英国側にも弱点があった。それは資源問題である。日本人の復員のために使用されている小型日本船の五分の三は石炭船であり、その石炭は仏印とタイと蘭印から供給されていた〈S〉3/16/46, WO203/5965;〈S〉5/29/46, WO203/5968）。また米国船の大半は石油を主燃料としており、既述のとおり、米軍が英軍側に往復の燃料費を要求している情勢からすれば、スマトラのパレンバンなどの豊富な蘭印原油は英軍にとって不可欠であった。結局五月末、マウントバッテンがモークに謝罪し、オランダ側のＪＳＰ残留方針を認めるに至ったが、これも恐らく資源問題が関係していたであろう〈S〉5/31/46, WO）。

以上のように英軍が蘭軍側に譲歩した結果、英蘭両国は「JSPを残留させる」との基本方針で歩調を揃えた。当然ながら、英軍側が提示した残留JSPの総計一〇万名という数字は、さらに蘭印側の一万三千余名を上乗せすることとなった。ただしこれがマッカーサーと米国政府の反発をもたらすことになる。

（三）英蘭側による強制労働の延長

では前記のような英蘭側の新しい動きに日本の南方軍はどう対応したのだろうか。沼田総参謀長は一九四六年初め、英軍側に対して作業隊は四カ月を超えて労働させるべきではなく、最長でも六カ月を限度とすること、作業隊員には適正な補償が適用されて賃金支払いが行われるべきことを申し入れた〈C〉1/29/46, WO203/5966）ほか、シンガポール南方の孤高の島、レンパン島とガラン島にいる陸海軍将兵六万八千余名の劣悪な労働条件を改善するよう求めた（2/23/46, WO203/2727）。しかし英軍側は、①労働者として残留すべきJSP一〇万名は、連合軍当局の「疑問の余地のない決定」である、②一〇万名の内訳は、ビルマから三万五千名、タイから九千名、西ジャワから九千名、マレー・シンガポールから四万七千名である、③西ジャワとマレーとシンガポールの人数は、南方軍司令部も認めており、タイと西ジャワの人員は英軍が駐留する限り、現地にとどまる旨を指摘し、沼田の要請を斥けた。日本側が「ジャワの日本降伏者はどのような仕事を行うのか」と尋ねると、英軍側は「英国の政策はオランダ・インドネシア間の紛争解決を促すこと」にあり、「日本人の仕事は現在雇われている場所の鉄道業務である」と回答した（5/31/46, WO203/5968）。日本側は敗戦国としての弱い立場を思い知らされた。

それでも六月には英軍側は、沼田がこれまで要望してきたジャワの混乱収拾（一三四名の日本兵脱走など）のために、ジャワから日本軍を早く脱出させると言明するなど、日本側にやや譲歩する姿勢を見せた（〈R〉6/3/46, WO）。しかも四月以降、ＮＩＰＯＦＦ作戦が米軍船舶の配船で急速に進められると、蘭印外領のセレベス、蘭領ボルネオなどの本国帰還も次々と実施された。この外領では傷病兵が多いとの理由から優先順位が高かったのである。

セレベスで厳しい抑留生活を送っていた脇村英一は、米軍リバティ船の第二梯団として、一九四六年六月九日に現地を出港し、これで南セレベスの日本人はすべて引揚を完了した（前掲「死の草原マリンプンよりの生還」）。その東部に位置するハルマヘラ島で抑留されていた高木幸雄は、「日本軍に協力した台湾の人や朝鮮の人が多く居るので、その人達を先に帰さねばならないというのが理由で……四年間も帰れないのかと皆が落胆していたら、早く帰れることになり、昭和二一年五月二二日、米軍のリバティ船に乗れることになり、大喜びで乗船し、船上で復員式をやり、全員階級章を取り外して海中へ投げ捨てました」と証言する（「南方三年の補充部隊」『平和の礎15（兵士編）』）。香料諸島でジャングルを切り開いて、ナスやトマト等を作って自活していた鳥井督三は、同年の七月頃、和歌山県に上陸できた（前掲「アンボン、ケイ、セラム島――私の体の戦後は終らない」）。

外領以外でも、小山信一はスマトラ島のパレンバンから、英軍将校による厳しい戦犯調査を終えて、八月に広島県の大竹港に帰還した（前掲「アッツ島要員が南方スマトラ勤務」）。同じスマトラからシンガポールのチャンギーで抑留されていた小川佳男は、八月一七日にシンガポールを出発し、九月五日、同じく大竹港に復員した（前掲「私の体験記」）。またスンバ島からジャワに移送されて抑留されていた横山武夫も、八月一五日、終戦から丸一カ年後に実家へ帰還できた（前掲「大東亜戦争参戦抄録」）。しかし以上のような早期復員者とは逆に、強制残留を余儀なくされたジャワの一万三千名余は継続して苛酷な労働を強いられたのである。

（四）強制労働の衝撃

一九四六年五月、連合軍は南方軍司令部に対し、七月一日以降に約一〇万名を作業隊として残留させることを命令した。そして蘭印に関しては、当初ジャワの九千名に残留が命じられたが、その後ジャワ四五〇〇名、スマトラ八六七名が追加されて、結局一万四千名もの多くが残留労働を余儀なくされた。

二年弱、ジャワで抑留・強制労働を課された元陸軍主計将校の大庭定男は、その衝撃を次のように明かす。「一九四六年七月一三日夜、南方地区で計一〇万六千名、そのうちインドネシア地区で一万三四〇〇名の残留命令が明らかにされ、この中にはニューギニア地区に一七〇〇名派遣されることも含まれるとのショッキングなニュースがあった。……近く復員できるとの夢は打ち砕かれ、さらに長期間の抑留を余儀なくされ」た。その際に英・蘭軍側は、ＪＳＰを「戦災復興と食糧増産」のために使用すると説明したが、この目的に使用された比率は低く、「大半は道路補修、石切り場での石切り、どぶ掃除、死体発掘、港湾労働などの危険、汚い、きつい３Ｋの仕事であった。インドネシアでは独立戦争のため、インドネシア人労働力を確保できずＪＳＰが頼りであった。ニューギニアに派遣された日本軍は米軍が残した資材の整理、新しく植民地を建設するための工事などに使用された」、と大庭は両国の虚言を暴いて非難する（前掲「インドネシア抑留体験と終わらない戦後」）。

ではこのような蘭印での日本人の窮状を日本政府はどのように見ていたのか。

五　復員への道のり

(一) 吉田茂首相のマッカーサーへの訴え

一九四六年九月一日、吉田茂首相はマッカーサー宛に書簡を送った。その中で吉田は、第一章で明らかにしたとおり、東南アジア地域の旧日本軍将兵や民間人の多くが厳しい労働、時には肉体的拷問を受けている、このような行為はポツダム宣言違反である、抑留者の氏名など情報が不足している、と述べて、英国側に対する改善の働きかけを要請した（前掲「在外邦人引揚関係雑件」昭二一・九・一）。マッカーサーはこの吉田の要望に即応し、東京の英国連絡代表部（UKLM）のガスコインを介して、現地の連合軍司令部へと伝達された（同、昭二一・九・二五）。同月二六日、現地の調査結果が吉田のもとに届けられた。この結果、初めてJSPの生活状況、健康状況、食糧割当、労務日課などが明らかになった（9/26/46, FO〈英外務省〉371/54244）。このように日本政府は、米国の威信を巧みに利用して英国側に圧力を加えたのである。

次に日本政府は、オランダが統轄するインドネシア残留日本人の問題へと焦点を移した。一〇月二九日、外務省の終戦連絡中央事務局（CLO）、いわゆる終連の朝海浩一郎総務部長は、以下のような「南方和蘭（オランダ）軍地区作業隊の帰国促進及び待遇向上に関する件」と題する文書をマッカーサー宛に送った。その骨子は次のとおりであった。

第一に、南方各地域よりの邦人大部分の引揚は、連合軍の好意的手配により終戦直後に予定されていた計画よりはるかに急速に実施されつつあるが、蘭軍占領地域では今なお一万三五〇〇名が作業隊として引き続き留用されている。これら留用者の現状に関する帰国者の報告および国際赤十字委員会代表者の視察報告を総合検討した結果を基礎として、その実情と日本政府の希望を添付書類をもって提出する。

第二に、連合軍総司令部においては、この日本政府の要望を考慮した上で、東南アジア方面の関係当局に通達して、人道的見地より急速な措置を講ぜられるよう希望する。日本政府の要望する主要な事項は、帰国の促進および待遇の向上、すなわち食糧、日用品、衣類の給与向上、医療施設、労働条件の改善、通信の簡易化等である。

さらに添付文書の「蘭印地区残留作業隊の実情並びに日本政府の要望事項」では、①蘭印残留者の内訳は、ジャワ一万一三五〇名、バリ島二五〇名、セレベス三〇〇名、モロタイ島三〇〇名、ビアク島三〇〇名、ホーランディア（西部ニューギニア）一千名、合計一万三五〇〇名である、②これら残留者の復員を加速する必要がある、③ＪＳＰの地位、食糧、衣服、医療、労働条件、通信に関する待遇を改善する、④インドネシア独立の動きに関連して混乱が生じており、労働隊が不測の事態に巻き込まれる恐れがあるため、危険地域での蘭軍当局による積極的指令を望んでいる、人道的見地からこれら日本人すべての早急な復員を切にお願いしたい、と嘆願していた（10/29/46, FO371/6340）。

この日本政府の要望は、ただちにマッカーサーを介してＧＨＱ外交局へ伝達され、翌一一月一二日、外交局から英国連絡代表部（ＵＫＬＭ）と、在日蘭軍事部へと送付された（11/12/46, FO）。すでに一九四六年五月二〇日に東京にオランダ軍事使節団事務所が開設されており、極東委員会（ＦＥＣ）のメンバー国としてマッカーサーのGHQと折衝する役割を果たしていた。ただしこの事務所は、オランダを代表する外交使節団のような任務を負っていても、日本政府からではなく、GHQから認証を受けていた。したがって、事務所が日本政府と直接やり取りすることはなく、日本との折衝はすべて極東委員会の出先機関である対日理事会（ACJ）を通じて行われた。なお所長にはスヒリング（Schilling）中将が赴任した（前掲書『戦後日本＝インドネシア関係史』三二～三三頁）。

ではは日本政府の要望はどうなったのか。その効果はほどなく現れた。一二月一八日、連合陸軍司令部は、「JSPの統制と使役に関する指令」を発表し、その中でJSPの抑留状況が次のように改善された旨を明らかにした。①JSPは家庭内の仕事や同類の仕事に転用されてはならない。②JSPは虐待されてはならない。③JSPの労働は週六日間とし、休日は監督者の判断で調整すべきである。通常八時間労働で途中に一時間の休憩を取る。④JSPを仕事場まで二マイル（三・二キロ）以上の距離を行進させてはならない。⑤五〇名ないしそれ以上の労働隊は通常日本の赤十字職員一名が同伴し、病人や負傷者の世話をする。⑥JSPに対して一定の分量の食糧支給を行う。⑦タバコは一人当たり週二〇本とする。⑧郵便に関しては月一回、日本へハガキを送ることが許される（以下略）。

またこの指令には、一二月一八日付の「JSP復員に関するSCAPの指示」が添付されており、JSPの復員上の細かい手続きがSCAPからの命令として明示されていた。たとえば、乗船当局はJSPの乗船以前に十分な医薬品を運び、船内を清潔にすべきである。JSPの乗船名簿は陸軍・海軍・民間ごとに分け、また男女、子供（一二歳以下）に区分される。名簿は乗船時と下船時に提示し、七枚の個人証明書は船長が一枚を保有し、原本と残り五枚のコピーは下船した際に港湾の復員担当職員に手渡される。乗船に先立ってすべての復員者は武装解除され、戦犯の審査を受ける。日本軍に属する台湾人・朝鮮人はすべて審査され、シロの者は正式に日本軍司令官によって除隊となり、その後民間人として台湾・朝鮮市民となる。シロではない者は除隊できず、日本人戦犯と同様に収容所にとどまる。日本に復員した日本人は、日本政府から日本銀行券通貨と日本政府の債券（職業軍人の将校は最大五百円、非職業軍人の将校および下士官は最大二百円、民間人は最大一千円）を手渡される。

同時に連合軍司令部は、「ＪＳＰへの教化とプロパガンダに関する指令」も定めていた。この指令は、ＪＳＰの労働意欲を高め、ＪＳＰの厚生面も配慮し、ＪＳＰのモラルを維持させることを目的とした。たとえば、最終的な復員期日を明示する、ＪＳＰに好きなスポーツ道具を与える、労働時間とレクリエーション時間を極力定期的に与える、レクリエーション時間にラジオを聴かせる、連合国の規律やモラルをＪＳＰに伝えるため、日本語に堪能な英軍将校二人がキャンプ内を巡回するなどを指示していた〈R〉12/18/46, FO371/63740）。

以上のように、英軍も蘭軍もマッカーサーや日本政府からの批判や要望を受容して、残留日本人の生活環境を改善せざるを得なくなったのである。

（二）残留日本人の帰還

はたして一九四七年を迎えると、ついに蘭印（インドネシア）からの第二次復員が開始された。一月一五日、終連（終戦連絡中央事務局）を介してＧＨＱから日本政府宛に、①蘭印で抑留中の日本人すべては、戦犯容疑者を除き、同年五月三一日以前に帰還する、②先陣の計一二三五〇名（うち六〇〇名が病患者）が帰還船二隻によって同年二月一日に呉港に到着する、③帰還を待つ抑留者に対しては日本政府から衣服が供給される旨が伝達された（前掲「在外邦人引揚関係雑件」昭二二・一・二五）。この復員の情報は、一月二四日に在東京・英国連絡代表部（ＵＫＬＭ）でも確認された（1/24/47, FO 371/63740）。前年一〇月二九日に朝海総務部長がＳＣＡＰ宛書簡で、人道的見地から迅速な帰還措置を訴えたことがようやく実を結んだ。ＧＨＱの報告どおりに蘭印からの復員が進展すれば、もはや六月一日以降は、東南アジア地域では英国管轄地域（ビルマ、マレー、シンガポール）だけが日本降伏者（ＪＳＰ）を残留させるばかりとなった。

ただし大庭定男は、「復員は昭和二二年一月より再開され、オランダ軍が約束した期限より二カ月余り遅れ、最後の熊野丸が五月四日スマトラよりの組を含めて出港、一年半あまりの歴史を持つ作業隊は自然消滅、戦犯者とその世話のために残った少数を除き、日本人は完全にジャワより姿を消した」と証言する（同著『ジャワ敗戦抑留日誌一九四六―四七』龍渓書舎、一九九六年、四頁）。英国同様、オランダも狡猾であった。しかもオランダは強制労働した日本人に対して労働賃金を支払わず、結局、日本政府が肩代わりする。これまたイギリスに倣ったわけである。

ではこの第二次復員者の証言を追ってみよう。高木幸雄は、「僅か二週間で和歌山県の田辺港に復員しました。三〇〇円の手当てを貰い、大金持ちになったつもりがパン一個一〇円とられてびっくり落胆するなどという悲喜劇を演じ」た（前掲「南方三年の補充部隊」）。ジャワで独立戦争に対処した神崎芳郎は、ようやく一九四七年四月に復員できた（前掲「インドネシア独立の先兵――兵補教育と終戦」）。民間の技術者で戦犯容疑者となった小倉彰は、同年の「三月三一日に待望の帰還船に乗船し、……五月一六日に佐世保に入港し直ちに上陸したが、……頭からいやというほどDDTをぶっかけられて宿舎に入った」と明かす（前掲「パレンバン石油部隊の追想」）。陸軍の主計将校であった大庭も、同年七月に帰還できた。もっとも復員の遅れた越智隆綱は、「昭和二三年九月末日、九州の佐世保へ上陸。二日程して三〇〇円を支給され、約三日間程して……自宅へ復員しました」と証言する（前掲「南方戦線従軍記――水、水、水が欲しい」）。もっとも遅い帰還であった。

こうしてインドネシアにおける日本人の強制労働の歴史に終止符が打たれたのである。

おわりに――蘭印からの帰還の特徴

まず全体を通じていえることは、インドネシア人の民族独立運動が日本の降伏とともに勃興し、宗主国として復帰を図るオランダ側との激しい闘争を生み、これに多くの在留邦人が巻き込まれたばかりでなく、一部の日本軍将兵が民族軍に加担したことである。多くの現地民がオランダ側と抗争した基底には、二〇〇年以上に及ぶ植民地支配と略奪への反発があり、概してインドネシア人は蘭軍を駆逐した日本人を救世者と見なしたことがある。これはフィリピン、ビルマ、タイ、インドなど一部にも共通する現象であったが、中でもインドネシアが突出していた。それは三年に及ぶ日本軍政の数少ない成功例といえるが、他面、長期に及ぶオランダの苛酷な統治方式への裏返しでもあった。

第二に、独立運動は日本人の抑留と強制労働に様々な影響を及ぼした。当初、英蘭両国は武装蜂起したスカルノ軍側に日本兵士が加わる事態を恐れて、約二三万名もの邦人の早期復員を掲げたが、途中から一万三千余名の残留抑留へと方針を切り替えた。この背景には先に進駐した英軍側の翻意に従った面もあるが、同時に戦局が有利に進んだこと、つまり装備に劣る民族軍側に対して英印軍と蘭軍側が巻き返して優位に立ったことも関連していた。その結果、蘭印政府は、戦災復興事業など従来の捕虜業務を越えて、市内清掃といったレベルの業務にまで残留日本人を駆り出した。現地インドネシア人労働者がこの独立運動に参加した空白を埋める役割を担わされたわけである。当然、復員期間も延長された。

第三に、蘭印は大小一万にも及ぶ島嶼群であったため、降伏後の武装解除から抑留、強制労働、戦犯裁判などに地域的な差異が生じた。蘭印の中心部を占める南部側のジャワとスマトラではかなり徹底した武装解除が行われ、日本側は苛烈な抑留生活と重労働を強いられたが、ボルネオ、セレベス、西部ニューギニアなど北部の外領諸島では、戦時中からの食糧難が続き、マラリアなどの病疫が蔓延して患者数が多かったこともあり、武装解除も比較的寛大で、また軽労働にとどまった。とくに豪軍が担当した地域では穏やかな抑留が実施されたが、蘭軍に代替すると、厳しい統制へと変化する傾向にあった。

第四に、オランダ側の日本人に対する抑留姿勢が、英国や豪州の方式と比較するとかなり峻厳であった。日本人抑留者が往々にして証言するのが、英印軍や豪軍と比べた際の蘭軍の質的低劣さと日本人への辛辣な態度である。これは、かつて日本で抑留生活を送った体験者が蘭印に戻り、収容所の監督に就いて、日本人に復讐したことも一因であった。また蘭印政府はシンガポール沖の蘭領レンパン島に数万もの日本将兵を送り込んだ。海に囲まれた自然の障壁を利用することで、監督の手間が省ける上に、抑留者をただ放置すればよいとの冷酷な考え方であり、捕虜協定やポツダム宣言第九項を軽視する態度であった。実際にＢＣ級戦犯裁判でも、連合国七カ国のうち、オランダは裁判件数が中国、米国に次ぐ第三位ながら、逮捕者の延べ人数は米国に次ぐ第二位、死刑者は二三六名で第一位であった。

第五に、オランダの復員方針は英軍に追随するなど主体性を欠くものであった。ただし英軍の最高司令官マウントバッテンが、蘭印での日本人抑留者の残留を認めないとの態度を示した際、蘭印のモーク副総督が激しくこれに抵抗して撤回させたことが例外といえる。モークは蘭印の豊富な石炭と石油という天然資源を外交手段に用いて、米国船の大量参入に依存せざるを得ない英軍側の弱点を巧みに突いたわけである。この点ではマウントバッテンもモークには脱帽せざるを得なかったが、その結果、一万三千余名の残留日本人は早期復員の夢が途切れ、そこから半年もの追加期間を重労働に従事させられた。半面、蘭印政府は日本政府とマッカーサーからの残留者の早期復員を強く求める合同圧力に対しては、英国ほど執拗な抵抗はせずに、残留者の復員は半年間で幕を降ろしたのである。

このように総じて、日本人の抑留と復員は国際政局の舞台で翻弄され続けたといってよいであろう。

（1）蘭印の歴史は、オランダが一六〇二年にアンボン島に国策会社「東インド会社」を設立したことにはじまる。以後同社はジャカルタ（バタビアと改名）に移り、一七九八年の解散後、オランダ政府がインドネシア全域の支配に着手し、一九〇五年にスマトラ北部のアチェ軍を制圧して完全支配を達成した。蘭印は北緯六度から南緯一一度、東経九五度から一四一度に至り、赤道をほぼ中心として南北両半球にまたがる大小一万もの島嶼群であり、そのうちボルネオ島の西北部は英領、チモール島の東部と北部の一部がポルトガル領であった。また蘭印の総人口は六千万余人、総面積は一九〇万平方キロであり、当時のオランダ本国の五八倍、日本の全面積の約三倍に匹敵し、東西の長さは約四三〇〇キロに達した（前掲書『戦史叢書・蘭印攻略作戦』一一頁）。

（2）当時オランダ人とインドネシア人の混血を含めたヨーロッパ系住民が約三〇万人おり、この大部分が収容所に抑留された。また戦時中に日本に送られたオランダ人捕虜も数千人に上った（L・ファン・プールヘースト著『東京裁判とオランダ』みすず書房、一九九七年、v頁）。一方、約二千人の日本人はインドネシア各地の収容所に収容され、日本軍の蘭印侵攻が迫った翌四六年二月にオーストラリアへ移送されて終戦まで抑留された（前掲書『戦後日本＝インドネシア関係史』四五〜六頁）。

（3）　ジャワは蘭印の総面積の一四分の一にすぎないが、蘭印人口の約三分の二に該当する約四千万人が密集し、政治経済の中心地となった。蘭印総督府もここに置かれた。

（4）　外領は全体に山脈と峡谷が多く、密林と湿地が大部分を占めるため、人口希薄であるが、鉱物資源に富んだ島が多い。K字型のセレベスはニッケルや鉄鉱石、世界第三の島ボルネオとセラム島は石油、モルッカ諸島（香料諸島）は香料を産出し、アンボン島は古くから香料の交易地であった。そのほかスズ、ボーキサイト、マンガン、石炭、ゴム（世界の約三分の一）など産出した。蘭印全体の石油生産量は当時年産約八〇〇万トン（うちパレンバンが三〇〇万トン）であり、当時日本の石油の年消費量は約五〇〇万トンであった（前掲書『戦史叢書・蘭印攻略作戦』一一〜四頁）。

（5）　オランダ関連の資料については、二〇一一年二月九日から一一日にかけてハーグのオランダ国立公文書館（National Archief）にて収集した。資料収集に際して、前川佳遠理同館研究員から助言と支援を得たことに謝意を表したい。

第三章　東部ニューギニア・豪北での抑留と復員
――オーストラリア軍管轄下

はじめに――平穏な終戦を迎えた第八方面軍

本章では、東部ニューギニアおよび豪北[1]での抑留と復員について見ていきたい。戦時中、この地域を軍政管轄したのが、ニューギニアの東方、ニューブリテン島のラバウル[2]を拠点とする第八方面軍である。今村均陸軍大将率いる第八方面軍は、終戦時、ラバウルに約五万七四〇〇名（第一七師団、第三八師団、第六五旅団、独立混成第三九旅団、戦車第八連隊など）、その東側に隣接するブーゲンビル島に、ガダルカナル島から撤収してきた第一七軍（第六師団、独立混成第三八旅団など）約一万四四〇〇名、そしてラバウル北方に隣接するニューアイルランド島に約七七五〇名（独立混成第四〇旅団など）、合計約八万名弱という編制であった（次ページ地図参照）。そして東部ニューギニアの第一八軍（第二〇師団、第四一師団、第五一師団など）も一時的に傘下に収めていた。本来ラバウルは東南アジアの東端部、オーストラリア（以下「豪州」）の東北部に位置する軍事的要衝であるため、第八方面軍は連合軍の北進を阻止する重要

8方面軍（ラバウル）
- 17師（ラバウル）
- 38師（　〃　）
- 39師（　〃　）
- 40旅（ナマタナイ）
- 第65旅団（ラバウル）

18軍（東ニューギニア、ヌンボク）
- 20師（　〃　、アイタペ）
- 41師（　〃　、チャイゴール）
- 51師（　〃　、ウエワク）

17軍（ブーゲンビル島ブイン）
- 6師（　〃　〃　）
- 38旅（　〃　スマヌマ）

第八方面軍（ニューギニア・豪比）

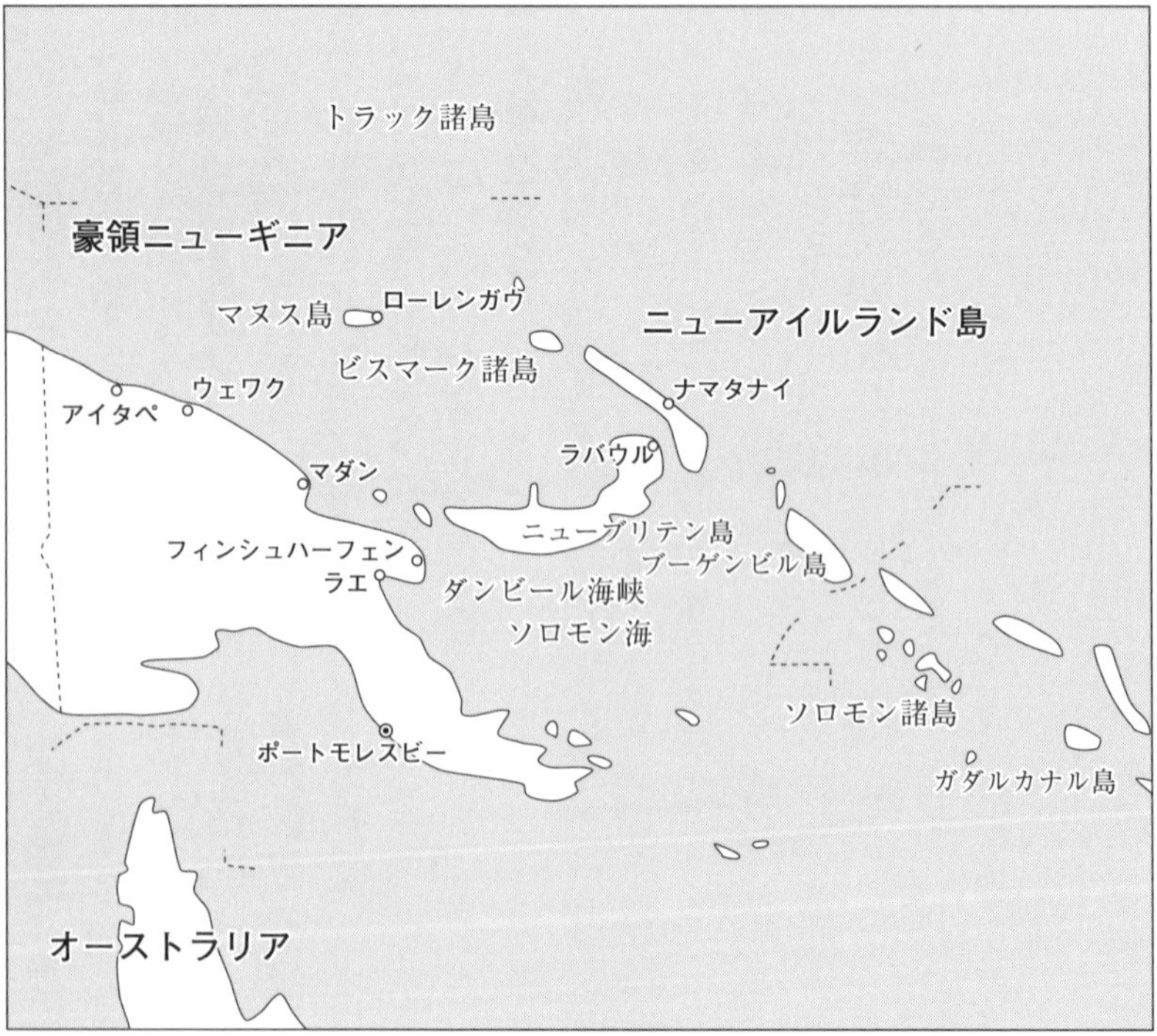

豪軍管轄地区

な役割を担っていた。
そもそも大本営は、ラバウルに連合軍側の航空基地がある限り、海軍の一大拠点であるトラック島は安全ではないとの理由から、対米開戦直後の一九四二年一月、陸海軍が協同してラバウルとその周辺の要地を攻略し、豪軍らを後退させた。続いて三月、東部ニューギニアのラエ、サラモアに進攻し、五月にはガダルカナル島とその北方を占領する。こうして南太平洋まで優勢な地位を得た日本は、対日反攻の枢要拠点の豪州を孤立させて、米豪連携を遮断する目標を掲げた。そこで作戦上、陸軍が第一七軍を、海軍は第八艦隊を新設したのである。

ところが連合軍の反攻準備は日本側の予想を超えて進捗し、八月、ラバウルから約一千キロ東南に位置するソロモン諸島の中心ガダルカナル島への攻撃が開始された。ラバウルを最終目標とする「ソロモン反攻」が始まったのである。日本側はまず一木支隊を、次いで川口支隊を急派して、ガダルカナル島上陸を敢行したが、両支隊とも撃退された。破竹の勢いで進撃を続けてきた陸軍部隊が攻撃して敗退したという事実は、各方面に多くの波紋を投げかけた（防衛庁防衛研究所戦史室編『戦史叢書・南太平洋陸軍作戦〈1〉ポートモレスビー・ガ島初期作戦』朝雲出版社、一九六八年、一〜二頁）。[3]

ここで大本営は第八方面軍を編成し、一一月、蘭印（オランダ領東インド、現インドネシア）を統轄する第一六軍司令官の今村をその軍司令官に転任させた。ただしその時点では、ガダルカナル島を守備する百武晴吉《ひゃくたけはるよし》中将の第一七軍、約三万一千名は、米軍の激しい攻撃により補給を断たれて孤立していた。翌四三年二月、第一七軍はガダルカナル島からの撤収を完了したが、ブーゲンビル島へ生還できたのは全体の三四％、一万六〇〇〇名にすぎなかった。しかも死者二万名のうち戦死者は五千名にすぎず、三分の二に当たる約一万五千名は栄養失調やマラリアによる病没者であった。以来、ここは〝餓島〟といわれた（角田房子著『責任――ラバウルの将軍今村均』新潮社、一九八七年、二九八〜三一一頁）[4]。

一方、この頃からマッカーサーが指揮する連合国南西太平洋地域軍（SWPA）は「蛙飛び戦法」を開始した。東部ニューギニアとニューブリテン島の中間、ダンピール海峡を突破して、太平洋中央部からフィリピンへの進出の足がかりを得ることが、一九四三年後半期の連合軍の作戦目標であった。こうして東部ニューギニアでは九月から東端南部のフィンシュハーフェン、マーカス岬、ツルブなどで激闘が起こったが、いずれも日本軍は敗退した。ポートモレスビーやブナでも日本軍の敗退で決着がついた（前掲書『戦史叢書・南太平洋陸軍作戦〈1〉』三〜四頁）。安達二十三《あだちはたぞう》中将が率いる第一八軍は、三個師団編成の約九万七千名であったが、一九四四年四月、ニューギニア中央部の要衝アイタペで連合軍を迎撃した時点で、五万七千名へと激減していた。そして激闘二〇余日、直接戦闘参加者一万七千の半数が戦死した。以後、第一八軍は山岳地帯での自活を余儀なくされ、飢餓状態が続いた結果、終戦時の兵力は一万三千名へと激減した。わずか一年間で四万名が死亡したわけである（前掲書『戦略・戦術でわかる太平洋戦争』一二四〜六頁）。

このような悲惨な状況を目撃した第八方面軍は、今村を先頭にして現地自活計画に邁進した。連合軍がこのラバウル地区との戦闘を避けて北上したため、第八方面軍は孤立しながらも、他の部隊と比較すれば、かなり平穏に一九四五年八月一五日の終戦を迎えた。そして今村以下の陸軍部隊約八万名は、南東方面艦隊司令長官草鹿仁一《くさかじんいち》中将以下の海軍部隊約三万名とともに、降伏、武装解除、武器・軍需品等の引渡し、将兵の抑留と労役、戦犯裁判、復員といった難問に対処していく。そして最後尾となると予想されていた本土への帰還は、米軍側の配船が急速に進展したこともあり、終戦から四カ月後の一二月、東部ニューギニアの第一八軍から予告なく開始され、次いでブーゲンビル島周辺の第一七軍と続き、ほぼ半年を経た翌四六年六月にはラバウル地域の全部隊が復員を完了する。

では東部ニューギニアおよび豪北における将兵の抑留と復員はどのようなものであったか。ここでは時系列に、（1）終戦、（2）豪軍への降伏、（3）日本軍の武装解除、（4）抑留と強制労働、（5）戦犯裁判、（6）帰還準備と復員、に分け、各段階の状況を明らかにする。その際、前記の『戦史叢書』のほか、防衛研究所図書館所蔵の「第八方面軍（南東方面）の終戦概況（以下「終戦概況」）」（記述者名なし）と「第八方面軍復員史資料（ラバウル地区を主とする）（以下「復員史資料」）」（参謀高橋鶴夫大佐、昭和二九年九月稿）、厚生省引揚援護局史料室（昭和三一年五月複写）（陸軍71中央「終戦処理」より）、外務省外交史料館所蔵の前掲「在外邦人引揚関係雑件」および終戦連絡中央事務局（以下「終連」ＣＬＯ）資料、将兵の体験談を編纂した前掲『平和の礎』（兵士編）全一九巻、そしてキャンベラのオーストラリア戦争記念館（AWM=Australian War Memorial）で収集した日本軍関連資料や文献[5]に基づいて歴史的な検証を行い、知られざる実態を明らかにする。

一　ラバウル、ニューギニアでの終戦

第八方面軍は、一九四四年春以降、米軍がニューブリテン島北方の拠点であるラバウルを素通りして北進したため、太平洋のはるか南東地域で敵中に孤立していた。すでにこの間の戦闘で方面軍の戦死者

数は五万五千名、戦病死者数が一万六千名の計七万一千名に達し、方面軍はほぼ半減していた。加えて、マラリアなど病患者数はラバウル地区で全体の一七・三％に達していた（前掲「終戦概況」一～六頁。田中宏巳編『オーストラリア国立戦争記念館所蔵――旧陸海軍資料目録』緑蔭書房、二〇〇〇年、二五頁）。しかも同年一月以降は中部太平洋の海上補給路を遮断され、日本からの物資が途絶えていた。さらに翌二月、第八方面艦隊（巡洋艦など二〇隻）が敵襲を受けて、事実上ここの海軍艦隊は全滅した（堀内初一「南太平洋作戦記」『平和の礎1（兵士編）』）。

それでも孤立以来、方面軍が自活自給に全力で取り組んだ結果、ラバウル地区では約六万五千名の約一〇〇日分の食料を保有するほどの成果を上げた。自給率は四四年末で六〇％、終戦時で約八〇％と推定された(6)。ラバウルの第一七師団の工兵伊藤静男は、「封鎖されたラバウルでは、ジャングルを開拓して芋を作りました。温度が高い所なので一カ月もしたら芋は食べられます。山の水は綺麗で飲料水にはことかきませんでした」と証言する（「ラバウル――月兵団工兵隊」『平和の礎10（兵士編）』）。

一方、兵器も小銃四万五千丁、軽砲六〇〇門、重砲八〇門、戦車一〇〇輌を保持し、ガソリン等の燃料も十分保有されていた（前掲「終戦概況」二～五頁）。またラバウルでは要塞の構築に全力を上げ、「難攻不落の城郭」のような態勢を固めていた。前記の伊藤静男は、「要塞の構築はこれら工兵隊の仕事でした。……石山の中で発破（ダイナマイト）をかけ、残土や石は歩兵が運びます。全軍の命令のもと各兵科が協力して、砕けない堅固な、艦砲射撃や重爆撃にビクともしない要塞が出来たのです。要塞の中に零戦も隠してあり、飛行場もそこにありました。……ラバウル要塞はトンネルや避難壕だけでなく、その中から砲を出して撃つ、難攻不落の城郭ですから、米軍も上陸して来られませんでした。従って連合軍はラバウルを包囲し、出られぬように重爆撃、艦砲射撃をする程度にし、あえて上陸はして来なかったのです。そして、敵の主力はラバウルを超えて北上し、マリアナ、フィリピン、沖縄、本土の攻略へと向っていった」と明かす（前掲「ラバウル——月兵団工兵隊」）。

これと比較すると〝見捨てられた孤島〟ブーゲンビル島では、保有する糧食は皆無であった。しかも四四年末、米軍から分担を引き継いだ豪軍は同島内の敵軍掃討に乗り出した。そのため一万ほどの日本軍は、食糧・兵器・弾薬などすべて欠乏のまま、傷病兵を抱えて、豪軍に対峙せねばならなかった（藤本威宏著『ブーゲンビル戦記——一海軍主計士官、死闘の記録』白金書房、一九七四年、一七一頁）。

八月一三日頃、草鹿が今村を訪問し、「最悪の事態（敗戦）に対処すべき」と述べたが、今村は「現任務の遂行」を主張した。翌日、同盟通信が「一五日正午天皇陛下の重大放送」があると伝えてきたため、司令部は事態の重大さを秘かに深憂し、将兵の動きを警戒しながら、当日を迎えた（前掲「復員史資料」二一～二三頁）。実は今村はすでに和平交渉が始まっていることを承知しており、その二日前には方面軍司令部の暗号班長を通じて、終戦が確実と思わせる通信を入手していた（前掲書『責任』三九三頁）。

当日正午、今村は幕僚らとともにラジオの前に着席して玉音放送を聴いた。音声が不明瞭で聴取に堪えなかったが、今村は同日、ただちに「承詔必謹」の根本方針を決定した。翌日、大本営から「戦闘行動停止」の命令を受けて、今村は諸部隊に対し、終戦における陸海軍人への勅語を伝達すると同時に「戦闘任務の解除」を命じた。そこで方面軍司令部はブーゲンビル島の第一七軍にもこれらを伝達し、ラバウル周辺の兵団長や部隊長を「図南嶺《となんれん》司令部（ラバウル市街より東南約一〇キロ）」に招いて、終戦の詔勅と方面軍命令を伝達した（前掲「復員史資料」二一～二三頁）。

集合した諸部隊幹部の大半は、「対ソ宣戦の詔勅」に違いないと信じていたため、ポツダム宣言受諾を知ると動転する者が多く、「茫然として只男泣のむせび声のみ」となった。ラバウル周辺は孤立していても部隊全体の抗戦意欲が旺盛であったからである。しかし多くの将兵は、「大元帥陛下の御命令を拝したる上は承詔必謹こそ国体を護持し至尊を安んじ奉る」と自省し、「全軍萬斛《ばんしゃく》の血涙を呑んで」動揺するような行動に出る者がなかった（同三〜四頁、前掲「終戦概況」六頁）。ラバウルにいた兵士の奥村昇は、「終戦の玉音放送はジャングルの中で聴きました。……断腸の思いと同時に、ああやっと終ったかと思いホッとしたことも事実で、心境は複雑でした」と回顧する（「奇しき運命の転機——ラバウルから生還」『平和の礎5（兵士編）』）。

結果として、第八方面軍を平穏な結末へと導いた最大の要因は、今村の沈着冷静な態度であった。玉音放送直後に今村は、間髪入れずに「承詔必謹」の根本方針を掲げ、一糸乱れぬ態勢の維持に腐心した。同時に、戦争継続を主張する一部の部隊を慰撫して終戦を受け入れるよう意を尽くすなど、日頃の部下との信頼関係を軸に上下団結したことはリーダーシップの本質を示した。天皇の絶大な威信を最大限に利用したことは事実であるが、毅然とした司令官の上意下達式の決着方法が顕著な特色であった。

ブーゲンビル島にいた藤本は、一四日二三時に起こされて司令のもとに出向くと、「直ちに戦闘を中止し、戦線を維持せよ。秘密文書、兵器は直ちに焼却破棄せよ。別命を待て」とのラバウル発電報を見せられた。「敗戦ですね」と司令に確認すると、「いままで張りつめていたものが、すべて体から抜けてゆくような、虚脱感を覚えた」と述懐する（前掲書『ブーゲンビル戦記』二〇四頁）。

なお八月三〇日、大本営はニューギニアの第一八軍の管轄を南方軍から再び第八方面軍へ戻す命令を発した。当時の第一八軍は敗走中であり、敵中に孤立していた。そこで第八方面軍はこの決定を快諾し、第一八軍への支援を惜しまなかった（前掲「復員史資料」四頁）。

当時の戦況を第三六師団の上等兵石塚代次は、次のように証言する。昭和一八年一二月末、ニューギニア（西岸）のサルミ湾に上陸し、昭和二一年六月三日復員まで「ニューギニアで孤立した戦闘を続けていた。……我が師団は、上陸後の空襲で多くの火砲を失い、しかも（米）軍艦の砲の口径は陸軍のそれとは雲泥の差があるから、とても対抗することは出来ません。子供と大人のケンカです。……飛行場を三つ造りましたが、一、二回使った程度で爆撃を食らって使えなくなってしまいました」。終戦を知った際、「我々は『降伏した後どうしようか』と迷い考えました。日本軍には降伏の文字はないし、そのようなことを思ったことはなかったからです。ある者は『奥地に入って原住民と暮らそう』、またある者は『自決しよう』との意見でした」（「第三十六師団（雪兵団）——東部ニューギニア戦」『平和の礎10（兵士編）』）。

以上のようにラバウル地区は概して平穏であったが、それ以外のニューギニアの第一八軍やブーゲンビル島の第一七軍などは、厳しい環境下で終戦を迎えたのである。

二　降伏調印から収容所へ

日本の降伏前後より、豪軍は連合国軍最高司令官（SCAP）マッカーサーからの指示に基づき、英国政府と対日占領の役割分担について協議すると同時に、日本軍の降伏を処理する際の地域分担についても意見交換を重ねた。豪軍最高司令官ブレイミー（Sir Thomas Blamey）陸軍大将と英軍側代表で東南アジア連合軍最高司令官（ＳＡＣＳＥＡ）のマウントバッテン海軍大将との交渉の結果、豪軍が管轄する地域はロンボク島およびボルネオ島を除く東部蘭印となった。つまり東部ニューギニア、ニューブリテン島、ニューアイランド島、ナウル諸島、オーシャン諸島、ブーゲンビル島とその周辺諸島と決定した（*AUSTRALIA IN THE WAR OF 1939-1945*, p.553.）。したがって、ニューブリテン島、ニューアイランド島、ブーゲンビル島のほか、東部ニューギニアも統轄する第八方面軍は、豪軍に対して降伏を行い、その上で豪軍の進駐を受け入れることとなった。

まもなく大本営からラバウルの司令部に対して、終戦処理上、「豪軍の管理下に入るべし」との命令があり、そこでニューギニア東北部のラエに所在する豪軍司令部との無線連絡に努めたが、困難を極めた。他方、豪軍の第一軍司令部も再三ラバウルの日本軍との交信を試みて、ようやく八月二二日に双方の連絡がつながった。日本の陸海軍司令官は豪陸軍の第一軍司令官スターディ（Vernon Sturdee）中将に対して、「目下ニューブリテン、ブーゲンビル両島の駐屯軍が敵対行為の停止命令を遂行中ではあるが、いまだブーゲンビル軍に対する命令が徹底されていない」旨を伝達すると同時に、「東京からの停戦交渉命令が届くまでは交渉を行うことはできない」旨も伝えた。これに対してスターディは、必要不可欠な日本軍情報を伝令するよう求めてきた。日本側はその承諾を躊躇したものの、今後も豪軍側との無線の交信を続ける旨を約束した（*Ibid.*, p.556）。

同日、英太平洋艦隊が航空母艦グローリー号をニューブリテン島へ派遣できるとスターディに伝えてきたため、スターディはこの空母をラバウル沖に停泊させ、九月六日に同艦上で降伏調印式を挙行することを決定した。この日程は、九月二日に実施される東京湾上での日本政府・軍との降伏調印式以前には調印式を実施してはならないとのマッカーサー命令に基づいていた。またスターディは今村をラバウルにいる日本の陸海軍と民間人（約二万名）の代表責任者・最高指揮官に指定し、今後は今村を直接交渉相手とするとの電報を寄せた。その上で、「六日に一二名を超えない軍関係者を同伴させて同艦に到着する」こと、その際に「日本軍に関する情報（配置、兵力、傷病者、連合国側捕虜、現地雇用者、兵器等々）を用意する」ことを指示した。なおスターディは、四日、部下の参謀をラバウル港外に派遣して日本側軍使と接触させ、六日の調印式について協議を行わせた。その際、豪軍側は今村に降伏式に関する指令書を手渡し、当日に日本軍が携行すべき諸種の記録に関して詳細な指示を与えた（*Ibid.*, p.556）。

こうして降伏調印式は、九月六日午前一〇時四〇分からグローリー号上で行われた。その周囲には英艦二隻、豪艦五隻が配置されるなど、ものものしい警護となった。いかに連合軍側が日本軍の抵抗や奇襲を恐れていたかを示している。日本側は、今村、加藤鑰平参謀長、高橋鶴夫・大田庄次両参謀、また草鹿と海軍幕僚が飛行甲板上に整列した。そこには二千名もの人で溢れていた。すでにスターディは正面中央に位置し、周辺に陸海空軍の代表がコの字に立ち並んで日本軍代表を迎えた。相互に挙手の礼を交わしたのち、ただちにスターディは降伏文書を朗読した。英語を日本語へと通訳した際、武装解除の条項で誤訳を生じる場面もあったが、それ以外は問題なく進行した。ところが最後の調印の際、日本側に一悶着が生じた。今村がただ一人署名することに草鹿が異論を唱え、海軍を代表して自己も署名することを強く主張したのである。結局今村、草鹿が相次ぎ署名し、最後にスターディが署名して降伏式は終了した（*Ibid.*, p.556. 前掲「終戦概況」七頁）。

一方、ブーゲンビル島の藤本は、危険な降伏軍使役を命じられた。そのときの状況を次のように明かす。九月一〇日朝、藤本は中国人親子とフランス人宣教師ら一三名とともに白旗を掲げた大発（上陸用舟艇）二隻で出発し、豪軍側の海岸に近づくと、大型ランチが接近した。そこで藤本はこれに乗船して、豪軍の司令官らと対面した。中国人らしい通訳がアクセントの強い日本語で降伏文書の内容を説明し、その後に署名を求めてきたため、藤本は署名して終了した。敵側は予想以上に紳士的で、「カチカチにこわばっていた神経が、急にゆるむのを感じた」という（前掲書『ブーゲンビル戦記』二一〇〜四頁）。

また補給が途絶えて餓死寸前にあった東部ニューギニアの第一八軍に対して、日本側は衣料等を補給した上で、この部隊をラバウル付近へ移動させたいと豪軍側に申し入れた。豪軍側は当初はこれを拒否したが、九月末に許可した（前掲「終戦概況」七〜八頁）。

他方、日本軍の武装解除のために進駐を予定していた豪軍側は、日本側から得られた情報によって、日本軍の兵力が予想以上に膨大であることに驚愕すると同時に不安感を募らせた。豪軍側は日本陸軍を五万、海軍を五千、合計五万五千名と見積もっていたが、その後進駐した豪軍の第一軍が掌握した日本人の分布は、次ページの表のとおりであった。加えて二八名のヨーロッパ人捕虜と五六〇〇名弱のインド人捕虜、そのほか中国人、マレー人、インドネシア人など二五〇〇余名がいた。総じて一〇万を超える人員がおり、この意外な多さに豪軍側は無事に日本軍への占領を行えるかどうか戸惑ったわけである（*Ibid.*, pp.556-557）。

そこでまず豪海軍士官二名がラバウルに上陸し、ただちにこれらヨーロッパ人捕虜を解放すると同時に、現地調査を行い、意外にも日本軍人の栄養状態がよいこと、米・野菜等の備蓄が豊富であること、

豪軍第一軍管轄下の日本人分布　（単位：名）

	陸軍	海軍	民間人	その他	合計
ニューブリテン島	53,212	16,218	19,861	8,155	97,446
ニューアイルランド島	7,721	3,427	1,263	—	12,411
ソロモン諸島（含ブーゲンビル島）	15,041	6,049	2,324	—	23,414
オーシャン諸島・ナウル諸島	—	4,046	556	541	5,143
北東ニューギニア	12,008	950	305	—	13,263
合計	87,982	30,690	24,309	8,696	151,677

出典：*AUSTRALIA IN THE WAR OF 1939-1945*, P.555

一五〇マイル（約二四〇キロ）以上もの長いトンネルが構築されていることを発見した。

九月一〇日、豪陸軍の第四旅団がラバウル進駐を開始し、三日後にイーサー（Ken Eather）陸軍少将を長とする第一一師団司令部、一五日には第一三旅団も到着した。一七日、イーサーは今村に対して、日本軍将兵を一万名単位に分けて、合計一三カ所の捕虜収容所を建設すること、さらに土地を開墾し、食料を自給するよう命じた。次いで豪軍は一八日にニューアイルランド島に上陸し、武器・弾薬の破棄を海軍将校に命じるとともに、一万二千名の日本軍のラバウル移動を命じた。翌日、同島を管轄してきたカビエングの日本軍司令部は進駐軍によって占拠された。さらに豪軍はブーゲンビル島への進駐を行うが、やはり日本兵は当初の一万三千名の推定は誤りであり、実際は二万三千名であることを知らされた（*Ibid.*, pp.556-557）。

ここにラバウル周辺における総計約一三万名（上表の豪軍側の調査では一五万名）の日本陸海軍や民間人は豪軍側に降伏すると同時に、武装解除を経て、収容所（キャンプ）での抑留生活へと移行していくのである。

三　武装解除と抑留者の苦難

（一）武装解除からキャンプ組織へ

日本降伏後に進駐した豪軍は、ただちに日本軍の武装解除を開始した。一九四五年九月六日の降伏式の終了直後、今村と随行幕僚の軍刀が取り上げられたことが発端となり、日本軍の全面的な武装解除が始まった。武装解除はまず個人の携帯兵器・軍刀・眼鏡等から始まり、次いで重砲以下の各種火砲などの兵器類、そして弾薬へと及んだ。弾薬類は、各地の洞窟に格納しているものを日本軍の手で運搬し、指定された場所で引き渡すという方法であり、並大抵の仕事ではなかった。トラック類はその後の使用を考慮して、大部分のガソリンとともに一時日本軍が保管した。また戦車や牽引車類はいったん引き渡したのち、ジャングル地帯を開墾する作業のために返却された。臼砲やその他の秘密兵器は豪軍の進駐に先立って「処理済み」に、つまり解体処分されていた。

さらにラバウル地区の全体と第一七軍は、方面軍命令に基づき、すべての軍旗を集めて焼却した。ただし御紋章は大切に保管して、復員時に返還できるように処置した。豪軍の進駐を迎えた際、また武装解除作業中に様々な重圧を豪軍側から受けた際も、「豪軍の指令は即ち陛下の御命令なり」との信条を固く守り、誠実にこれを履行した。このような日本側の水際立った潔い〝城明け渡し〟作業ぶりは豪側から称賛され、同年一二月の終了時にはイーサー自ら今村に感謝の念を示したほどであった（AWM82：2/141。前掲「復員史資料」一一四～五頁、三二一～三二頁）。

ただしラバウルでも地域によっては異なる状況も見られた。第一七師団に所属した岩本定夫は、終戦後に現地人の態度が一変して、「ジャパンボーイ・ナンバーテン（従来はナンバーワンといわれていた）」などと罵り、「宿舎を襲撃することがあるので、椰子の木で木刀を作り持っていた」と述懐する（「太平洋戦争従軍回想録」『平和の礎4（兵士編）』）。また奥村昇は、「終戦後、一度兵器は全部集められた。しかし、一部で暴動を起すという噂があり、急遽、豪軍から小銃を渡され自分達で自衛せよとなり、結局引揚げ直前まで小銃を保持していた」という（前掲「奇しき運命の転機――ラバウルから生還」）。

こうして武装解除を終えると、豪軍は日本軍を強制収容所へ移動させる作業を開始した。二個旅団程度の小兵力にすぎない豪軍側は、膨大な日本軍将兵を帰還の日まで管理し、しかも「自活自存」させることの困難さを十分認識していた。そのため、キャンプ群の設定や組織的な運営を行えるように配慮した。たとえば、陸海軍部隊将兵のため一〇カ所、将官（三三名）のため一カ所、朝鮮人・台湾人のため一カ所、計一二カ所のキャンプ（のち設置された戦犯容疑者専用キャンプを含めれば計一三カ所）を設営し、周辺地区での農耕を許して自活自存させた。また各キャンプには先任大佐級の集団長を置き、その下に団長を配置させた。キャンプ建設は進捗し、九月下旬の着手から三カ月後の一二月末に完成した。

この時点で方面軍の組織は実質的に解体されて、すべてがキャンプ組織によって運営されるようになった。豪軍は大尉または少佐をキャンプ司令官とし、その下に一個小隊の兵力を集団キャンプの外に配備し、全体を管理した。とはいえ日本軍は適度の自治と自活を許され、内部では旧部隊そのままの「建制」を継持できた。その結果、ほかの地域の日本軍と比較すれば、かなり恵まれた条件のもとでキャンプ生活を送ることができた（前掲「復員史資料」一一〇頁、前掲「終戦概況」一一～三頁）。数的に劣る豪軍側にとっては、戦時体制を維持した方がより自己の負担が軽く、有利な方法でもあったからである。

今村はキャンプ生活の目的として、第一に、「将兵の大量帰国は、戦災で廃墟となった本土にとって大きな負担となる。したがって、しばらくラバウルにとどまることが本土の助けとなる」、第二に、「日本の復興に寄与するためには、戦争で失った国際的信義を取り戻すとともに、科学技術の分野に関する知識と能力が不可欠であり、これらの勉学と修得とがラバウルにとどまる目的である」と言明し、帰還が遅延することを説いた。前者では新農耕地の開墾と自給自足の確立の必要性を説き、後者では余暇を利用した教育課程への積極的な取り組みを挙げた。ただし教育の目的はおおむね達成できたとはいえ、戦時中の自給自足体制を維持するのは不可能であった。なぜなら全体の三分の一が病床に伏す悲惨な状況にあり、三分の一が労務提供に奪われ、四分の一が宿営地の建設や周囲の整備に振り分けられて、残りのわずか一二分の一弱程度が農作業に従事できたにすぎなかったからである（前掲書『オーストラリア国立戦争記念館所蔵――旧陸海軍資料目録』二七〜八頁）。

さて一般の将兵は、〝作業隊〟として様々な労働に従事する日々を過ごした。ただし豪軍側はこの作業隊を国際法による「戦争捕虜（POW=Prisoner of War）」ではなく、「降伏者（SOP=Surrender of Personnel）」と見なして、一切の賃金支払いを拒んだ。これは第一章で詳しく論じたとおり、英国政府と東南アジア連合軍（ＳＥＡＣ）の方針に従ったからである。そして各集団に割り当てられた作業隊の労務とは、「軍需品の荷役、豪軍キャンプ地区の伐採・清掃・雑役、戦犯容疑者キャンプの構築、道路作業」等の雑務であった。炎天下、広い地域に分散した苛酷な作業が多かったにもかかわらず、最小限二一グラムを必要とする食塩の給与が一五グラムに制限されるなど、空腹を抱えながらの重労働となった。

（二）豪軍の虐待・不法行為

加えて豪軍の作業隊員に対する虐待や不法行為は、復讐心に溢れて惨酷を極めた。たとえば、マラリアで発熱した者にも重い椰子樹を担がせて、走れないと鞭で叩いて足蹴にするとか、椰子樹を掘り上げた大穴の中に落とし込むといった悪質な行為があった。また飯盒の中に蛇を入れたり、面白半分に拳銃弾をゴムのパチンコで弾き飛ばし、顔面を負傷させたりするなどの悪質な行為もあった。豪軍の下士官や兵たちによる不法行為は連日のように繰り返され、作業隊は牛馬のように酷使された。ついに今村は抗議することを決意した。イーサー師団長を訪問し、豪軍の残虐行為は絶対に許されるものではないと、その非を責めたのである（前掲「復員史資料」一四〜五頁、前掲「終戦概況」一〇頁、一三〜四頁）。

実際、第八作業団長による「対豪事故ニ関スル件報告」（昭和二一年四月一三日付）には、次のような豪軍の行為が記録されている。作業中に豪軍将兵が日本側に対して、駆け足、腕立て伏せ、軍靴による踏つけ、殴打などの不法行為を働いた（AWM82：2/108）。また第二作業団本部の「作業状況報告」（一月一四日付）でも、「豪軍ノ我ニ対スル取扱及態度ハ全般的ニ不可ナキモノト認メラル、監視法モ全般的ニハ侮蔑的威圧的ナラズ」、「全般的ニ将校ハ紳士的ナルモ下士官兵中ニハ乱暴ヲ働ク者モアリ」（AWM82：2/209）とある。他面、第八作業団の「田里集団報告事項」（同年二月五日付）には、「豪軍援助作業ハ定評アリシ……友好的ナル取扱ニ依リ整斉円滑ニ実施シアリ」（AWM82：2/151）とある。

先述したラバウルの岩本定夫は、「（終戦後の）一〇月一〇日頃より進駐軍（豪軍）の使役の要求があり、初めは中隊より四、五名だったが日を追うに随い、その数を増し、一七日頃にはほとんど全員となった。作業は広範囲にわたり、ジャングルの伐採、幕舎建築、道路作業、揚陸作業、病院の雑役など手先仕事は一切日本兵にやらせた。……給与関係ゼロで昼食の弁当はサツマイモ二、三個、飯盒に入れて携行、……野草を入れて量を増やしどうにか満腹感を得ていた。……入浴設備はなく海水につかり」と難行苦行ぶりを証言する。また「進駐軍の命令により佐官以下大体一万人単位の集団生活が始まった（将官は別に将官部落と称し、日本兵の当番付）。われわれは第五集団、赤根地区へ移転、……たまには娯楽会、歌謡曲、安来節、時代劇、映画などにより精神の沈滞を防止された」ものの、軍人勅諭を毎朝食事前に朗誦させられた、と抑留生活の実態を明らかにする（前掲「太平洋戦争従軍回想録」）。

そのほか、次のような証言もある。「ある日、豪軍兵の恥辱と虐待に怒った一海軍兵が、作業中のスコップで豪軍兵を殺害した。見張りの豪軍兵がその場で海軍兵を銃殺した。この事件をきっかけに〝命大切〟と日本兵を恐れた豪軍上層部は方針を変更。海軍兵一人の勇気ある死で、一〇万人の日本兵捕虜は重労働から解放された」（滝口岩夫著『戦争体験の真実――イラストで描いた太平洋戦争一兵士の記録』第三書館、一九九四年、二一三頁）。

このような日本軍への虐待行為は東南アジア各地に広く見られた現象であるが、収容所によってかなりの差があった。たとえば、前掲の奥村昇は、「豪軍は婦人兵が多く、……豪軍との関係、使役従事の時はうまくいっていた所も多かったと聞きました……豪州人は欧米人とは違って、我々黄色人種に対し、……余り悪い人はいなかったような気がします」と、豪州人の対応を評価する（前掲「奇しき運命の転機――ラバウルから生還」）。秋田森治も、終戦後「豪州兵が多数上陸して来ました。その後、豪州兵に使役を命ぜられたり、掃除の手伝いなどさせられました。待遇はまあまあで、我々は栄養失調にもなりませんでした」とやはり豪兵の対応を評価する（「ラバウルに生き残る――第五航空通信隊」（『平和の礎10

（兵士編）』）。ニューブリテン島で降伏した椿省三も、「豪軍の我々に対する扱いは比較的良好であって使役はほとんど海岸での荷役作業でした」と豪軍を批判していない（「ニューブリテン島の生き残り」『平和の礎11（兵士編）』）。

では終戦前に悲惨な状況に陥っていた、東部ニューギニアの第一八軍はどうであったのか。同軍の第五一師団の小隊長であった浦沢良平少尉は、「豪軍に武装解除を受けた我々の部隊は、軍司令官以下一万数千の将兵がウエワク北方の海上にあるムシュ島に集結を終了。時に一〇月初旬だった……。島での我々の身柄は何らの拘束も受けず、一日一合のオートミールが給与された他、週二個の缶詰、若干の野菜、砂糖、タバコも一日に二～三本支給され、全く予想外の自由な生活を送ることが出来た。そして畑を耕し半自給の生活に入った」と戦闘中の地獄状態から解放された喜びを述べる（「東部ニューギニア――慟哭の戦場（その二）」『平和の礎12（兵士編）』）。

ただし豪軍側が日本軍の階級制度を存続させたため、以前と変わらず、一般兵は上官である下士官や士官からの抑圧的態度に苦しめられることとなった。ある兵士は次のように証言している。「いつも苦しむのは兵隊だ。豪軍に命じられる重労働と食糧作りの農作業の毎日。病気で倒れる兵隊が大勢になる。日本軍の将校は特別待遇で、兵隊の監視役か、または通訳をするだけで重労働をしなくて良い。他の部隊での話――ある夜、兵隊たちの怒りが爆発した。上官である将校宿舎に数名の兵隊が殴り込んだ。兵隊たちの喚声と、いろんな物を将校に投げつける姿が薄暗い明りの宿舎の中で影絵のように見えた。その後、オーストラリア軍は殴り込み部隊に対し、罰として日本に帰る日を延期したと聞いた」。「将校の当番兵は将校の身の回りの世話、食事運搬、荷物持ちと、大変な重労働があった。（復員途上の船上での）

ある日、当番兵たちの怒りが爆発、二、三の当番兵が、将校の私物用柳行李を太平洋上に投げ捨ててしまった。今まで弱い立場だった当番兵たちの最後の抵抗でした」（前掲書『戦争体験の真実』二〇九頁、二二三頁）。

そのほか、給養衛生面ではマラリア剤や動物性蛋白の欠乏が問題となった。マラリア患者の体力回復のためには、缶詰肉類の補給を豪軍に依存せざるを得なかったが、連合軍側から補給を受ければ、すべてこれは賠償となって日本の負担となることを日本側は恐れた。しかし今村は、栄養補給のために肉類の補給を豪軍に仰ぐことはやむを得ないと認めると同時に、日本軍が保有していたマラリア剤を豪軍に没収されたことに強く抗議した。実は豪軍進駐後、マラリア剤ばかりでなく、日本軍保有の調味品類、衣料品類、衛生材料すべてを供出するよう強要されていた。「非人道極まる大虐行為」でも日本側は抵抗できず、ひたすら復員を待ちわびたのである（前掲「復員史資料」二九～三〇頁）。

四　戦犯裁判はじまる

豪軍は日本軍の武装解除を急速に進める一方で、戦犯容疑者の摘発に乗り出した。とくに「俘虜虐待」が問題となった。中国やマレーで捕虜となった者の中には、宣誓・解放後、一般人として日本軍と雇用契約を結び、労務者として日本軍に使用されていた者が多数いた。ラバウル地区やニューアイルランド島には、そのような外国籍の労働者が計八三一九名存在した。彼らは南方総軍で編成されたのち、第八方面軍に配属されていた。それゆえ、俘虜ではなかったばかりか、その給養・労働条件・管理条件は日本軍将兵と同様であり、総じて日本側に協力的であった。

ところが連合軍は一方的にこれを「俘虜虐待」とした。労働者側も一部の扇動者に踊らされ、その内容を誇張し、日本の将兵を容疑者として指名した。それは豪軍の立会いのもとに、日本軍将兵が整列させられ、彼らに首実検させるという方法であった。東南アジア全域で行われたやり方である。こうして「俘虜虐待」の罪名を被せられて、隊長や将兵の多数が次々と戦犯容疑者として特設キャンプ（日本側はこれを〝光部隊〟と呼称した）へ連行された。戦犯問題などの経験がない日本軍であったため、「天から降って来たような問題」であった。将兵の間では不安とともに陰鬱な空気が漂った。加えて日本軍の下士官兵や海軍施設部隊の朝鮮系要員などが、武装解除以降に反抗的となり、遂には暴徒化した。今村は豪軍側に対し、戦犯容疑者となった日本軍将兵の資格身分の経緯など自ら説明し、折衝に努めたばかりでなく、豪軍を通じて東京の連合国軍総司令部（ＧＨＱ）および大本営（のち第一復員省）にも要請したが、まったく反応がなかった。実は進駐後、日本軍の無線通信は禁止されていたのである（前掲「復員史資料」一二一～三頁、前掲「終戦概況」九～一〇頁）。

当時、第六野戦憲兵隊に所属していた兵士の加藤正夫は、次のように証言する。「憲兵隊は犯罪部隊に指定され残留となった。連日使役にかり出される。光部隊（刑務所）からの呼び出しがあり戦争裁判が始まった。私も二回参考人として出頭した。一九四六年一一月に復員してからも一回呼び出された。勝者が敗者を裁く裁判で、憲兵隊では松本次一憲兵准尉以下六名が死刑を宣せられ殉職した。菊池隊長以下一六名は、三年、五年、十年、無期の刑を宣せられ、ラバウル（西方に位置する）マヌス島で服役した」（「ラバウル　ジャキット分遣隊」『平和の礎６（兵士編）』）。

この事態に直面して、一九四六年四月一一日、今村は自己の裁判を早急に行うことを求める要望書を豪軍側へ提出した。その中で、第一に、「現在戦争犯罪容疑者として貴軍軍法会議の裁判を受けつつある予の部下将兵の大部は……軍司令官たる予の意図に合すべしと判断して実行せるものと確信す、故に戦争犯罪に問わるべき最高の責任者は予なり」、第二に、「貴軍が速に予を裁判することは……彼等に対する判決を一層適正ならしめ得べしと信ず」、第三に、「目下当方面日本軍の復員は……四月中には約其の半分の帰還を見るに至るべく予が第十二集団（今村が所属する収容キャンプ）に留まることは必要少きに至れり。故に貴軍が速かなる時期に……予に対する裁判を行われんことは予の最も希望する所なり」と主張した（AWM82：2/103）。

さらに今村は、強制収容された戦犯容疑者を慰撫するとともに、「光部隊に自ら入り、彼らと起居をともにして苦痛を分かち合いたい」と志願した。しかし豪軍側は日本全軍の復員など処理すべきことが多いとの理由で受容しなかった。ようやくそれが認められたのは、復員の見通しが立った四月二八日であった。そして今村は入所した翌日、四月二九日の「天長節」に自決を試みたが、豪軍の迅速な手当で生命を取り止めた。その際、豪軍の中佐は、「今後は再びこのようなことをしてくれるな、……御心中は重々お察しするが閣下のような立派な方は日本再建にはなくてはならない方だ」と慰撫し、その毅然たる態度を賞賛したという（前掲「復員史資料」三三〜四頁、三八頁）。

五　帰還準備と復員完了へ

当初、第八方面軍はその復員帰還が数年後になると予想し、帰還の実現まで現地自活に専念した。つまり、豪軍の世話を極力受けないとの信条を維持した。連合軍から補給を受ければ、それは賠償となって、日本側の負担となる、祖国の一時も早い復興のために足手まといになってはならない、という健気な心情であった。その成果もあり、主食の自給は一応解決できたものの、動物性蛋白だけは欠乏した。マラリア罹患者などは体力を回復させるために動物性蛋白が必要であり、やむなく缶詰肉類の補給だけは豪軍に依存せざるを得なかった（前掲「終戦概況」一三頁）。

半面、第八方面軍は復員への準備を降伏直後から開始していた。一九四五年一〇月末、今村司令官名で策定された「南東方面陸軍部隊　復員（復帰）業務処理要領ノ件」は、以下のように記していた。第一に、方面軍司令官を復員管理官に、第一七軍司令官と第一八軍司令官を代行管理官に、各師団長を下級管理官に定めたほか、各部隊の復員担当官を定めて、内地到着をもって「復員完結日」とする。第二に、復員完結日をもって「除隊（招集解除）」、つまり「退職」と定め、それ以前は軍隊の態勢を維持する。第三に、帰還準備のために各人三〇日分の食糧需品（たとえば精米または乾パン五〇〇グラム等）を確保する。第四に、復員に関する所要の資金は内地の上陸地に設置された関係機関または陸軍東京経理部から直接交付を受ける。第五に、死没者や生存者の功績等については、陸軍留守業務部に移管する（以下、略）(7)。そのように用意周到な対策が練られていたわけである。

これに前後して、第八方面軍司令部は「遺骨の処置」を重視して、一九四六年二月二八日に先発隊を帰還させる方針を固めた。これは南方軍が支那派遣軍のやり方をまねて実施したのである。そこで高橋参謀が、遺骨一万三五八三柱を内地に送還（「奉還」）するとともに、ラバウル部隊第一回帰還軍人軍属総員二六五八名、内訳は、①先発隊一〇一名、②ラバウル第二回帰還者第八方面軍二五五七名（海軍三三三名を含む）であるが、高橋は任務終了後ラバウルに帰還する義務があった(8)（前掲「復員史資料」四～五頁、一〇頁）。実は遺骨を運ぶと称して、意図的に戦犯容疑者をこの宰領（遺骨運搬）組織の中に入れたケースもあり、今回のラバウルからの先発隊も同様の配慮がなされていたとしても不思議ではない。

高橋らは、遺骨の所持が目立たないように細心の注意を払い、苦労の末に三月九日、広島県の大竹港に上陸したが、出迎えた者はわずかに二、三名でしかなく、「復員関係当事者およびその他関係官民の不甲斐なさには憤激を禁じ得ない」ものがあった。高橋はただちに東京の復員省に出向き、ラバウルの状況を報告し、続いて宮内省（現・宮内庁）に出向いて「状況報告」を口頭で行うとともに、今村軍司令官が自決前に収容所内で執筆した上奏書の伝奉方を依頼し、ここに復員上の手続きをすべて終えた（前掲「復員史資料」二六～七頁、三七～八頁）。

はたして肝心の本隊の復員は、予想と異なって大幅に繰り上がった。それはなぜか。

第一は、一九四六年初頭以降、米軍から貸与されたＬＳＴ（大型揚陸艦）およびリバティ型の輸送艦や病院船が、復員・引揚事業に本格的に参入したことがあった。第二は、日本政府が東部ニューギニアと豪北での復員を最優先する決定を下したことがあった。終戦直後の九月一一日に閣議報告された極秘文書「在外軍隊の内地帰還迄の給養等に関する件」は、外地の各部隊の給養等の生活概要を明らかにしていたが、南東太平洋（八万九千名）では「（糧食）ラバウルを除き殆んど無し」、「（被服）現在殆んど裸同然ならん」、またニューギニア（二万九三〇〇名）も同様に「（糧食）殆んど無し」、「特に中部太平洋方面及び南東方面は之が為草根木皮をも食するの窮状に立入り栄養失調に依る多数の損耗を見るに至れり」など、ラバウル地区を除く第八方面軍が劣悪な状況下にあることを伝えていた(9)。

ニューギニア東部の第一八軍は最悪の状態にあり、これに次いでブーゲンビル島の第一七軍も厳しい状況にあったが、他方、ラバウル地区のニューブリテン島やニューアイルランド島では、日常生活に支障を来たすほどではなかった。しかし幸いにもニューギニアでの劣悪な状況に連動して、第一八軍および第一七軍を傘下に収める第八方面軍は、その全体の復員が日本政府によって最優先すべき順位へと繰り上がったわけである。

こうして南東方面における本土帰還は、一九四五年末に東部ニューギニアの第一八軍から突如開始され、次いでブーゲンビル島やソロモン諸島の第一七軍へと及んだ。既述の第一八軍の士官浦沢良平は、「昭和二一年の正月が過ぎたころ、俄然、帰還説が島中を駆け巡り、一月に乗船し、浦賀に帰還した」。「援護局の人々、看護婦達の健康色に輝き、キビキビと働く動作に、……私達にとって神々しきまでに思われた。……栄養失調に痩せ細り青黄色くひからびたお互いの姿と、現地人以外見たこともなかった三カ年の月日の隔たりを、今更ながら今浦島と覚えた」と感慨に浸った。ところが、約三〇〇円の帰還手当をもらっても日本ではタバコ一個が五円もする経済状況や、老母に再会できても素直に喜べなかった空虚感を指摘する（前掲「東部ニューギニア――慟哭の戦場（その二）」）。またニューギニア西部突端のソロンから同年六月に米リバティ船で和歌山県の田辺に帰還する神在繁は、「一〇日間で帰ることが出来た。その間にモロタイ島に寄港したが、戦犯者が沢山いた。私の部隊でも大尉と軍属が引っぱられて、モロタイ島で処刑された。モロタイ島が処刑場だった」と証言する（「豪北派遣捜索第五連隊――海難、ニューギニア防衛戦」『平和の礎5（兵士編）』）。

一方、ラバウル部隊の本格的な帰還は、翌四六年三月中旬から始まった。五月五日に大竹港に復員した岩本定夫は、「元海兵団兵舎に入り、検疫、手続きを終え、現金二〇〇円、一〇円の新札で支給され、相当な金額だと思ったが、一歩町へ出て見たらびっくり……饅頭一個一五円。復員列車（乗車券は行先、経路記載なし）にて夜中乗換えにて広島に下車、あたり一面（原爆で）焼け野原」で驚いた、と証言する（前掲「太平洋戦争従軍回想録」）。また秋田森治も、復員時、「時計や万年筆など取られましたが、あまりトラブルも無く、米軍の上陸用船リバティで名古屋……に着いたのは昭和二一年五月一八日でした。上陸すると、頭から殺虫剤のＤＤＴをかけられた。……復員時、軍曹の二等級として、一五〇〇円と、旅費を五〇〇円もらった」と回顧する（前掲「ラバウルに生き残る――第五航空通信隊」）。

ラバウルからの復員は、六月二四日に名古屋港に入港した帰還船第五二号（三三七八名乗船）を最後として、完了する（前掲「復員史資料」一五頁）。ここに日本兵たちの苦難に満ちた抑留生活に終止符が打たれたのである。

おわりに――豪北地区からの帰還の特色

ではニューギニア東部および豪北の第八方面軍将兵約七万余名の復員過程は、他の部隊と比較した場合、どのような共通点や相違点があったのか。またここでの事例は、復員史全体の中でどのような位置を占め、どのような歴史的意義を見出せるのだろうか。

第一に、第八方面軍が終戦から復員までに要した一年弱という期間は、他の外地部隊と比較した場合、三年に及んだ英軍管轄地域（ビルマ・マレー等）や蘭軍管轄地域（インドネシア）、最長一一年にも達した旧ソ連軍管轄地域（シベリア）の部隊と比較すれば、かなり恵まれていた。当初の予想に反して、復員が終戦の年末から開始され、一九四六年六月までにほぼ全員の本土帰還が達成されたからである。同方面軍の復員順位の繰り上げの要因は、米軍の復員・引揚輸送への積極的な参入にあったが、もう一点、日本政府の独自の現地調査によって、ニューギニアや豪北の劣悪な環境に対する人道的配慮に起因した。

ただし第二に、現地軍の自給自足など自律的ないし人為的要因も見逃せない。それはとくに今村軍司令官の優れた資質に負うところ大であった。今村の指導力はすでに終戦時点での適切な判断と停戦に至る統率力に発揮されていたが、それに先だって、ガダルカナル戦敗北の経験を基にした「現地自活」主義を徹底的に実践するといった先見性にあった（実は海軍側はそのような意見に当初は耳を貸さず、その面での自活態勢に遅れる結果となった）。こうして今村軍は自給自足体制をいち早く確立し、連合軍本隊が戦闘を避けてラバウル方面を通過したという幸運にも恵まれて、悲惨な体験を免れた。それが終戦という激震に襲われても軍内部の統制が乱れなかった一因となったわけである。

しかし、逆にマッカーサー軍の波状攻撃を受けた豪北のニューギニアでは、第一八軍が次々と撃破されてジャングル内での自活に追い込まれ、飢えと病魔に苦しむ悲惨な事態となった。ソロモン諸島のブーゲンビル島の第一七軍もまた同様の苦難を強いられたが、終戦後は第一八軍ともども、「第八方面軍司令官の適切な指導により復員を準備し、その復員は、予想以上に円滑に処理された」のである（前掲書『引揚げと援護三十年の歩み』五八頁）。

第三に、終戦後、数的劣勢に立つ豪軍側の判断により、日本軍は収容所生活の中で軍律および将兵の階級に基づく階層的組織を維持し続け、上意下達のシステムを機能させた。フィリピン・ルソンの第一四方面軍の場合、米軍側は日本軍の階級制度に基づく軍事体制を解体する傾向にあり、組織内では兵士が上官に逆らうといった下剋上的な混乱が生じたケースも散見されたが、ここではそのような事例は稀有であった。反面、ラバウル地区でも他の地域と同様に、数千名に及ぶ朝鮮人や台湾人の反抗や暴挙に直面して混乱が生じる場面があった。しかし当初から彼ら専用の収容所が設置されて日本側キャンプと区分されたため、決定的障害とはならなかった。しかもこの日本の軍制が必ずしも各隊の自主性を損なうものとはならず、今村の温情もあって、教育面や余暇面の活用ではかなり自由な自己管理能力を発揮させたことは注目に値しよう。

第四に、負の側面として、同方面軍の一般兵士は豪軍側の厳しい監督下で強制労働に駆り出され、時には残虐な行為に振り回されたばかりでなく、公正とは言い難い戦犯裁判により翻弄させられた。とくに日本の憲兵隊員や外国人捕虜収容所の看守たちは、現地人や雇用されていた外国人の目の敵とされ、一部の扇動者によって不当な処断による獄死者を出す結果となった。しかも降伏時や帰還時に日本軍将兵は所持品のほとんどすべてが豪軍側によって没収されたために、当時の貴重な資料を喪失した。なおキャンベラの戦争博物館には、限定的ながらも没収された史料（軍事手帳・日誌・絵日記等）が保管されており、閲覧できる。

以上のとおり、外地にあった日本軍将兵は日本国内の回復と安定が急速に進展する過程でも、なお戦争後の苦闘を継続する運命に苛まれたのである。

(1) 豪北とは、東経一四一度以東の東部ニューギニア島とその東方のニューブリテン島、ニューアイルランド島、ソロモン諸島を範囲とする。この地域の大半は豪州領であるが、ブーゲンビル島を除くソロモン諸島は英国の保護領であった(防衛庁戦史室編『戦史叢書・南太平洋陸軍作戦〈1〉』朝雲出版社、一九六八年、五五二頁)。

(2) ニューブリテン島は狭い三日月型の島であり、面積は約三万八千平方キロ、南北四八〇キロで、密林で覆われた二千メートル級の山脈が中央を縦走している。ラバウルはこの地域最大の都市で、豪州委任統治領の首都であり、当時の人口は約四千人であった(同書五四八〜九頁)。

(3) 日本側がガダルカナル島の飛行場建設を終えた時点で米軍は上陸した。実は豪州と英国は連携して東部ニューギニアからソロモン諸島まで広大な監視網を組織し、現地住民を積極的に協力者に仕立てていた。そのため、八月七日に連合軍が上陸する直前、工事に協力していた現住民は日本軍の前から消え去った(前掲書『戦略・戦術でわかる太平洋戦争』一〇六頁)。

(4) この第一七軍・第三八師団の歩兵兵士の堀内初一は、「(ガダルカナル島からようやくブーゲンビル島に上陸できた)各将兵はまるで幽霊のようにやせ細り、ボロクズのような戦闘服をひきづっている。立っているのがヤッとというものばかり」だった、と当時の悲惨な光景を証言する(前掲「南太平洋作戦記」)。

(5) 日本軍関連のAWM82文書を中心とする。なお前掲書『オーストラリア国立戦争記念館所蔵——旧陸海軍資料目録』が前述AWM文書について解説文を掲載している。またオーストラリアの太平洋戦史に関しては、*AUSTRALIA IN THE WAR OF 1939-1945*, Series one Army, Volume VII, THE FINAL CAMPAIGNS, By Gavin Long, Canberra, Australian War Memorial first published in 1963の中のChapter 23: AFTER THE CEASE FIRE pp.548-583が大変参考となる。そのほかJack Gallaway, *THE ODD COUPLE: Blamey and MacArthur at War*, University of Queensland Press, 2000. の一部も参考にした。

(6) 今村は率先して現地自活のために汗を流した。主計大佐の伊藤光信は、「軍司令官に朝一番早く畑に出られては、参謀もその下の者もやらないわけにはいかない。これで現地自活は成功し、ラバウルは最後までもちこたえた」と証言する(前掲書『責任』三二二〜三頁)。

(7) 「南東方面陸軍部隊ノ復員(復帰)業務処理要領」(昭和二〇年一〇月三一日　南東方面軍司令部)——AWM82(2/187)より。なお復員に関する日本政府の腹案がラジオ・ニュースで伝わり、在ラバウル部隊の最後尾の帰国は一九四九年春になるとされた。――前掲書『責任』四〇一頁参照。

（8）　普通電報（昭二一・三・二〇）　葛城発　第〇二〇九〇〇Ｘ電。前掲「在外邦人引揚関係雑件」（昭二一・三・三〇）。

（9）　軍務課江川少佐によって閣議報告された極秘文書「在外軍隊の内地帰還迄の給養等に関する件」（同、昭二〇・九・一一）。

第四章　フィリピンでの抑留と復員――アメリカ軍管轄下

はじめに――開戦から終戦へ

本章ではフィリピンで敗戦を迎えた日本軍約一〇万余名（確実数として）の抑留と復員の詳細を明らかにする。まずは太平洋戦争勃発から敗戦に至る戦況の概要をつかんでおきたい。

一九四一年一二月八日午前三時、フィリピンで対日防衛の任にあった米極東陸軍（USAFFE=U. S. Army Forces Far East）司令官マッカーサー陸軍大将（のち元帥）は、日本軍がパールハーバーを攻撃したとの緊急連絡に驚愕する。さらに航空機の一群がマニラ方面へ向けて飛行中との報告を受けたが、日本軍の奇襲など予想せずに戦闘態勢をとらなかった。ところが正午過ぎ、日本の爆撃機・戦闘機二百機がクラーク米軍基地を急襲し、米極東空軍は壊滅状態に陥った。クラーク基地は第二のパールハーバーとなったのである。

二日後、今度は（山下奉文大将の前任）本間《ほんま》雅晴《まさはる》陸軍中将率いる第一四軍（のち方面軍、第四八師団、第一六師団、第六五旅団など）、総兵力六万五千名がルソン島北部に上陸した。「フィリピン（比島）攻略

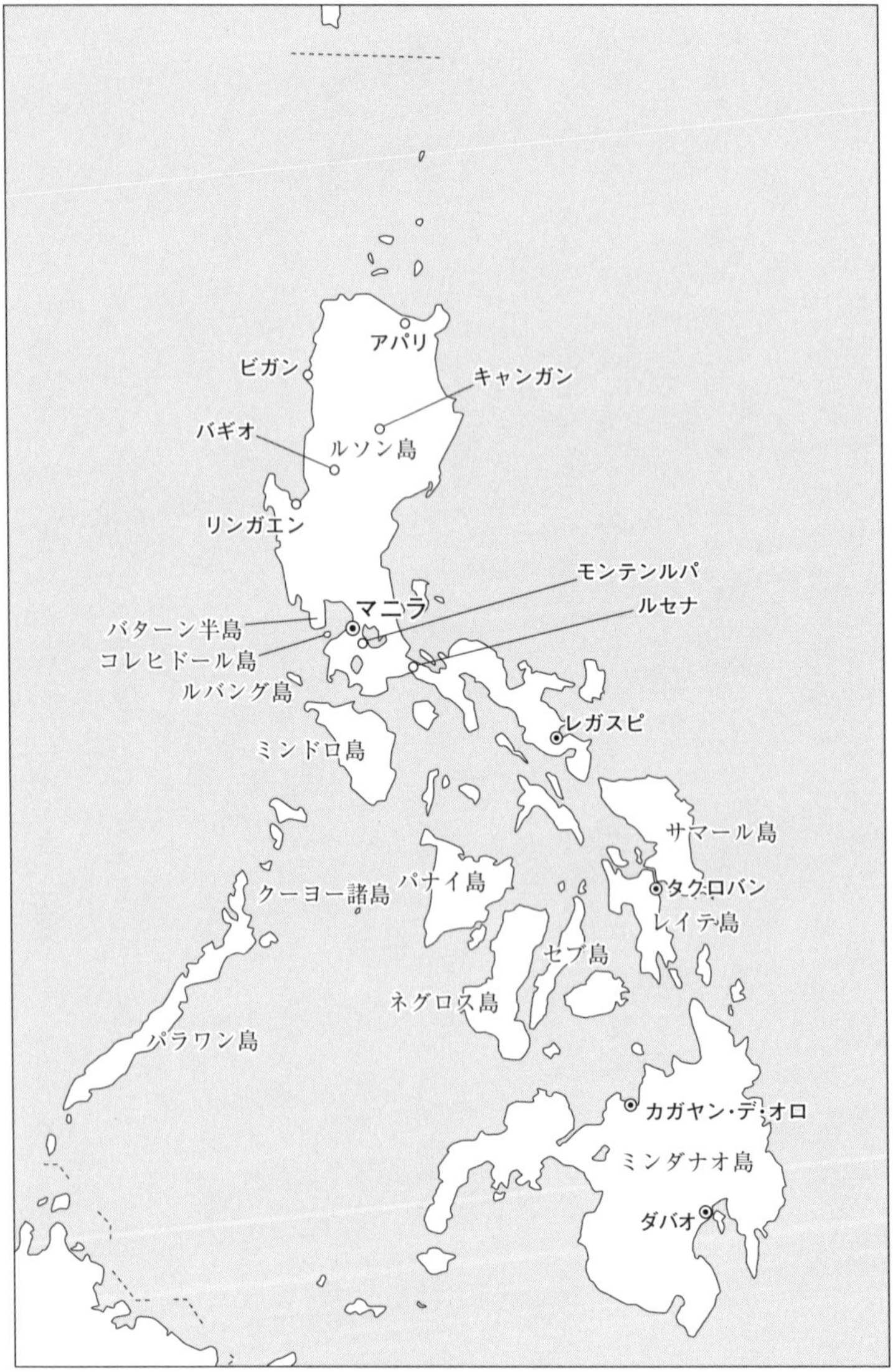

米軍管轄地区（フィリピン）

作戦」が本格的に開始されたのである。これに対して総勢約一五万名の米軍とフィリピン軍（以下「米比軍」）は、戦車や大砲などの重装備が不足しており、中国戦線で鍛え上げられた日本軍の敵ではなかった。結局米比軍はバターン半島へと退却し、マッカーサーはマニラの無防備都市を宣言して、司令部を半島南端沖のコレヒドール島に移転せざるを得なかった。

第一四軍は半島に逃げ込んだ米比軍の討伐作戦を進めるつもりでいたが、大本営と南方軍総司令部は「マニラ攻略を優先せよ」との命令を発した。パールハーバー勝利、香港陥落、マレー・シンガポール攻略に続く有利な形勢をマニラまで伸ばそうとの政治的思惑が働いたのである。そこで本間軍は翌四二年一月にマニラを制圧したものの、この間、半島を固めた米比軍の抵抗に手間取り、米比軍の降伏に五月までかかった。この前後、マッカーサーのオーストラリア逃亡を許したばかりか、投降した米比軍八万名をバターン半島の南端から北部まで約一〇〇キロ徒歩移動させたことが、〝死の行進〟として日本人の残虐性を世界に広める結果となった（増田弘著『マッカーサー』中公新書、二〇〇九年、第三章～第七章を参照）。

さて日本軍政下のフィリピンでは、親米的なケソン（Manuel L. Quezon）大統領に代わって親日的なラウレルが実権を握り、一九四三年一〇月に米国からの独立を宣言する。しかし日本軍は前年六月のミッドウェー海戦、続く八月のガダルカナル島攻略の失敗で攻守を逆転されていた。しかもマッカーサー率いる米豪連合の南西太平洋地域軍（SWPA）の進撃は、日本側の予想を越えるスピードであった。連合軍は一九四三年にニューギニアで〝蛙飛び作戦〟を成功させると、翌四四年一〇月にはフィリピンのレイテ島上陸作戦を敢行した。これを阻止するため、日本の連合艦隊が米艦隊に挑んだものの、レイテ

14方面軍（ルソン島山岳州）
　1師（セブ島メデリン）
　10師（ルソン島ビナバカン）
　26師（レイテ島）
　103師（ルソン島マヨヤ）
　55旅（ホロ島）
　第68旅団（レイテ島）

35軍（セブ島メデリン）
　16師（レイテ島）
　30師（ミンダナオ島サダント）
　100師（　〃　タモガン）
　102師（　〃　イリハン）
　54旅（　〃　サンボアンガ）

41軍（ルソン島モンタルバン）
　8師（　〃　）
　4飛師（ルソン島ボンドック）
　19師（　〃　トツカン）
　23師（　〃　プログ）
　105師（　〃　キヤンガン）
　58旅（ルソン島ブキヤス）
　戦車2師（ルソン島アンチポロ）

第一四方面軍（フィリピン）

沖で大敗を喫した。こうしてマッカーサーは同島を制圧し、〝アイ・シャル・リターン〟の公約を果たす。フィリピン脱出から二年七カ月後のことであった（同書、第八章参照）。

一方、〝マレーの虎〟の異名をもつ山下奉文《やましたともゆき》陸軍大将が満州の第一方面軍司令官からフィリピンの第一四方面軍（上の編成図参照）司令官に着任したのは、米軍上陸のわずか二週間前であった。準備不足に加えて、南方軍総司令部が決戦場をルソンからレイテに急変更したことも現場を混乱させた。そこでレイテ敗戦後、山下は決戦を避けて持久作戦に転じ、一九四五年一月に軍司令部をマニラからルソンの山岳地バギオへと移動させた。ラウレルの比島政府もこれに従った。ただしその直前にマニラ市街戦が展開され、フィリピン市民の多数が犠牲となった。

山下軍が退避すると、米軍はルソン北方に上陸し、四月、バギオまで進攻した。そのため六月、方面軍は最後の複合陣地に立てこもった。ここは東西約五〇キロ・南北約八〇キロの谷地であり、持久戦には適したが、食糧に乏しいジャングル地帯であった。しかも第四一軍（第一九師団、第二三師団、第一〇五師団、戦車第二師団、独立混成第五八旅団など）は弱体化しており、病患者や栄養失調者が多数を占めていた（第一四方面軍報告「比島に於ける終戦前後の概況」（以下「終戦の概況」）、厚生省引揚援護局史料室、一九五六年、四～六頁）。

ついに八月一五日、終戦を迎えた。この間、フィリピンの陸海軍将兵六三万名のうち戦没者が四八万名、全体の約八割に達するという悲惨な状態となった。わずか二割となった生存者も、今度は抑留と強制労働という苦難の日々を余儀なくされた。連合軍の中では比較的寛大な米軍ではあったが、熱帯地帯でのキャンプ生活は過酷であった。そして炎天下での長時間労働は、食糧不足や衛生環境の悪さも加わって、大半の者が飢えで苦しみ、健康を害し、多くの犠牲者を出した。そのような労苦の末、一九四六年末までに四万名弱、翌四七年末までに四万七千名、計八万七千名弱が本土に帰還した。なお厚生省援護局編『続々・引揚援護の記録』（同省、一九六三年、三三七頁）では、「一九四六年四月末現在で陸軍五万三五〇六名、海軍一万二四八四名、民間人二万一二六三名、合計八万七二五三名が帰還した」とある。

では一体これらの日本人はどのような抑留生活を経て祖国へ帰還できたのか。そもそもポツダム宣言第九項は「日本軍の早期復員」を謳っていたが、第一章や第二章で明らかにしたとおり、英蘭両国はこれを遵守せず、降伏した日本将兵ばかりか民間人までも、現地の復興や再建といった名目で重労働へと駆り出した。これに対して米国は、第九項を尊重し、日本軍の早期復員に熱心であったばかりでなく、規定外の民間人の帰還も人道的観点から推進した。その意味で、米国管轄下にあったフィリピンの第一四方面軍（巻頭の編制図を参照）一〇万七千名（そのほか南西方面艦隊下の海軍二万名を加えれば計一二万七千名）が、一体どのような抑留を経て祖国に帰還できたのか、その解明は日本人の南方復員の実態を知るばかりでなく、他の連合国との違いを知るためにも不可欠である。

本章はこのような意図から、現地での日本人抑留の日々を知るために、前掲の「終戦の概況」と『戦史叢書』など日本側資料、また国会図書館憲政資料室に所蔵されている占領軍資料と米国ノーフォーク市のマッカーサー記念図書館（MacArthur Memorial Library=MML）が保管する米政府・軍部のフィリピン関連資料を用いる。(1) 同時に、フィリピン戦に関与した多くの将兵等の回想本や、前掲書『平和の礎』（兵士編）収録の軍事体験記に基づきながら、終戦、降伏、武装解除、強制労働、戦犯裁判、帰還の状況を明らかにする。

一　終戦と米軍の対応

（一）終戦に至る日本軍の動き

では現地の日本軍は終戦をどのように迎えたのだろうか。第一四方面軍の前掲「終戦の概況」は、次のように語る。八月一四日、軍司令部は海軍側の通報によって、ポツダム宣言の受諾に関する一二日付の桑港（サンフランシスコ）放送を知り、事態の急転を察知した。しかし六月以来「死生の間を彷徨」していた一般将兵は、この宣言さえ知らされず、一五日当日の終戦を理解できなかった。南方軍総司令部からも明確な停戦命令がなかった。

翌一六日、山下軍司令官は幕僚らに「眼前の事象や感情に幻惑し順逆を誤ること」がないように訓示し、①軍の行動に変化はなく、南方軍総司令部の正式命令を接受した時点で改めて命令する、②今後の行動はすべて方面軍司令官の命令に拠るべきであり、一糸乱れず、軍の最後を飾る、③このまま戦闘状態を保持するが、わが軍からの積極的攻撃は禁止する、④兵員の掌握に努め、敵側との個別交渉を禁止する、などの方針を指示した。

同日、前線の砲爆撃は静まり、空中から盛んに米軍の投降勧告ビラが舞った。一九日夜半、ようやく南方軍総司令部から「作戦中止命令」と「戦闘行動の停止命令」が届いたため、方面軍は初めて隷下部隊に停戦を伝達した。ただし伝達の届かない地域も多く、戦闘態勢を継続する部隊が多かった。そのため、米軍側からの停戦交渉の呼びかけに対しては、各部隊は容易に交渉に応じようとはしなかった。

（二）終戦をめぐる現場の混乱

ではフィリピン各地の戦場現場はどうであったのか。終戦の情報源としては、第一に部隊関係者、第二にラジオや無線、第三に米軍側の投降ビラに分類できる。

第一の例として、ルソンで病床に伏していた陸軍見習士官石田徳は、八月一五日に日本の無条件降伏を初めて知らされた。しかし無条件降伏とか国体護持など実感が湧かず、むしろ「これまでの苦労が、ばかばかしくて、物がいえなかった。それ以外に、何の感動もなかった」（同著『ルソンの霧――見習士官敗残記』朝日新聞社、一九七一年、一六六～七頁）。またルソン北部で終戦を迎えた下士官新井昭英は、数カ月前から「戦争は終ったから、日本軍は早く山をおりて、米軍の指示を受けろ」と米軍がスピーカーで叫んでいたが、『戦陣訓』の教えが常に頭にあり、デマと見なして気に止めなかった。また米軍は日本人捕虜を「全部性的不能者にして……米本土で重労働に駆使する」との噂が流れており、投降に反発があったと明かす（同著『ルソンに南瓜実らず』開発社、一九七八年、一四九～五〇頁）。

第二のケースでは、大学卒業後に海軍通信担当士官となった長井清がいる。八月初旬、日本が連合国側に無条件降伏を申し入れたとの情報が広がった際、長井は、われわれは捕えられて殺されるだろう、そのときは手榴弾で自決すると決意しながらも、「安堵の思いもあり、喜びとも無念とも形容できない気の抜けた気分」であった（同著『悔恨のルソン』築地書館、一九八九年、七一一頁）。憲兵少尉の根本勝は、一四日夜ポツダム宣言を受諾した旨のラジオ放送を傍受したが、敗戦への疑心暗鬼と否定心理が交錯した。翌日に砲声は止み、戦闘中止命令が伝達された。一八日、軍司令部から「終戦の詔書」等が伝達されて、根本は「悲憤哀痛、天を仰いで涙が滂沱として流れた」（同著『比島従軍記』戦誌刊行会、一九九三年、一〇三〜八頁）。またルソンにいた兵士の平間光一は、停戦を八月一八日に知った。そして一部の将校が米軍陣地へ出向いて歓待され、生命も保障されて機嫌よく戻った。平間は、「米軍の友好の切替えの早さに驚く。憎悪の念が先に立つ日本人の性格では出来まい」と日米の違いを認める（同著『ルソンの木霊――比律賓《フィリピン》参戦記』文芸社、一九九九年、二三一頁）。

しかし多くの者は第三の米軍が配布したビラで無条件降伏を知るほかなかった。ルソンにいた上等兵矢野正美は自決を決意していたが、拾ったガリ版刷りの投降ビラに「日本は天皇の命により、無条件降伏をした。将校は部隊をまとめて、白旗をかかげて米軍の歩哨線に出よ」とあり、「雀躍した。生きられるという希望は、何よりも大きい喜び」だったと漏らす（同著『ルソン島敗残実記』三樹書房、一九九三年、二一九〜二六頁）。同じルソンで終戦を迎えた陸軍予備士官松浦俊郎は、ビラを見て「日本が負けたとは考えもしなかったし、又今の状況で日本が勝利を収めたとも考えられない。うっかり敵の謀略に乗ったら大変だ」と思ったが、九月四日に下山命令を受け、「急に張り合いの抜けた茫然とした気持ち」

となった（同著『ルソンの日々――私のフィリピン戦記』創栄出版、一九九一年、一四三〜四頁）。

異色なのが女性軍属の礒崎隆子である。軍需会社からインドネシア支社へ転属しようとしたが、乗船した瑞穂丸が一九四四年九月に米潜水艦により撃沈され、運良く救出されたのち、ルソンで日本軍と行動を共にした。その生き地獄のような体験を女性らしい繊細な描写を織り交ぜて、次のように回想している。長文ながら引用する。

「毎日が死との対決であり対面であった。私たちはただ黙々と歩いた。軍属といっても実際は一民間女性にすぎない私に、どこへ行けばよいかの判断ができるはずもなく、人びとの流れについてひたすら歩くだけだった。……私たちは飢えに飢えていたので、食べられそうなものはなんでも口にした。……〝ジャパンゲリラ〟が出没したのもこの頃のことである。人間が人間をおそって食べたというおそろしい話だ。私たちの周囲にも、日本兵に殺されるから単独行動をしないようにとの布《ふ》れがまわっていた」。

一九四五年七月、「毎日雨が降り、雨具のない私たちは濡れながら歩いた。……病人や老人、婦女子はいつもしんがりだった。……落伍者の多くはアメーバ赤痢による下痢患者で、紙はなくたれ流しだった。その臭気に誘われるように、銀バエの群れが、日本人について移動していた。敵は容赦なかった。……すぐ飛行機がやってくる。ナパーム弾を日本人のいそうな山や谷へ落とした」。「マラリアの熱で頭髪が抜け……下痢が続いたら、若い女性にとってその恥ずかしさは耐えられない。……手榴弾を何度にぎりしめたことか」。ついに日本軍と私たちは敵に包囲されてしまった。「アシン渓谷の複合陣地は日本軍終焉の地であり、終戦がもう十日も遅れていたら、全員玉砕ないしは餓死したはず」。八月下旬、米軍機からビラが撒かれたが、誰も終戦を信じなかった。しかし空襲はぴたりととまった。が「歩けなく

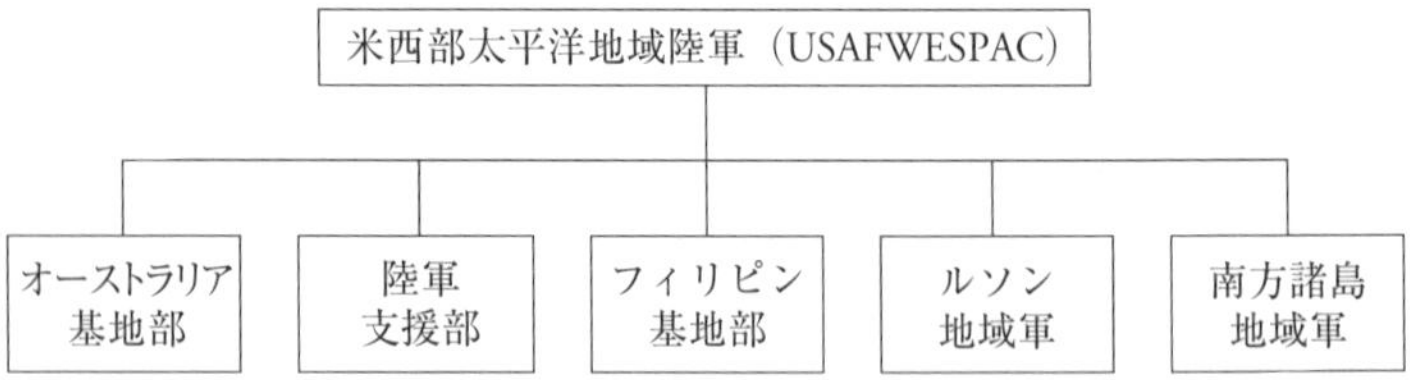

なった兵隊が自決するのか、手榴弾の破裂音や銃声が、一日じゅう山にこだました」（同著『生ある限りルソンへ』講談社、一九八四年、一五九～八三頁）。

いずれも終戦に至る壮絶な体験談であるが、総じて日本の敗戦を受容し難い状況があった反面、戦闘終結により安堵する日本人も多かったことがわかる。

（三）終戦後の米軍の対応

一九四二年三月、フィリピンからオーストラリアへと奇跡的に脱出したマッカーサーは、翌四月、南西太平洋地域軍司令官（ＣＩＣＳＷＰＡ）に任命された。これはフィリピン、蘭印、ニューギニア、ソロモン西部、オーストラリアを管轄する米豪の陸海空統合軍であった。そして三年後、マッカーサーは主眼のフィリピンを日本軍からほぼ奪還すると、一九四五年四月、米太平洋陸軍司令官（ＣＩＣＵＳＡＦＰＡＣ）となった。この米太平洋陸軍は、海軍を含む全太平洋戦域の米陸軍であり、総司令部はマニラに置かれた。しかもマッカーサーは終戦直前の八月一四日、トルーマン大統領から連合国軍最高司令官（ＳＣＡＰ）に任命されて、対日占領の最高責任を担うこととなった。ただし東京に同総司令部（ＧＨＱ／ＳＣＡＰ）が設置される一〇月二日まで、米太平洋陸軍が日本占領問題ばかりでなく、フィリピンの日本軍将兵や民間人など一六万名余を管理する責務を負ったのである。

フィリピンの現場で日本軍の降伏・武装解除・抑留の初期業務に携わったのは、連合国南西太平洋地域軍（SWPA）の下部組織「米西部太平洋地域陸軍（USAFWESPAC=U. S. Army Forces Western Pacific）」であった。マニラに司令部を置く同軍は、オーストラリア基地部、陸軍支援部、フィリピン基地部、ルソン地域軍、南方諸島地域軍の五部編成であり、日本人の抑留は「ルソン地域軍（Luzon Area Command）」と「南方諸島地域軍（Southern Islands Area Command）」が担当した（上図参照）。両地域軍の果たす機能は、①日本軍すべての降伏と武装解除を早急に行うこと、②宣言された条件で日本軍すべてを拘束すること、③敵対者や降伏条件に従わない者を制圧すること、であった。なお終戦後、第八軍など主要部隊が日本へ移動したため、第一六軍の残余部隊がその任務を遂行することとなった。他方、戦犯調査・裁判・逮捕に関しては、後述のとおり、「法務官（Judge Advocate）」が担当した(2)。

終戦直後の八月一九日から始まる同軍司令部編纂の機密日誌（SECRET Daily Operations Report 以下「DOR」）は、停戦後も抗戦を続ける各地の日本軍部隊に対して、米軍が掃討作戦を実施した状況を詳細に記録している。たとえば、ルソン地域軍（四個師団）に属する第三二歩兵師団の第一二五連隊は、八月一七日に日本兵一八名と交戦し、日本兵七名が戦死。第一二八連隊が四名の日本兵を捕縛。第三八歩兵師団の第一五二連隊が日本人一名を捕縛、第一五一連隊が三名の日本兵を捕縛。第三八砲兵師団は日本兵二一名を、第一三九連隊も二名を捕縛、日本側に敵対的態度なし。第三七歩兵師団の第一二九連隊が各地で二名投降、二名捕縛、一二名を発見した。この結果、同日だけで敵七名戦死、三五名を捕虜とし、敵戦死者は計二八名、捕虜は計六六名に達した。なお南方諸島は平穏であった(3)。

以下、続々と日本軍掃討が明記される。翌二四日も、ルソン地域軍が三〇名の日本兵と交戦して一〇

（単位：名）

台湾人	朝鮮人	中国人	ジャワ人	その他外国人	全体捕虜数
584	49	2	57	584	106,871
20	1	—	—	20	40,804
604	50	2	57	604	66,067

名を射殺、また一五〇名の日本兵のうち一名戦死、三六名を捕縛し、二六名の台湾人が投降し、敵戦死者数八七名、捕虜が日本人一五六名、台湾人八〇名、朝鮮人四名となった。二七日には、七〇名ほどの日本軍と降伏交渉が進展中であり、日本兵七名と女性三名が投降した。こうして八月末までに、ルソン島で敵（日本兵）戦死者一四八名、親日フィリピン人二名戦死、捕虜が日本人三二六名、台湾人九一名、朝鮮人六名、日本民間人一名となった。南方でもミンダナオ島で日本人二〇三名、モロタイ島で陸軍三万一七〇〇名と海軍五千名、パナイ島で一七〇〇名が降伏し、八月末で日本人捕虜が三二六名（ほぼ三万六七〇〇名）に達した。また九月三日の日誌には、山下大将一行が二日午前九時にキャンガンに到着した旨を記載している。

それ以降、戦闘は散発的かつ小規模となり、一〇月中には全域で平穏となった。一一月五日時点での戦死者・捕虜数は上の表のとおりである（DOR No.8, 9, 11, 12, 77）。

なお日本側資料では、終戦時の現存兵員数は一二万七二〇〇名であったが、以後に約一万二千名が死去したため、最終的な残存者は一一万五千名余となった（防衛庁防衛研究所戦史室編『戦史叢書・捷号陸軍作戦（二）ルソン決戦』朝雲出版社、一九七二年、六八七頁）。これは右の米軍側の数値とほぼ一致する。

1945年11月5日時点の戦死者・捕虜数

	日本人戦死者	日本軍捕虜	民間人	看護婦	日本人
ルソン地域	213	63,598	827	153	64,791
南方諸島	15	36,708	4,030	10	40,763
合計	228	100,306	4,857	163	105,554

二　降伏への道

（一）降伏に至る日本軍の状況

では終戦を知った日本軍は、どのように米軍側に投降したのか。前掲「終戦の概況」は、次のような事実を明らかにしている。米軍は一九四五年八月二五日、軍司令部に対し、観測機を通じて停戦交渉を促してきたため、方面軍は準備行動を開始した。同日夜、南方軍が「戦闘行動の停止」命令に続いて「局部的交渉」を許可してきたため、山下軍司令官は米軍側に対して、停戦命令を伝える連絡将校を比島全域に派遣する旨の了解を求めた。そして山下はキャンガンの米軍司令官に幕僚を派遣して、「日本軍の配置・兵数・病院位置・患者数」を通告し、「軍隊および避難邦人の集結と移動、邦人への食糧・医薬の給与、日本軍の特質（軍刀に対する観念等）」に関する「交渉基礎事項」を送った（同二六〜八頁）。

二九日、米軍側は降伏文書調印のために、「山下大将が九月三日午前九時までにバギオに出頭する」ように要求してきた。参謀長の武藤章中将は、「東京の降伏条件と相違してはよろしくない」と主張したが、山下は「米軍の感情を損ない、それがために一般待遇を悪化せしめ、隷下将兵ならびに邦人に迷惑を及ぼしては相済まない」と述べて、武藤以下を従えてキャンガンに向かった。そして九月三日、降伏式がバギオのセーヤーハウスで行われた。山下、武藤のほか、南西方面艦隊司令長官の大河内伝七中将と参謀長が日本軍代表となり、降伏文書に調印した。連合軍側は西南太平洋地域米陸軍参謀長スタイヤー（Styer）中将らを主席とし、元シンガポール英軍の最高指揮官パーシバル（Arthur Percival）中将、元コレヒドール米軍指揮官ウェーンライト（Jonathan M. Wainwright）中将等も列席した（同二一八～三一一頁）。

降伏文書では、①日本軍すべての武装兵力の無条件降伏を行う、②戦闘行為を停止し、すべての船舶・航空機ならびに軍民の財産を保存し、米軍指揮官の全要求を遵守する、③全部隊は最寄りの米軍指揮官に無条件降伏する、④全装備・軍需品を最寄りの米陸軍指揮官に引き渡す、⑤すべての連合軍俘虜と抑留非戦闘員をただちに釈放し、最寄りの米陸軍指揮官の指示する場所に迅速に輸送する、⑥西南太平洋地域米陸軍最高指揮官の布告命令および指示を日本軍すべてが遵守する、⑦フィリピン所在のすべての日本人および一般の非戦闘員に対し、収容を受けるために最寄りの米陸軍指揮官のもとに出頭する、などが明記されていた（同三三三～五頁）。

この降伏調印式後、山下は隷下部隊に対して、①日本は九月二日、連合軍との降伏文書に調印した、②翌三日、米軍比島方面最高指揮官への降伏文書に調印し、八月二五日零時を以て、第一四方面軍の作戦任務は解除された、③武装および軍需品の譲渡と以後の行動については、最寄りの米軍指揮官と交渉決定すべきである（以下略）との命令を発した。また武藤参謀長は、たとえ米国側が日本軍将兵を「俘虜」と取り扱っても、「日本帝国としては本人帰国後の取扱は俘虜と認めない」旨を明らかにした。つまり、日米間では俘虜（捕虜）の取扱いが根本的に異なっていた。『戦陣訓』では「俘虜は存在しない」とされたからである（同五二一～三頁）。しかし米軍側は調印後、山下、大河内以下の全日本軍を捕虜として拘束した。ここにフィリピンの日本陸海軍は米軍に全面降伏し、その統制下に入ったのである。

（二）降伏をめぐる日本軍現場の対応

では降伏をめぐる日本軍現場の状況はどうであったのか。ルソン北部で降伏を知った新井昭英は、隊長から「ここを出発して米軍の指揮下に入るが、……無事内地に帰《マ》え《マ》って貰いたい」との訓辞があり、「武装解除に備えて、小銃の菊の紋章を消すことに熱中した」が、「鋼の銃身に刻まれた紋章は小石でこすってもこ一寸やそっとでは消えなかった」。その後各自に米二升ほど分配して出発したが、現住民の反日感情は明確に表れていた（前掲書『ルソンに南瓜実らず』一五〇～三頁）。

下士官の佐藤喜徳は、九月中旬、連隊長以下全員で下山して、軍刀など兵器を米軍側に引き渡したが、〝逃亡兵〟は終戦以降でも憲兵の手で即座に射殺されたと明かす（同著『傷痕ルソンの軍靴』戦誌刊行会、一九八四年、二四三頁、二四八～五五頁）。一方、石田徳は「病人のお前には、強行軍は無理だろう。同行を許すわけにはいかない」と中隊長から冷たく告げられ、陸軍には「ヒューマニズムのかけらもなかった」と悲運慷慨する（前掲書『ルソンの霧』二一五～六頁）。女性軍属の礒崎隆子は、下山した際、周囲に死体が放置されていたこと、米兵に陵辱されると覚悟していたが、危険な所では汚れて臭い女性を背負ってくれるなど、〝鬼畜〟と信じていた米兵が明朗かつ親切で救われたと証言する（前掲書『生ある限りルソンへ』一八六～九四頁）。

一方、長井清は上官の命令で軍使役を果たした。「無条件降伏ならこちらの生命の保証はない」ため、長井に同行しようとする部下もなく、結局クジで二名を決定する。「銃身に、海軍の支給品だった白い風呂敷を結びつけて白旗」とし、敵兵の手招きに腹を決めて近づくと、ジープに乗せられ、小幕舎へ案内された。すると比軍の少佐が現れ、一刻も早く下山するよう促された。その後、八カ月ぶりの豪華な食事と貴重な薬ももらい、「こんな待遇は、日本の軍隊ではあり得ないことだ。単なる物量の差だけによる敗戦ではなかった」と反省させられた。翌朝、プレゼントの詰まった重いリュックを背負って原隊に戻り、それを分け与えると、参謀らは米比軍の言葉を信じて山を降りることを決定した（前掲書『悔恨のルソン』七二～八二頁）。

憲兵少尉の根本勝も同様に軍使の任務を命じられた。八月一九日、密林内の軍司令部へ出頭すると、終戦特使として各地の部隊を捜索して投降させせよ、との命令を受けた。通信が途絶えた部隊を探し出すのは困難であったが、停戦を各部隊に承諾させるのはより困難な任務であった。ガリバン刷りの「停戦及び降伏命令書」などが托され、三一日、調印式に臨む山下一行を見送ったが、夜半、突如米軍との緊急打合せ任務が命じられ、そのため山下一行を追い抜き、米軍の最前線に接近した。すると「米兵は笑顔を浮かべて鄭重に迎え」、キャンガン小学校の米軍中隊本部へ案内されて、通訳を介して投降方法を協議した。敵側は「傲慢さの片鱗を示さず」、その意外さに緊張がほぐれた。そして調印式の当日、根本はぼろの軍服ながら威儀を正し、軍人最後の抜刀の礼を大声で唱え、山下一行を迎えた。式終了後、根本は本来の特命を果たすため、南方のビサヤ諸島へ行き、約一カ月間、日本軍の捜索と投降工作に従事して、約七〇〇名の将兵を救出する（前掲書『比島従軍記』八頁、一一一～一二六頁）。

総じて投降する日本側は、米軍将兵の寛大かつ温和な対応に驚くと同時に、改めて日米間の軍事的実力の圧倒的な差や精神文化の違いを思い知らされたわけである。

三　武装解除へ

（一）日本軍の武装解除から抑留へ

では降伏後の日本軍の武装解除と捕虜収容所（幕舎、キャンプ）での抑留状況はどうであったのか。陸軍の公的記録「終戦の概況」から追ってみたい。

終戦時の日本陸軍約一〇万余は、主力をルソン島に置いていたが、第三五軍以下の将兵はレイテ島（第一六師団）やミンダナオ島（第三〇師団、第一〇〇師団、第一〇二師団、第五四旅団）など南方諸島に分散していた。そのために軍司令部からの命令や伝達は困難を極め、九月に入っても米軍と交戦を続ける部隊が少なくなかった。ただし大半は食糧不足で栄養失調に陥っていた。ルソンでは米も藷《いも》も底をつき、常食が貧弱な藷の葉となった。そして脚気、栄養失調、マラリア、皮膚病が蔓延し、一一月までの死者は二千名に達した（前掲「終戦の概況」五五～九頁）。

一方米軍は、降伏と同時に日本軍の武装解除を行い、日本軍を「俘虜」と見なして、ルソン島の南方地区へ、また中南部諸島の者はレイテ島に収容した。その際米軍側は、部隊の「建制」を分断し、収容所では五～六〇〇名を一中隊とし、将校と下士官兵を区分し、一幕舎に二〇～二五名を収容した。中隊は米兵を中隊長とし、補佐官には日本軍将校数名を充て、その下に日本軍の小隊長と幕舎長を定め、命令伝達、食糧等の配給に当たらせた。そして八～一〇個中隊を大隊とし、米軍大尉が大隊長となり、総指揮を担った。その管理は「不当峻厳」「給養粗悪」であり、労役を酷使した。また米軍将校には紳士が多かったが、下士官・兵には不良者が多く、日本軍の下山や収容所入所の際、時計・万年筆などの物品や貨幣を没収したばかりか、態度が傲慢であり、日本人に対する虐待が頻発した（同五六〜八頁）。しかしながら後述のとおり、収容所によっては将校用と下士官・兵卒用とが明確に区分され、ジュネーブの捕虜協定に従って将校には労働が強要されなかったケース（長井、根本、小松の証言）があり、すべてが右のとおりではなかったことを指摘しておきたい。

（二）武装解除をめぐる現場の混乱

では現場の各部隊はどのように米軍に投降し、武装解除されたのか、証言を追ってみる。

衰弱のため部隊から見放された石田徳は、「いよいよ今日は、米軍に投降である。歩きながら、武装解除の模様などを想像」し、拾った米軍の軍服も捨て、シャツ一枚、ズボン一枚の状態になった。「乱暴な米兵たちは、何をするか知れたものではない。無条件降伏をしたからには、何をされても、文句はいえまい」との覚悟であった（前掲書『ルソンの霧』二二一〜二頁）。陸軍嘱託の小松真一は、「米兵が来て刀や拳銃をくれとせがむのでくれてやる。……ここで武装解除となる。道の真中にトラックがあり、それに次々銃や刀を投げ込んで行った。次に米兵が来て身体の外側を一通りさわってみてこれで武装解除は終った」。この間、八千名は戦闘で倒れ、八千名は山で飢えと病気で死亡し、残りの八千名だけが生き残った、と壮絶な結末を告白する（同著『虜人日記』筑摩書房、一九七五年、一四〇〜一頁）。

佐藤喜徳は投降が決まった際、「捕虜となるぐらいなら舌を噛み切ってでも自決せよ」という『戦陣訓』や、敵前逃亡を死刑と定める『陸軍刑法』が頭をよぎった。九月中旬、収容所に到着すると部隊編成を解かれ、周囲は知らない顔ばかりとなった。そして武装解除の際、「米軍の将校はジープのそばで、兵器を投げ捨てる日本将兵の動作を眺めているだけであった」が、もし立場が逆ならば、日本軍は「厳しい疑いの目つきで相手を睨み、ひとりひとり裸にさせて所持品の検査までしたにちがいない」と感じた。初めて手にした米軍のレーション（携行食糧）は、ビスケット、缶詰、チョコレート、煙草、マッチなど「開いただけで楽しくなる」ものであり、白米と乾パンと缶詰一個と粉味噌少々という日本軍の携帯糧食との差は絶対であった。しかもフィリピン住民を苦しめる「現地徴発」が多かった。「わが方は兵器の開発で負けていたが、兵員が携行する糧食でも完全に劣っていた。……『武士は食わねど』ではなくて『腹が減っては戦はできぬ』が本当であった」と実感を込める（前掲書『傷痕・ルソンの軍靴』二五八〜九頁、二七六頁、二九六〜七頁）。

一方、長井清は武装解除後、無蓋トラックに詰め込まれて発車すると、沿道の比島民衆から「バカヤロウ」「人殺し」「ドロボウ」と罵声を浴びせられ、大きな石を投げ込まれて恐ろしい思いをした。「略奪や婦女暴行をはたらいた部隊もあったから、彼らの怒りは当然だった」。比島民衆の激しい怒りに接して、日本占領の負の面を思い知らされた。そして到着後は囚人であることを悟らされた。「数本のシャワーが設けられた広い台の上で、私たちは素裸にされて高級石鹸『ラックス』で全身を洗い流された。……背と両膝にＰ・Ｗと大きく印刷され、迷彩をほどこした上下つなぎの米軍服と緑色の下着を支給された。さらに、コッヘル（携帯用炊事用具）と小判型の折り畳み式弁当箱、細目と太目のいっしょになった櫛《くし》、シェービングクリーム、安全剃刀《かみそり》が支給品のすべてだった。……シラミの巣だった軍服類は焼却され、久し振りにきれいな身体になった」（前掲書『悔恨のルソン』八三〜四頁）。

礒崎隆子らは雨の中をキャンガンの米軍キャンプまで歩かされた。キャンプは裸電球が輝いており、

「久しぶりに文明の世の中に出会った」。この時点で彼女たち軍属はすべて「在留邦人」として米軍側に引き渡され、マニラへと送られた。日本人は四〇〇名(一四歳以下の男子四〇名と女子四一名を含む)、翌日には礒崎を含む五〇〇名弱が米軍トラックで出発したが、やはり途中で現地民から罵声を浴びせられ、石を投げられた。米兵が威嚇射撃をしても投石はやまず、頭を抱え荷台に身を伏せるほかなかった。到着した捕虜収容所は二重の鉄条網で囲まれ、四隅に監視兵が銃を構えていた。女性の幕舎は男性と区別され、間が鉄条網で仕切られていた。まずDDTを頭からかけられ、持物は没収されて焼却された。タオル、ちり紙、石鹸、スプーン・フォーク付き食器、毛布一枚が支給された。収容所には慰安婦の朝鮮人女性二人がいたことと、早々と米軍に投降した「バンザイ組」と称する日本人捕虜がおり、周囲から冷視されても悪びれもせず威張っていた(前掲書『生ある限りルソンへ』一九五〜二〇三頁)。

以上のように、投降した日本の将兵に待っていたのは、現地人の日本人への激しい罵声や投石であったが、これと比較すると、米軍側は予想外の温情あふれる寛大な対応であった。ただし多くの日本将兵は武装解除時に、銃や刀剣以外の、万年筆や時計など所持品を米比兵に略奪され、改めて敗北者の立場を思い知らされた。

四　収容所生活と強制労働

(一) 抑留と強制労働の状況

武装解除が終わると、日本人将兵には抑留生活が待っていた。ではキャンプ生活とはどのようなものであったか。公的報告「終戦の概況」は次のように記述する。

収容所生活は事実上、衣食住すべてが囚人生活同然であった。給養の貧弱さに加えて、衣料の問題では、一一月になって毛布が各自に二枚支給された程度であった。将兵の中には襦袢袴下で下着もなく、毛布を腰に巻く者すらあった。また帽子はすべて没収されたため、炎天下の作業では手拭等を使用する有様であった。将校でも大佐以下には当番の配属が許されず、兵と同様の管理を受けた。入浴はなく、露天に水浴の設備があるだけであった。主食の配給は九月に一日約四五〇グラム、一〇月には約三〇〇グラム、一〇月末以後は約二〇〇グラムへと逓減し、缶詰、牛乳や砂糖なども同様であった。一〇月以降、朝・昼食は粥、夕食は少量の米飯であり、その改善を求めたが無駄であった。それゆえ、将兵は収容所入り後、給養不良となる者が多かった。キャンプは（サツマイモ）畑や荒地に設けられ、当初は寝台などなかったが、徐々に環境整備が進み、一〇月以後は携帯用の寝台の使用が認められた。

一方で収容所内では、終戦前の日本人俘虜（バンザイ組）や米軍に従事する通訳等の中に、「利己的で不遜の態度を示す者」が現れた。とくに俘虜の不良者は、所内で「階級打破思想」を注入して煽動したため、九月頃、将兵間にその傾向が蔓延した。他方、終戦後のフィリピン人は、米軍指導の影響もあって露骨に反日的態度を示し、日本軍が収容所に向かう輸送の間、絶えず罵声を浴びせ、投石行為などが多かった。しかし米軍が進駐していない方面では、必ずしもそうではなく、むしろ日本軍の行軍に好意的協力を惜しまない者もあった。

しかしながら次に見る体験記は、各収容所内でかなりの差異があったことを示している。将校の労働は免除される収容所と免除されない収容所とがあり、ここで証言する将校三名はいずれも労働を免除されたばかりか、当番兵がついて世話を受けるなど、生活面での優遇措置が取られた。このような収容所の全体に占める割合は不明ながら、前記の「終戦の概況」が叙述する抑留生活が必ずしも一般的ではなかった点を指摘できる。同時に、一般兵士に課せられた強制労働でも軽重の差があった。ただし毎度の食事の質量では、ほぼ全員が不満を募らせた。加えて、フィリピン人の対日憎悪の行状は、公的報告にある「米軍指導の影響」というよりも、戦時下の日本側の占領行政や日本人の現地人に対する傲慢な態度にあった点が多くの体験者から指摘されており、公的な報告とはかなり異なる。

(二) 階級によって異った抑留生活と強制労働

では抑留生活に関して、将校と一般兵士ではどのような違いがあったのか。まずは将校たちの回想記を追ってみたい。

マニラ近郊の士官収容所に抑留された海軍中尉の長井清は、陸海軍一緒に二〇名程度の幕舎で生活したが、終戦前の日本人捕虜が「丸々と太って活発に動き回って」いる様子に驚き、「ぶん殴りたい衝動にかられた」と告白する。他面、「定時には軽いが三度の食事も与えられ、山中のことを思えば夢のような生活」であり、作業も所内の溝掘りや草取り程度で、「結構な捕われの身だった」と述懐する(前掲書『悔恨のルソン』八五〜六頁)。また投降を促す特命を果たした根本勝も、米軍は捕虜条項を遵守し、将校を労役に服させないため、「退屈を極め、身体のやり場のない」ほどで、しかも「軍人精神が保たれ……規律ある行動により生活が律せられ」、「階級打破の風潮」はないと評価する(前掲書『比島従軍記』一六七頁、一七一頁)。

陸軍嘱託で将校待遇の小松真一は、「六時起床、点呼、皇居遥拝、軍人勅諭奉誦、体操、朝食、各中隊命令会報、薪取り、海水汲み、タンコン採り、昼食、薪取り、タンコン採り、命令会報、糧秣受領、夕食、点呼」で一日が終わるが、以前と変わらずに作戦命令第何号といった「命令会報」が出たと指摘する。また将校には当番兵をつけ、敬礼は厳正であるなど、平時の兵営そのままの生活であり、軽作業で終始した旨を証言する。一〇月に小松はレイテ収容所へ移送されたが、やはり将校は別格であった。服装検査後、寝台・毛布・蚊帳をもらい、天幕が決められたが、「佐官は一人用の天幕へ、大尉は二人用、少中尉は大きな天幕に入った」。その後捕虜登録がはじまり、身長、体重を測ったが、一〇七ポンド（四八キロ余）への体重減に驚く。次に生年月日、学歴、移動の月日、家族、本籍、現住所などを日本語の上手な米人に尋問されて終了した（前掲書『虜人日記』一四八～六〇頁）。

一方、圧倒的多数の旧軍兵士たちは、士官たちと異なり、以前と変わらない耐乏生活に明け暮れた。最大の問題は食事であり、全員が異口同音に空腹に苦しんだ経験を吐露する。

新井昭英は次のように回想する。「収容所の日課は朝の起床の声によって始まる。……われ先にと食器とカップを持って、炊事場に駆けつけて、並んで朝飯とコーヒーを貰い、幕舎に帰え《ママ》って食べると、すぐ食器を洗い再び炊事場に並んで、昼の弁当を貰う。この弁当が雑穀類やコンドビーフを炊き込んだ軟い飯だった。副食はいつもなかった。この弁当を手製の布袋や風呂敷に（包んで）……腰にさげてキャンプ外の広場に集合した。要領の悪い者は……後尾の方に並ぶので、朝食や弁当受領が順々におくれて、あわてふためいていた」。労働が終わって収容所に戻るや、「先を争って飛びおりて、すぐにG・I（米兵）の宿舎へ駆けつけ率先して……食い残しパンや煙草の吸い殻を集めたのだ。毎日の食糧が足らないのは事実だが、忌まわしい行為を見ると、これが旧皇軍兵士のなれの果てかと、余りのあさましさに目を伏せた」、と空腹の前に誇りを失った旧軍のあわれな姿を告白する（前掲書『ルソンに南瓜実らず』一七四～五頁）。

収容所を転々とさせられた見習士官の石田徳も、「乞食以下の行為を平気で繰り返した。ごみ箱に捨てられたものでも、地面に踏みつけられたものでも、それが、食い物である限り、拾って食った」。生きるためには恥も外聞もなかったと言い切る（前掲書『ルソンの霧』二二三頁）。礒崎隆子は、「女性は使役がなく、朝昼晩の食事どきに食器を持って並ぶのが日課だった。朝はオートミル。チョコレートとミルクが入っていて、しゃもじ一杯だけ。もの足りなかった。……昼は食パン一枚に缶詰の肉スープ、乾燥野菜の煮たのが少々。ときには米飯が出たが、ひとり当たりしゃもじ一杯ではなめるようなものだった。……夕食時は、コンビーフを煮る匂いが早くからして、私たちは食器を鳴らし子どものように行列して待った」と、貧弱な食事に悩まされた日々を綴る（前掲書『生ある限りルソンへ』二〇三頁）。また矢野正美は、「病弱者のキャンプなので、使役はない。……誰かの寝台に集まっては食い物の話である。妻や恋人の話になっても、いつかまた食い物の話に変わってくる」。「食事の分配に神経をとがらせ、オカユが濃いの薄いのと騒ぐ」と、食事騒動が頻発したことを証言する（前掲書『ルソン島敗残実記』二五八～六一頁）。

予備陸軍士官の松浦俊郎は、収容所内では米軍が一切干渉しないが、武装解除後、部下たちとの再会はなかった。これは「収容所内で組織立った反抗や逃亡が起らないように、同一の部隊をなるべく別々に離して収容する」との米軍の方針であると理解した。収容所には陸海軍、一般人、所属不明の兵隊な

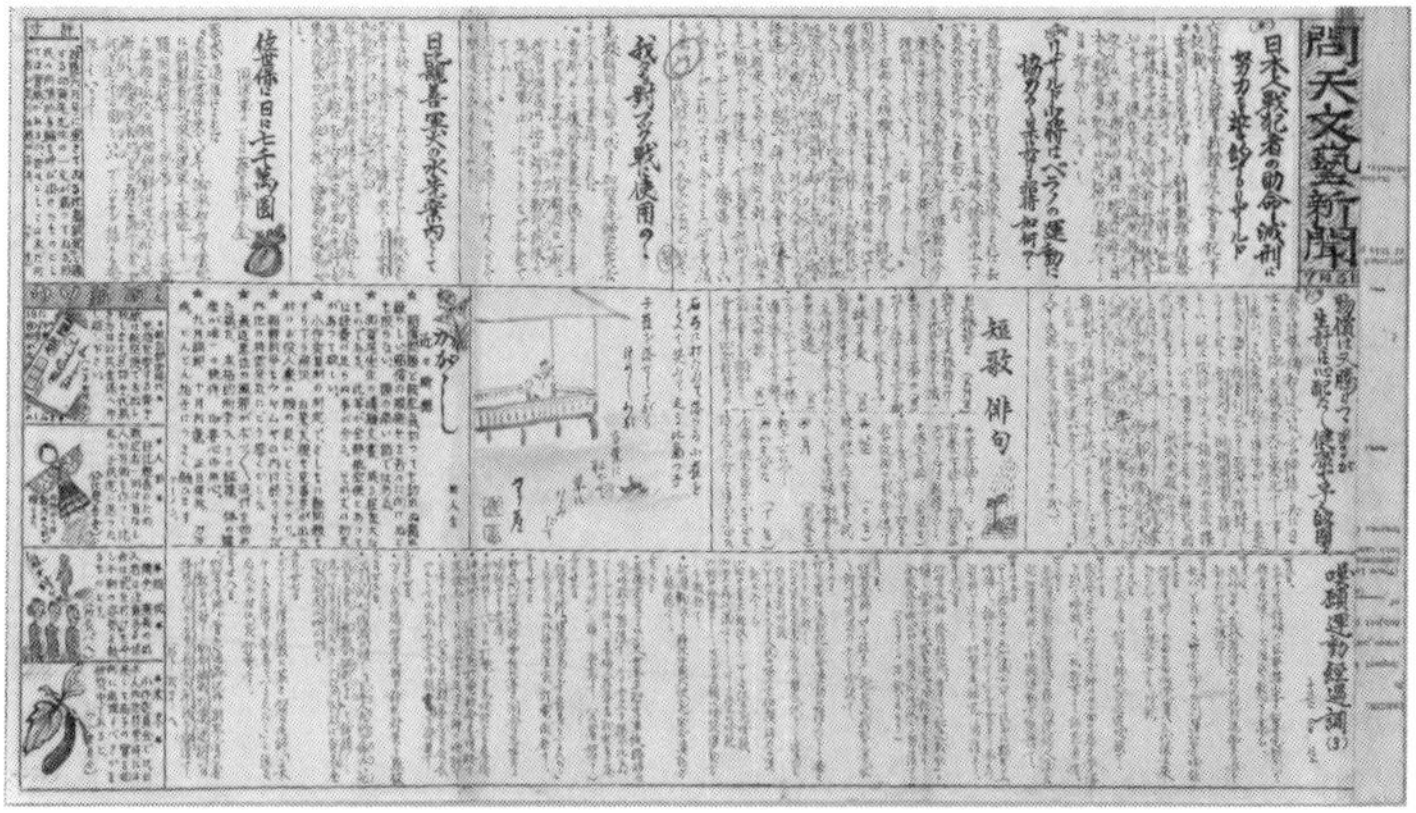

モンテンルパ収容所で兵士が作った壁新聞『問天文芸新聞』
（山下朝久氏提供・平和祈念展示資料館所蔵）

ど千人弱が収容されていたが、何の労役も命ぜられなかったため「一日中喋べ《ママ》ったり、ぶらぶらしていればよかった」。ただレーション一箱が一日分のため、「誰もがひもじい思い」をした。ところがルソン最大の収容所に移ると、そこは「大佐殿も一等兵殿もない。『飯上げ』の声を聞けば誰もが銘々、列に並んで取りに行かねばならない」。しかも「早くから敵に降《くだ》ったＰＷの先輩」が世話役で、その「態度は実に横柄」であった。佐官でもこのＰＷの先輩の一等兵に頭が上がらなかった。ただし松浦は、分捕品の「ルーズベルト給与」なら食べ放題だが、マッカーサー給与は国民の「莫大な賠償金」となると考えたという（前掲書『ルソンの日々』一五一～六二頁）。

では強制労働はどうであったのか。概して将校には労働が免除されたものの、一般将兵には厳しい労働義務が課せられた。では一体どのような苛酷な労働であったのか。

新井昭英は次のように明かす。「大型トラックが迎えに来ていて、乗車が終わるとその日の作業所へと連れて行かれた。……荷台に立ったまま積み込まれ、外枠がゆがむほど、右にゆれ左にゆれた」。「車上の危険に増して危険なのは住民だった。……石を投げ、棒切れを投げて、……わめき散らし、絞首刑の真似をするので、作業所への往復には、毎日冷や汗をかいた」。また大工や自動車整備技術者、タイピスト、画家などの特殊技能者は待遇が良く、作業所も固定されていたが、「その他大勢の者は場所も仕事も転々として……雑用的な作業をやらされた」。同時に日本人を監督する比軍は、「米軍をバックにして威張り切っていた。……下士官、兵はわれわれに対して、悪感情を抱き、暴言をはき、人使いも荒く一番嫌な隊だった。……日本人を自分の家に連れて行って、私役に使うのを平気で行った」。「こき使われても、屋内作業はまだ良かった。雨の降る日や、灼熱の炎天下の作業に比較したら、有り難いほどだ」と苦労の一端を語る（前掲書『ルソンに南瓜実らず』一七四～八四頁）。

そこで日米双方は娯楽を考えた。石田徳は、米軍は「小屋掛けの舞台で、芝居をさせたり、歌を歌わせたりした」が、芝居が終わったあと、電灯のない暗い幕舎に帰ると、里心をかき立てられて、「逆効果しか生まなかった」と漏らす（前掲書『ルソンの霧』二二六頁）。一方、松浦俊郎はニュースや講演会を楽しみにしたと打ち明ける。「毎日、内地のニュースが『幕舎ニュース』と銘打たれた謄写版刷の回報で配られた。……他に情報を得る方法のない我々には、この幕舎ニュースは大きな楽しみの一つであった」。終戦前後の内地や国際間の出来事を知ることができて、幕舎内での話題は豊富になり、「今後日本の在るべき方向について素人政治家達の間で紛々たる議論は果てるともない」状況となった（前掲書『ルソンの日々』一六三頁）。

多くの日本人は、食事不足に苦しむと同時に重労働に耐えながら、演芸や講演あるいは将棋や碁といった趣味や余暇に明け暮れつつ、帰還できる日を待ちわびたのである。

五　急がれた戦犯裁判

（一）米国側にとっての戦犯問題

米国側は終戦以前から日本の天皇を含む戦犯問題に重大な関心を抱いていた。天皇を戦犯として裁かないことと天皇制の存置は、ポツダム宣言を出す時点ですでにトルーマン大統領のもとで決断されていたものの、一般の日本人戦犯に関しては、ドイツ人戦犯の場合と同様、米国世論と国際世論の意向を反映して、厳罰に処することが求められたのである。

戦争終結直後の一九四五年八月二二日、米太平洋艦隊・太平洋地域軍司令官であるニミッツ（Chester Nimitz）海軍元帥がマッカーサーに対して、「天皇が日本人戦犯の恥辱を明確に表明することが、米国と連合国にとって有益であると考えられる。もし貴官が同意されるならば、貴官がその声明を発するよう天皇に求めるべきである」との文書を送付した。これは海軍側の総意を日本占領の最高責任者に就任したマッカーサーに提起したものであった[4]。連合国軍最高司令官（ＳＣＡＰ）の地位を争ったニミッツからの挑戦状ともいえた。

しかしマッカーサーはこの海軍側の提案に否定的であった。天皇による日本人戦犯への非難声明は、日本国内に不要な政治的社会的混乱を引きおこす可能性があると考えられたし、あるいは対日占領の主導権を海軍に奪われてはいけないと考えたかもしれない。そこでマッカーサーはこの件を留保し、まず

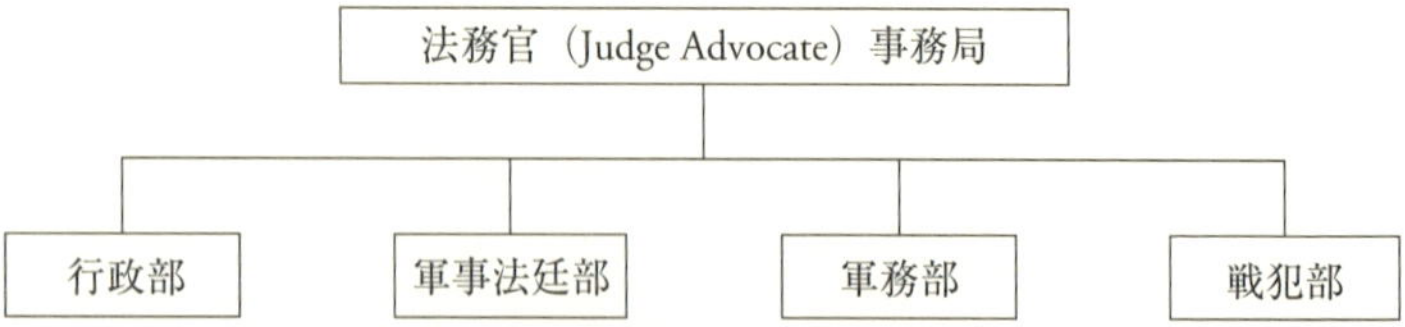

法務官事務局組織図

は九月二日に米戦艦ミズーリ号上で行われる日本との降伏調印式に関して、八月二八日、自己の方針を太平洋艦隊へ伝達した。すなわち、降伏式典では、出席する日本軍将校は一切の武器（刀剣、ピストル、短剣等）携帯は許されない。ただし敵から没収した武器は米国政府の公的財産であり、決して個人の所有物としてはならない。主要な武器は海軍省へ送付後、博物館に展示されるべきである(5)。

調印式終了後、マッカーサーが待望する命令がワシントンから相次ぎ届いた。九月一二日、米統合参謀本部（ＪＣＳ）は、大統領の要望に従って、ヨーロッパを模範とする日本人戦犯への処罰を迅速に進めるよう命じた。続いて一五日、①戦犯問題を最高司令官に助言する連合国代表組織を設置する、②この組織は国際軍事法廷に不可欠な調査・準備・実施を担い、記録を保管する、③ヨーロッパの戦犯問題に精通する米戦犯部（U.S. War Crimes Office）の三名を日本へ派遣する、④米戦犯部が国務省の支援を得て作成した主要な日本人戦犯リスト（陸海軍要人を中心とする三九名）を送る、との主旨が伝達された。そして二二日には、最高決定機関の「国務・陸軍・海軍調整委員会（SWNCC=State-War-Navy Coordinating Committee）」が承認した「戦犯容疑者の逮捕と裁判」に関する指令がＳＣＡＰへ送られてきた。これもドイツを前例としており、戦犯容疑者の人物照合・調査・拘束・留置方法の明細が示されたのち、最後の第一七項には、「特別な指令があるまでは、天皇を戦犯とする行動を取ってはならない」と厳命していた(6)。マッカーサーが昭和天皇に初会見するのは、その五日後の二七日である。日本ではマッカーサー個人の天皇評価が天皇制の存続と戦犯裁判を避ける結果となったように解釈されがちであるが、実際はワシントンのこの命令に準じたにすぎなかった。

さらに一〇月七日、ワシントンはマッカーサーに対して、戦犯に関する方針を東京のメディアに公表するよう打診した。ニミッツに次ぐ第二の圧力であった。しかしマッカーサーは即日、その要望を拒否した。「戦犯指令を今公表するのは適切ではない。すべての占領軍が日本進駐を完了するまで非公表とすべきである。なぜなら、その公表は日本政府を混乱させるだろうし、日本政府がその衝撃から立ち直れるかどうか疑わしい」、それゆえ「軍事裁判の進め方が十分明確になるまで」はその公表を控えるべきである、と反駁した。(7)

この時点でマッカーサーは日本の戦犯問題における主導権を握ったといえる。もはやワシントンも海軍もマッカーサーに口出しできない態勢となった。それは同時に、フィリピンでの日本人戦犯問題もマッカーサーが所掌したことを意味した。こうして東京の米太平洋地域陸軍（AFPAC）に直属するマニラの米西部太平洋地域陸軍（USAFWESPAC、以下「米西部陸軍」）は、東京の指示に従って日本人戦犯に関する一連の作業を推進していく。

（二）在比米軍と戦犯問題

すでに一九四五年四月、米西部陸軍司令部には行政部、軍事法廷部、軍務部、戦犯部（War Crimes Division）の計四部から成る法務官（Judge Advocate）事務局が設置されており、この「戦犯部（のち局に昇格)」を中心として戦犯裁判の手配・指揮・監督・記録など軍司令官に助言する体制が整っていた〈R〉ORGANIZATION MANUAL AFWESPAC, 28 Aug 1948)。そして一〇月六日、同司令部はルソン地域軍、南方諸島地域軍などフィリピン全軍に対して「戦犯容疑者の確認に関する報告」を伝達し、この条項に基づく日本人戦犯の審査・逮捕・留置等の開始を命じた。そこでワシントンも、東京およびマニラの軍事法廷員の選抜を連合国各国に依頼するなど、戦犯問題は急速に動き始めた(8)。

こうして収容所内では日本人捕虜の中から戦犯容疑者が選抜され、戦犯裁判へと進行していく。マニラでは戦犯局長となったカーペンター(Alva C. Carpenter)大佐のもとでBC級戦犯者のデータが集積されると同時に、山下・本間両将軍などの裁判が開始されていくが、裁判全体へのマッカーサーの影響力は絶大であった。開戦直後、日本軍猛攻の前に部下を見捨ててフィリピンから逃亡したとの事実は、マッカーサーには忘れ難い屈辱であり、自己嫌悪の源でもあった。その意味で両将軍の裁判は、自己の汚辱をそそぐ好機でもあったはずである。

実質上、米太平洋陸軍司令官(マッカーサー)から戦犯裁判に関する指令がマニラの米西部陸軍司令部宛にたびたび発信された。一九四五年一一月一二日、同軍参謀長マーシャル(Richard Marshall)少将はマニラのホワイトロック(Lester Whitlock)大佐に対して、「カーペンター大佐に通知せよ。司令官(マッカーサー)は、山下裁判が休廷に入る可能性があるとの報告に苛立っている。手続きはもっとも早く終わらせるよう強く望んでいる。最初の有罪判決が山下であろうと単なるハエ(小物)であろうと、裁判はすべて即座に結論を出すようマッカーサーは望んでいる」と伝達した。また一四日にもマーシャルは、「マニラでの軍事法廷の件でフィリピンの最高裁が介入することは断じて許してはいけない」とホワイトロックに釘を刺した。続いて翌一五日、マーシャルは、「マッカーサーは小沢とカーペンターが東京に来るよう命令を出す。（山下の）人身保護の手続きが出ていても、スタイヤー（米西部陸軍参謀長）はそれを完全に無視せよ、とマッカーサーは命令している」とホワイトロックに厳命した。さらに一七日、カーペンターはマッカーサーの副官バンカー（Laurence Bunker）大佐と電話で協議した。以上のとおり、マニラ側が山下等の裁判に関して、マッカーサーの完全な統制下にあったことは明白である。(9)

山下以外の日本人戦犯裁判の進捗状況については、米西部陸軍司令官ムーア（Moore）がマッカーサーに次のように報告している。翌四六年一一月二五日、「現在六六二名の戦犯を抱えている。内訳は判決を待つ者三一名、禁固刑を宣告されて東京の巣鴨刑務所へ移送される者六六名、戦犯容疑を認める者五六五名であり、士官が四四%を占める。犯罪が判明した者二〇〇名を拘束する許可と、上記の五六五名の戦犯容疑者を留置するため、捕虜収容所の強化拡大をお認めいただきたい」。またムーアは一二月九日に、「拘束された五六五名用に収容所を拡張すべきか否か」を提起したものの、二日後、「収容所を新設する必要はない」と伝えた。(10) フィリピンでの日本人戦犯問題もようやく終盤を迎えていた。

一九四七年一月、日本の米占領軍組織とフィリピンの米軍組織が同時に改編された。東京では米太平洋陸軍（ＵＳＡＦＰＡＣ）が廃止され、代わって陸海統合軍である米極東軍（USFEC=U. S. Far East Command）が設置され、マッカーサーが同様に司令官の地位を保持した。一方マニラでは米西部太平洋陸軍（ＵＳＡＦＷＥＳＰＡＣ）が解体され、代わってフィリピンと琉球（沖縄）を管轄する米比琉軍（PHILRYCOM=Philippines-Ryukyus Command）が置かれた（国会図書館憲政資料室編纂資料）（次ページ上の表参照）。したがって、日本軍への残務作戦や日本人の抑留等の業務は、この米比琉軍へと引き継がれた。

連合軍・米軍の変遷

設置	名称・本部	司令官
1941.7.26	米極東陸軍（USAFFE） マニラ	マッカーサー
1942.3.30	連合国南西太平洋地域軍（SWPA） ブリスベーン	マッカーサー
1945.4.3	米太平洋陸軍（USAFPAC） マニラ	マッカーサー
1945.4.18	連合国南西太平洋地域軍 マニラ	マッカーサー
1945.8.14	連合国軍最高司令官（SCAP） マニラ	マッカーサー
1945.8.28	米西部太平洋地域陸軍（USAFWESPAC） マニラ	ムーア
1947.1.1	米極東軍（USFEC） 東京	マッカーサー
同	米比琉軍（PHILRYCOM） マニラ	

終戦後二年目を迎えて現地情勢が安定してきたこと、前年四六年の七月にフィリピン共和国が誕生したこと、駐留米軍の漸減に伴い、権限の多くが比軍へと移譲されつつあったことが主な要因であった。

では米比琉軍は、日本人の戦犯問題にどのように対処したのか。一九四七年一月九日、ムーアはマッカーサーに対して、六七名の有罪判決を受けた日本人戦犯を米艦で日本の神戸へ送還するため、同地から巣鴨までの護送業務を依頼したい、と要請した。一一日にも、戦犯裁判のために必要な日本人と外国人の通訳を大至急マニラの法務局まで派遣してもらいたい、もし通訳の到着が遅延するとすべての計画が遅れる、と訴えた。また一六日には、戦犯裁判が容易に終結せず、裁判の進行が停滞気味な状況に苛立ちを隠さなかった(11)。

実際、ムーアら米軍側を悩ませる判検があった。それは「コニシ（小西）・サダアキ」のケースである。コニシは同月一五日に有罪判決を受けたが、これを不服として再審を要求した。これに対してムーアは約三週間の再審を避けて一週間での結審を主張した。結局コニシは一週間後に死刑が確定して終審となった。しかし反駁されたムーアはマッカーサーに善処を求めた。日本人被告の訴願ないし弁護人の役割が問題視された可能性がある。結局コニシの弁護人が同地に派遣されたが、四月下旬、この件はマッカーサー預かりとなった。(12)

さらにムーアは、拙速な裁判にも不満を漏らした。二月二二日、「戦犯裁判ではまだ八〇名も未審である。もし裁判を本年八月一五日までに完了させるならば、一件につき一〇日で決着させねばならない。もしGHQ法務局長（カーペンター）の比政府への提案が受容されれば、当地の戦犯裁判は四月一日までに終結するが、八〇件中、わずか一一件のみの終了にとどまるだろう」。このようにムーアは、フィリピンの戦犯事務所を早期に閉鎖することや、残余任務を日本に移譲することに異論を唱えた。①法務活動の移動による審査の遅れ、②証人の移送に伴う遅れ、③全体の完了を急ぐために生じるコストの増加、を理由に挙げてこれに賛成できない、とマッカーサーに訴えた。これに対してマッカーサーは、三月下旬のカーペンターとロハス（Manuel A. Roxas）比大統領間の協議を受けて、戦犯問題を比政府へ全面移管すること、戦犯裁判の一六件の記録を八月一日までにSCAPへ送ること、マニラ戦犯部の雇用者全員を一〇月末に解雇することを承認した。(13)要するにムーアの主張は退けられたのである。

以上のように米軍内部では戦犯裁判の審査状況に不満が残ったものの、マッカーサーと比政府は高度の政治的判断で、日本人戦犯問題の早期決着を急いだのである。

（三）フィリピン人の反日感情と戦犯裁判

ではこの戦犯問題を日本側からとらえるとどうであろうか。まずは戦中期の日比関係を踏まえる必要がある。一九四二年四月、本間軍がマニラを制圧後、日本軍政下に置かれたフィリピンは、日本の許可を得て、翌四三年一〇月にフィリピン共和国を発足させた。しかし既述のとおり、一九四四年一〇月、米軍はレイテ島に上陸し、翌四五年一～四月には日本軍と激しいマニラ市街戦を展開した。この結果、日本が八月に降伏するまでに、フィリピン人約一六〇〇万名のうち七％に匹敵する一一一万名余が命を失ったばかりでなく、重要産業の約六割が破壊されて総額八〇億ドルもの損害を被った。しかも日本の軍政はフィリピン人にとって圧政となった。日本人の粗暴で尊大な態度や、日本軍から拷問・強姦・集団殺害など残忍に扱われた原体験が、多くのフィリピン人に反日感情を募らせた。

以上のような経緯から米国側は戦犯問題を重視し、戦犯逮捕に着手した。逆に日本人にとって、米軍が対日戦犯裁判を開始したことは衝撃であった。日本人の米比側に対する加害者意識の薄さが背景にあったといえる。しかも捕虜収容所内で、抜き打ち的に地元住民による犯人探しの〝首実検〟が行われた。その証言によって犯罪の白黒の判定が下され、もし黒となれば法廷行きとなるプロセスに日本将兵は慄然となった。以下、現場の証言を追ってみる。

新井昭英は、「尋問が始まった。取り調べるのは日本人二世兵士だった。……ルソン島上陸後から終戦までの移動コース、実際に戦闘を行ったかどうかなどを、調書に取られ」、翌日、「戦争犯罪について、クリア（無罪）」となり、「英文でタイプした無罪証明書」が後日交付されたが、戦犯者と確定した者は「厳重な柵で囲まれていた第一収容所」へ入れられた、と証言する（前掲書『ルソンに南瓜実らず』一六八～七一頁）。また小松真一は、戦犯者が米軍の手で検挙され始めると、「多少でも心あたりのある人々は、気が気でないようすだった。……日本軍が勝ったとしても処分せねばならんような人非人も大勢いた。これらの人は隣の第一ストッケード（収容所）に入れられ、その中でも犯罪の確定した人は、また二重柵の中に入れられ、棍棒を持った米兵に常につきまとわれていた。これを棍棒組といっていた。その内に、犯罪に関係のない者でも、名前が同じだったり、勤務先が憲兵隊だった人は、どんどん連れて行かれるので、不安は誰の上にもかかってきた」と緊張ぶりを語る（前掲書『虜人日記』一六七〜七三頁）。

長井清は戦犯検査の様子をくわしく語っている。「私たちは幕舎前に整列させられ、ゲートのほうへ歩かされた。そこには、ひと塊の比島人たちが、たむろしていた。……名前を呼ばれたら、一人ずつ歩調をとって民衆の前まで進み、いったん立ち止まったのち、回れ右をして元の位置に戻るように命令された。比島人のなかから、略奪や婦女暴行の主犯は『こいつだ』と指さされたら、ジープで連行されるのだ」。「数人前の軍医官が、彼らに指さされた。『違う！　違う』と暴れ回ったが、ヘルメットのＭＰ（憲兵）に取り押さえられ、ついにジープで『一三階段』［絞首台］のほうへ連れ去られた」。笛がピッと鳴り、「とうとう私の番が回ってきた。足の震えはつづいている。……寿命の縮まるほど恐ろしい沈黙のなかで、ようやく回れ右をした」。長井の戦犯の嫌疑は晴れたのである（前掲書『悔恨のルソン』八七〜九頁）。

一方、憲兵は現地人から極度に憎まれ、戦犯容疑となるケースが多かった。憲兵少尉の根本勝も「バギオのスパイ処刑事件」で絞首刑は免れないと覚悟していた。日本の敗色が濃くなる中で、日本の傀儡ラウレル政府の閣僚である親米・反日派の巨頭ロハス（独立後の初代大統領）の処分（殺害）計画が浮上し、根本はその実行役を命じられていた。寸前で上層部はロハス放免を決定し、この殺害計画は流れたが、根本はその責任追及を覚悟していた。幸いにもそれは杞憂で終わったが、根本も戦犯容疑者として収容された。そして四月三日夜、突然、民謡〝佐渡おけさ〟が唄われ、〝海行かば〟が斉唱される中で、本間雅晴・田島彦太郎両中将が刑場へ向かう姿を目撃した。戦犯容疑者でも裁判に付されるのはごく少数であり、憂鬱にならざるを得なかったという。七月、「拡声器でクリーヤ〔無罪〕になった者の名が呼ばれ」、根本も収容所を去った（前掲書『比島従軍記』二二六、二三〇、二六二〜三頁）。

以上のとおり、戦犯の宣告は多くの日本人捕虜に多大な精神的苦痛を与えたのである。

（四）戦犯裁判の結果と山下判決

米軍が主導した対日戦犯裁判の結果については、永井均著『フィリピンと対日戦犯裁判――一九四五-一九五三年』（岩波書店、二〇一〇年、三〜八頁）が、以下のように論述している。

米軍のマニラ法廷では、山下や本間など計九七件のBC級戦犯裁判で起訴事件が審理され、二一五名の被告が「バターン死の行進」など米比軍捕虜への虐待や、マニラ市街戦での住民殺害など交戦法規違反の罪で裁かれた。そして約九〇％の被告が有罪を宣告され、受刑者の四六％に当たる九二名に死刑判決が下った。さらに一九四七年八月以降、比政府が新たにBC級裁判を開始し、一九四九年末までに計七三件、被告一五一名が現地住民の殺害・虐殺・強姦等の疑いで裁かれた。その結果、起訴された戦犯の約九〇％が有罪となり、その半数近い七九名に死刑判決が下った。ただし一九五三年七月、死刑囚五六名を含む日本人戦犯は減刑・釈放となり、一〇八名の戦犯が日本へ帰国した。フィリピンで死刑判決を受けた日本人戦犯のうち、刑の執行者が約二〇％の一七名にとどまったことは、他国（米・英・中・仏・蘭・豪）の約八〇％という執行率と比較すると、著しい対照をなしている。

さて内外から多大な関心を集めた山下判決については、マニラ南方のモンテンルパの監獄に山下と同じく入獄していた佐久間亮三中将が、次のように証言している。山下の入獄一カ月後に告発状が届き、それを読んだ佐久間は、「何れも部下の不法行為に対する指揮官の責任を問うたものである。……『部下に不法行為があったとしても其の指揮官が之れを命じたのでなければ刑事上の責任を問われることはない。……閣下は当然無罪である』から、責任を一身に引き受けて自ら罪を被ることはやめて頂きたい」、と忠言した。しかし一二月八日の対米開戦記念日に山下は絞首刑を宣告せられ、「金網で張られた一坪余りの個室」に監禁されたのち、翌四六年二月二三日、絞首刑に処せられた。この顚末に、佐久間は「戦争裁判は復讐と懲罰の……機会である」と論難する（同回想記（手書き）防衛研究所所蔵）。

これに対して米軍側の判決理由は、バターン死の行進をはじめ、地元民を巻き込んで日米両軍に多大な犠牲を出したフィリピン戦などにおける一連の行為の責任を司令官である本間・山下にあるとしており、日米双方の見解の違いは依然多くの論議を呼んでいる(14)。

しかし既述のとおり、マッカーサーが恣意的に山下裁判を急がせ、フィリピン側の介入を阻止し、人身保護の動きを封じた事実は明白であり、今なお公正さに疑問が残る。

六　帰還準備から復員完了へ

（一）米軍側の日本人捕虜への対応と復員準備

では戦犯問題前後における米軍側の日本人捕虜への対応と復員の実施状況はどうであったか。一九四六年一月以降の米西部太平洋陸軍司令部（ＡＧ ＡＦＷＥＳＰＡＣ）の記録と、一九四七年一月から継承した米比琉軍司令部（ＡＧ ＰＨＩＬＲＹＣＯＭ）の記録からひもといてみよう。

米西部陸軍は一九四六年二月二三日より、従来の「日誌（Daily Operations Report）」を「週刊誌（Weekly Operations Report 以下 WOR）」へ変更した。各地域で抗戦を続ける日本軍残兵への掃討作戦が最終段階を迎えていた時期でもあった。その第一号では、ルソン地域軍に属する第八六師団は、敵の士官と下士官が率いる一三三〇名の部隊が一六日間徒歩で米軍基地へと辿り着き、降伏して武装解除された旨を記録している。この時点で日本軍の戦死者が三八二名、親日派比人戦死者が三名、捕虜が日本軍一〇万一一五七名、台湾人七三七名、朝鮮人七〇名、中国人二名、ジャワ人五七名、民間人四九〇二名、看護婦一六三名、その他外国人捕虜六一九名と、捕虜の合計は一〇万七七〇七名となった。以後微増があるものの、大きな変化はない[15]。

それでも七月一三日の第二一号には、ルソン地域軍の第三二師団で、日本海軍士官と四〇名の兵が現れて一三〇〇名の部隊が接近中であること、キャンガンに到達した日本軍将校が付近に約三七〇〇名が待機中である旨を告げたこと、また第三七師団の各連隊で二六三名、六九二名の日本兵ほかの降伏が報告された。同じく第三八師団の各連隊でも、二七八名の日本兵、四〇五名の海軍兵などの降伏が報告された。南方諸島地域軍でも各連隊でそれぞれ日本人二一三名と四〇二名の降伏が報告され、累計上、捕虜が日本軍三万九一六七名、民間人五二七名となった。依然として数百から数千単位の部隊の投降が続いていたわけである。なおこの時点で初めて日本人捕虜八名が逃亡し、翌四七年二月一五日には四七五名に達したが、同時に三二四名の捕縛が報告されている（WOR No.21, 32, 52）。

さて肝心の復員に関しては、一九四六年春から米艦船が大量に投入されたため、東南アジア各地の日本人捕虜の帰還が飛躍的に推進されたことは第一章で明らかにした。実際五月一四日に、JCSからマッカーサーに対して、旧連合国船舶と捕獲した日本船舶を、日本国民の復員用に使用する許可が下りた。(16)これはマッカーサーの日本人復員に対する指揮権を一段と強化させたであろう。こうして在比米軍も急速に日本人の送還を開始する。

日本政府側の記録では、「一九四五年一一月から初めて九〇名の日本人復員が実施された」とあるが、米西部陸軍にはそのような記載を発見できない。ムーアの後任のクリスチャンセン（Christiansen）司令官は、第一に、一九四六年八月から琉球（沖縄）人の復員を月々三万五千名のペースで実施するとマッカーサーに報告しており、マニラ司令部は、日本人と琉球人（沖縄人）の復員を同列視し、復員自体に消極的であった。第二に、米琉球軍内では、日本人捕虜の人的確保をめぐって対立が生じた。とくに陸軍が捕虜を多数使役する空軍に対して不満を抱き、空軍への追加配分をしないようマッカーサーに訴えている。第三に、七月三〇日、日本人の早期送還に伴う負の側面について、①捕虜の労働力を失うことは、わが陸軍にとって深刻である、②捕虜送還の優先方針は、捕虜の労働力に基づく建設プロジェクトの推進と相矛盾する、③捕虜は家事と保全の業務、作戦面の一端と技術提供、建設工事に雇用使役されている、④空軍が復員捕虜を最終月まで使役するのは正当ではない、⑤わが陸軍の管轄地域では、日本人捕虜を約六万名（フィリピンで計四万七四〇〇名、沖縄で計一万二六〇〇名）保持している、と提起している。(17)この文書は、ポツダム宣言第九項に依拠して復員を推進しようとするマッカーサーに逆らうものであり、その心証を害した可能性がある。

また翌四七年二月にも、米比琉軍司令官から米極東軍司令官（マッカーサー）宛に、「一九四五年九月から四六年一一月に至る期間、数千もの日本人捕虜を使うことで様々な業務が可能となったが、日本人の復員がかなり実施された結果、われわれの生産能力を減退させた」と報告している（PHILRYCOM, 20 Feb 47）。フィリピンでも他の東南アジア地域と同様、日本人捕虜を使った業務が国土の再建のために不可欠で有用であったことがわかる。

なお在比米軍が漸減するに伴い、マッカーサーが育成した現地部隊のフィリピン・スカウトが米軍に代わって日本人捕虜に対応していった。そして翌四七年一月一日、米西部太平洋地域陸軍（USAFWESPAC）は解体され、米比琉軍（PHILRYCOM）へと移行する。

さて復員作業の実施が米西部陸軍の週刊レポートに記載されるのは、同年一〇月六日以降であり、九月二七日から一〇月四日までに「四四三名の日本人捕虜が日本へ復員した」と報告された（WOR No.33, AIR FORCE）。そして一〇月第一週に四六八三名、第二週に三四一一名、第三週に四七〇五名、第四週に三四〇五名が順次復員し、同月だけで一万六二〇四名に達した。翌一一月第一週は四二九六名、第二週は記載なし、第三週は三三九〇名、第四週は三三七三名、同月で計一万一〇五九名となった。一二月第一週は五六四四名、第二週が七一四二名、第三週が四二二七名、第四週が七七九七名、計二万四八一〇名へと急増した（WOR No.34-45）。つまり同年一〇月初旬から一二月末に至る三カ月間に、合計五万二〇七三名が日本へ送還された。米軍側の記録では、当時の日本人捕虜数が一〇万六千人程度であったため、ほぼその半数が送還されたことになる。

以下、断片的ながら、一九四七年一月に復員者七三六名と戦犯判決者六一名、二月に一名、六月に一二一名、八月に五一名、一〇月に五八名が帰還したとの記録で終了する（WOR No.47, 49, 54, 72, 87）。これに対して厚生労働省の調査報告「地域別戦没者概見図」の記録では、一九四六年の一年間に三万九六〇九名、一九四七年一年間には四万六八七七名が帰還し、陸軍の主要人員計八万六四八六名の帰国が終了したとある（前掲書『海外戦没者の戦後史』四頁）。前掲書『戦史叢書・捷号陸軍作戦（二）ルソン決戦』六八七頁によれば、終戦時の陸海軍の現存兵員数は一二万七二〇〇名、終戦後の戦没者が一万二千名であるため、差し引き一一万五二〇〇名が現存兵員数となる。右の厚労省の記録とは二万八七一四名の差異があるが、その差異は病死者や行方不明者などであったろう。

（二）不安と喜びが交錯した帰還への道

　では日本側から見た一一万五千名の復員はどのように実現したのか。まず終戦から二カ月を経た一九四五年一〇月、先発として約九〇名の引揚が実現した。その先発組の一人が礒崎隆子であった。一〇月七日、突然米軍から呼び出されて「おそるおそる指定のテントへ行く」と、前後左右の写真と両手形・足形をとられた。戦犯が連行され出しており「不安だった」が、三日後、帰還命令を受けた。「日本へ帰れるなどとはまだ誰も思っていないときだっただけに、驚きも喜びも大きかった」。写真や手形は乗船のためであった。ただし同じテントの人に帰国話はいえず、「なんとなく帰国をにおわせただけでわかれた。入院か移動と思ったに違いない」と述懐する（前掲書『生ある限りルソンへ』二〇五〜六頁）。

　矢野正美も一二月に帰還が決定した。収容所内の話題は「食事の事から、帰還の方」に移り、毎日、何中隊の兵が帰ったという噂ばかりとなった。実は矢野は「戦犯として首実験《ママ》用に残されている」と悲

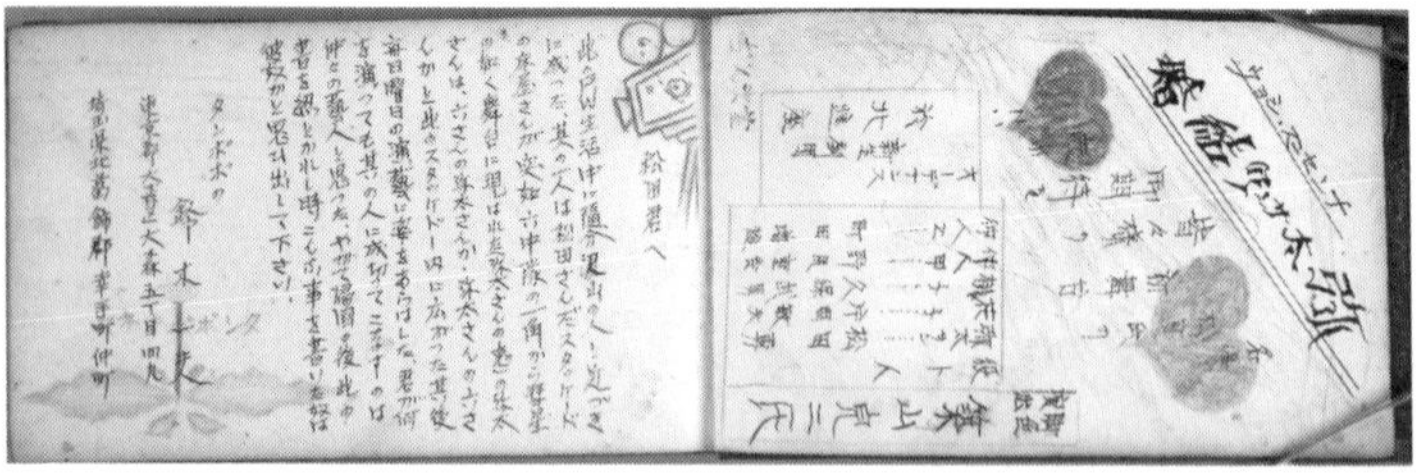

寄せ書き集「想ひ出帳」（フィリピン・オーデナンス収容所からの帰国時／松田勇氏提供・平和祈念展示資料館所蔵）

観していたが、帰還命令が出て「本当に嬉しい」結果となった（前掲書『ルソン島敗残実記』二六六〜八頁）。松浦俊郎も同じく一二月の決定となった。「呼ばれた、紛れもなく自分の名が。……夢心地とはこの事であろうか。突然内地の父母や妹達の顔が頭の中にちらついて無性に家の事が恋しくなり、居ても立ってもいられない」。帰還者は四千名中のわずか一五〇名であった。収容所を出発し、マニラ湾へ、そして船上の人となった（前掲書『ルソンの日々』一七三〜四頁）。

翌四六年を迎えると、復員も一段と本格化した。長井清には意外な帰還であった。一月、奇妙な呼び出しがあり、長井ら八〇名ほどが米リバティ船に乗った。行先は知らされず、重労働が課せられるというコレヒドール島行きかと思っていると、一週間後、海の色が濃い紺色に変化し、周囲は騒ぎ始めた。すでに船は日本近海に迫っていた（前掲書『悔恨のルソン』九六〜八頁）。病弱の平間光一は、七月、米人医師による『ＯＫ』の一言で日本送還が決まった。「先ず家の事、生活の事、職業の事、身体は果して全治したのか……決して明るい思いだけではなかった」と複雑な心境を明かす。その後、「［車］二台に一七〇名程の帰国予定者は、医師、看護婦、院内勤務者、残る患者の羨ましい眼差しに見送られて出発した。このまま本当に送還されるのか」と不安であったが、車は間違いなくマニラに向かっていた（前掲書『ルソンの木霊』二八八～九頁）。

帰国を通告されながら、変更となるケースもあった。小松真一の場合、同年三月に帰還者と決定しながら、「レイテから来た組は、健康者ばかり」との理由で、帰還は中断となった。小松の帰還は一〇月に決定し、一一月末に乗船した（前掲書『虜人日記』二〇七～五三頁）。石田徳は一二月に突然帰国が決まった。住み馴れた収容所を発ち、新しい収容所で引揚船の到着を待っていたが、次便に回された。さらに収容所に到着した三千人と一緒にされて、米軍当局は新名簿を作成したため、石田はまたも残留となった。同月中旬、待望の順番が回ってきた。戦犯でないことを示す「証明書」が渡されたが、石田は何の役にも立たないと考え、帰国と同時に証明書を破り捨てた（前掲書『ルソンの霧』二二八～三四頁）。

新井昭英は最後の組となった。「もう一年になろうとしている。米軍の戦闘部隊は必要要員だけ残して本国に引揚げたり、縮小統合して、兵舎も不用となって、……幕舎や野外劇場、チャペルなど壊す仕事が暫く続いた」。しかしなぜか新井は別の収容所へと移送された。第六〇船便の乗船者名が発表されたが外れ、第六一船便の名簿にも彼の名前はなかった。一二月下旬には捕虜病院も閉鎖され、看護婦はトラックに乗り、その他のＰＷ職員たちは徒歩で去って行った。そしてついに新井にも送還命令が出た。「皆喚声をあげて小躍りして喜んだ。感きわまって中には万歳と叫ぶ者もいた。その日から一切の作業は終止符を打って、帰国準備に取りかかった。……不用品の山が出来た」と述懐する（前掲書『ルソンに南瓜実らず』二〇七～三三頁）。

（三）故郷の地を踏む

では抑留者が念願叶って祖国の土を踏むまでの過程、次いで懐かしい故郷へ戻った状況とは一体どのようなものであったか。

先発組の礒崎隆子は、マニラ港に着いたときの感動を次のように表現する。一九四五年一〇月一一日、小さな日の丸をつけた第一次の引揚船が目の前に現れていた。海軍の作業帽を手にした船員の、「みなさん、ご苦労さまでした。お迎えにまいりました」との大声に涙があふれた。「タラップをあがった。足の痛みも疲れもふきとぶ思いだった。船室の板の間には、畳のうすべりが敷いてあった。私は身を伏せて頬ずりした。『ああ、日本のにおいだ』」。畳は人びとの涙で濡れた。女性と子どもの在留邦人約五〇〇人を乗せた海防艦がマニラを出港したのは翌々日、そして二〇日、陸地が見え出した。「内地だ。父や弟は無事でいるだろうか」と思いながらも、捕虜の身で「肩身のせまい思いがあった」。祖国に到着。「一年ぶりに踏みしめる日本の土。涙がとめどなくあふれた。一〇日間の船旅のせいか、足がしっかり地につかなかった」。その夜はバラックの臨時宿泊所に泊まった。「夕食に出された麦飯と松茸の味噌汁の味は一生忘れられない」。翌朝、乾パン二袋、無料乗車券、百円札二枚の給付を受けて駅まで歩いたが、復員列車は大混雑であり、窓から乗車する有様であった（前掲書『生ある限りルソンへ』二〇七～一四頁）。

矢野正美は一二月六日、米兵の点検を受けてキャンプを出た。帰還者の集結所には「大勢の兵が検査を受けたり、注射を受けたりしている。食糧として例のレーションを何個も受領した」。内地で日本円に交換する二〇〇ペソの紙幣をもらい、一〇日、「待ちに待った日が遂に来た」。矢野らはトラックと貨物列車に乗り、マニラ埠頭に到着すると、日本の駆逐艦四隻が見えた。「日の丸が、涙が出る程懐かしい」。乗艦し「初めて日本人の懐の中に帰ったように思った」。街に灯がともる頃、三隻の軍艦が出港した。ルソン上陸から一年三カ月、ついに故郷に帰れることに「万感が胸に迫り、涙が止まらない」（前掲書『ルソン島敗残実記』二六九〜七二頁）。

松浦俊郎は、一二月一四日、日本海軍の五〇〇〇トンの掃海艇に乗船した。「勝手不自由な米国船で輸送されるより、どれだけ気が楽か知れない。マストに高々と掲げられた日章旗を仰いだ時、我知らず感激の涙にむせんでしまった」。約二〇〇名が乗り込むや、「船員達を囲んで内地の話」となった。夕食に出た「内地の米の舌触りは格別」であり、日本酒が出されてまた感激する。夕方、甲板で本船事務長から「内地の現状」に関する講演、翌日には余興会があり、正午に出帆となった。「加給品の配給あり。日本の煙草、日本の菓子、日本の手拭。懐かしい内地の香り」。そして二三日、船は広島県大竹港に到着し、下船。「着いた。内地の土だ。あまりの感激に何と言ってよいのか、唯茫然とする許りだった。……復員省の方の『ご苦労様でした』という言葉が心地よく耳に響く」。その後、復員省大竹出張所で復員事務を済ませ、一泊となったが、「落ち着いて寝てなんかいられるものではない。……遠足の前日の小学生達の如き観があった」。二四日昼食後、汽車に乗り込むが、車中の人混みに唖然とする。さらに汽車が品川駅に着くと、「一人の米兵が悪戯半分に投げる煙草を我勝ちに拾おうと群がる人々」に愕然とした。「日本人はいつ乞食に迄成り下がったのだろうか。之が今まで一等国民を誇った我々の姿か」と、改めて敗戦国民の悲哀を味わった（前掲書『ルソンの日々』一七六〜八三頁）。

行く先を告げられずに乗船した長井清であったが、「夢にまでみてきた日本内地に帰って来た！……

甲板上の男たちは、一様に呻《うめ》き声ともつかない歓声をあげ、肩を組んで踊り狂った。みんな、頬に流れ落ちる涙を隠そうともしなかった」。浦賀港に到着し、茶の接待があった。「熱いお茶の香りが、いまようやく故国に帰ってきたことを実感させた」。ところが「お茶代を、置いてくださいよ」の女性の一言に、「復員軍人たちは、怒りをむき出しにして荒れ狂」い、女たちに罵声が浴びせられた。「出征のときは、あれほど万歳バンザイで送り出したくせに、負けて帰ってきたとなると、こんなにも冷たい扱いなのか」と、その豹変ぶりに怒りが爆発した。その後第二復員局の収容所に入り、「長い間忘れていた風呂につかって垢《あか》をこすり落とし、伸び放題の髪を散髪してもらい、……支給された日本の軍服に着替え」、人間らしい気持ちを取り戻した。翌日、汽車の切符とわずかな復員手当を手に京都へ向かった。しかし車中では、復員者に対する周囲の目が冷たく閉口する（前掲書『悔恨のルソン』九八～一〇一頁）。

小松真一は、一一月末の乗船と決定し、前日に私物検査と労働賃金の支払い（小切手で一九ドル半）と無罪の証明書等を貰い、当日早朝に収容所を出発、汽車でマニラに移動して港に到着し、病院船氷川丸に乗った。二五〇〇名と少なく楽であった。「毎日湯に入れてくれ、朝食はレーション、昼と夜は麦飯だった」。一二月八日に「名古屋の岸壁に着いたが、何の感激もない」。翌九日に下船し上陸。私物検査と検疫注射を済ませて宿舎に入り、様々な手続きを済ませ、一一日、名古屋駅から街を歩いた。「なんだか変な気がする」。そして午後四時に沼津に帰着した（前掲書『虜人日記』二八五～七頁）。

根本勝は、七月二五日朝トラックに乗りマニラ港に向かった。途中、地元住民から罵声を浴びせられるが、馬耳東風と聞き流した。ついに乗船し、三一日、佐世保に入港、検疫で沖合に二日間碇泊し、八月二日に上陸が許された。「祖国の大地を踏んだ感触が一度にドッと噴き出し感慨無量だった」。とくに物品検査の際、根本は手記が没収されないかと心配したが、無事に通過できた。この手記「囚はれの記」は、トイレットペーパーに投降以降を書き綴った彼にとって最大の貴重品であった（前掲書『比島従軍記』二六四～六頁）。石田徳も、米比兵に追い立てられ、地元住民から罵声を浴びせられて、マニラ埠頭に着き、米船に乗った。だが「一抹の不安が残った。この船が、舳先を南に転じないという、保証がなかったからである」。しかし船は出航後、進路を北に取った。その瞬間「一度に涙がこみ上げてきた。仲間たちも、皆、目頭を熱くして、暮れゆくバターン半島の山々に見入っていた」。一二月、名古屋港に到着する。「青春の二年有余をルソンの山河で擦り減らした」と感慨に浸った（前掲書『ルソンの霧』二三四～四一頁）。

最終組の新井昭英は、米軍から軍服と二〇〇ドル近い小切手も支給され、天幕などの撤去作業を行うと、有刺鉄線で囲まれた第二収容所は広い平地となった。最後の夜、「長かった虜囚生活に、明日はさようなら出来ると思うと万感胸に迫る思いだった」。翌日、無蓋貨車に乗り込み、マニラ港の埠頭に着くと、米上陸用舟艇で沖合のリバティ船に向かった。「送還船最後の第六十二船便も、出港を目前にして、エンジンが始動していた」（前掲書『ルソンに南瓜実らず』二三四～六頁）。新井の祖国帰還とともに、フィリピンからの復員も終幕するのである。

おわりに――フィリピンからの帰還の特異性

太平洋戦争でのフィリピン戦の特異性は、とびぬけて戦没者が多いことである。ここに動員された日本の陸海軍将兵は六三万名に及ぶが、そのうち戦没者は四九万八六〇〇名、ほぼ八割に達した（前掲書『戦史叢書・捷号陸軍作戦（二）ルソン決戦』六八七頁）。これは将兵五名中の四名が戦没し、わずか一名という生存率となる。また最近の厚労省の調査では、民間人を含めたフィリピンでの全戦没者は五一万八千名に上る。これは海外における日本人の戦没者数二四〇万一八〇〇名の二一・五％を占め、ほぼ戦没者の五人に一人がフィリピン戦に関係する。この戦没者数は中国本土での四六万五七〇〇名を上回り、外地で最大となる。日中戦争は八年続いたが、フィリピン戦はわずか三年九カ月にすぎない（前掲書『海外戦没者の戦後史』四頁）。いかにフィリピン戦の犠牲が過大であったかがわかる。

このような悲惨な結果をもたらした主な要因は、大本営の命令により、現地司令部が「持久作戦（永久抗戦）」を実施したことにある。つまり、米軍との決戦を避け、米軍を極力この地に釘付けして、日本本土への上陸を遅らせるためであった。戦争末期、すでに極度の食糧欠乏に陥っていた各部隊は、この〝自活自戦〟のもとでジャングルをさ迷い、雨露を忍び、食べ物を探すほかなく、その間に飢餓や傷病による犠牲者を激増させたのである。

ただし終戦過程では、大きな混乱もなく、平穏な停戦へと進んで行く。その最大の要因は、山下軍司令官が天皇のポツダム宣言受諾から間髪入れずに「承詔必謹」の根本方針を掲げ、一糸乱れぬ態勢の維持に腐心したからである。天皇の絶大な威信を最大限に利用しながら、山下が上意下達の方針を取ったことが終戦時の顕著な特色であった。とはいえ連合軍側との交渉に際しては、日本側の要求はことごとく却下され、日本側の敗戦や降伏に対する認識の甘さを露呈した。加えて米軍側資料が示すとおり、島嶼群の地理的特性もあり、フィリピンでは停戦以降も局地的な戦闘が頻発し、残余部隊の降伏には一年以上を必要とした。

さて日本軍は降伏調印式後、米軍による武装解除と武器等の引き渡しを終えると、収容所での抑留生活を余儀なくされた。この過程で、日米間の精神的・物質的相違に驚愕する日本軍将兵が続出した。つまり、予想外のアメリカ人の寛大な態度や温和な対応に日本側は戸惑いや衝撃を受けると同時に、日米間の質量両面での圧倒的な差、たとえば、米軍の巨大なテント、贅沢な食事や中身の濃いレーション、快適なベッド、軽快な走りのジープなどに驚かされた。要するに、今回の敗戦は「単なる物量の差だけによる敗戦ではなかった」ことや、「鬼畜米英」の大宣伝に惑わされてきたことを深く反省させられたのである。また武装解除の際、日本将兵の脳裏に去来したのは『戦陣訓』を逸脱することへの怖れであったが、米軍将校は兵器を投げ捨てる日本将兵の動作を眺めているだけで、あっけなく終了した。もし立場が逆ならば、日本軍は敵対的態度で恐喝し、裸にさせて所持品の検査を行ったに違いなかった。

総じて日本側は、初めて遭遇した米兵の寛容な人柄や人間性に驚嘆の声を上げたものの、他面、現地のフィリピン住民から激しい怒りや投石を受けたことや、万年筆や時計など所持品を米比兵に略奪されたことに、改めて敗北者の立場を思い知らされたのである。

次いで抑留生活では、降伏以前に米軍捕虜となった「バンザイ組」と称する者たちの存在があった。彼らは「ＰＷの先輩」として横柄で不親切であり、周囲から冷視されても泰然としており、階級制度に刃向かう者すらいた。同じ日本人捕虜同士でも、眼に見えない反目や緊張があったわけである。食事に関しては、抑留者は皆等しく不満を明かしているが、定時には軽いが三度の食事も与えられ、停戦以前の山中の状態を思えば夢のような生活だとむしろ喜ぶ者もいた。強制労働に関しては、その不当性や不平不満が挙げられたが、軽作業に終始した将校と、重労働に従事した一般兵とは雲泥の差があった。

一方、米軍側の作戦報告から透けて見えるのは、一九四六年前半期でも百名～千名単位の日本人部隊の投降が続発していること、日本の民間人が五千名弱、女性看護婦も一六三名いたこと、そのほか親日派フィリピン人の戦死者が七名、台湾人捕虜が七〇〇名以上いたこと、一九四七年時点で収容所から日本人捕虜四七〇名余が脱走していたこと、また米軍側は日本人捕虜を様々な方面での有用な労働力として重視しており、空軍と陸軍間ではその分配争いがあったことなどが判明した。

また戦犯裁判に関しては、米国側の重視姿勢と日本側の軽視姿勢が歴然としていた。米国政府と軍部首脳は、戦時中から日本人戦犯の摘発に積極的であったが、ただし天皇を戦犯として裁かないことと天皇制を廃止しない方針を決めていた。ワシントンの意向を背景にして、マッカーサーは天皇の脆弱な立場を保全すると同時に、日本人の戦争責任問題に着手する。彼は兼任する米太平洋陸軍司令官という立場からも、フィリピンの戦犯裁判に大きな影響力を行使し、カーペンター戦犯部長はマッカーサーから指示を受けつつ、日本人戦犯の調査・逮捕・裁判を実施した。しかし戦犯抽出後の裁判の進行は、人員不足もあって停滞気味であり、現地司令官は不満を唱えた。そのような中で、マッカーサーとカーペンターは一九四七年秋に早々と現地での戦犯裁判を打ち切った。その背景には、マッカーサー自身が数十年に及ぶフィリピン生活を通じて現地社会の特性を熟知していたこと、肝心の山下・本間裁判が自己の意に沿って終結したこと、米ソ冷戦の進展により、東南アジア情勢よりも極東情勢の方に重点を置かざるを得なくなったことなどがあった。

他方で、日本人にとって戦犯裁判は衝撃であった。『戦陣訓』により捕虜を認めない軍人教育があったことや、日本人の米比側に対する加害者意識の薄さもあった。「バターン死の行進」に関する罪状などは想定外であり、しかも捕虜収容所では地元住民による犯人探しの〝首実検〟が行われ、その証言で犯罪の有無が判定される事態に日本将兵は戦々恐々となった。

そして復員に関しては、今回発見された米軍側資料から、マッカーサーの早期復員方針に現地から批判が起こったことが判明した。フィリピン・沖縄に抑留されていた五万八千名の日本人捕虜は、米西部太平洋地域陸軍にとっては一連の復興作業や保全作業に不可欠であった。にもかかわらず復員政策が推進されたために、復興事業が進捗しないと司令官が不満を漏らしていた。つまり英蘭軍がビルマ、マレー、インドネシアなどで日本人の復員を極力抑制しようとした動きが、実はフィリピンでも起きていたわけである。マッカーサーはソ連のシベリアにおける日本人抑留を国際的観点から非難し、同じ視点から英蘭両国に対しても厳しく批判すると同時に、フィリピンの日本人一〇万余の帰還に熱心であったが、現場内ではそのような積極的な復員方針は不評であったといえる。

他方、日本側における復員の経過や特色としては、帰還が決定するまで不安感を深め、戦犯として残されているのではないかと悩む者が多かったこと、また帰国が通告されながら途中で取り消され、半年も待たされる者もあったこと、帰還決定に大喜びしたものの、帰還後の実家との関係や今後の生活の問題など悩みが尽きなかったことなどがあった。なお帰還に際して米軍側は、ほぼ一律に日本軍将兵に労働賃金の支払いを行った。旧軍での階級（将校・下士官・兵卒）と抑留年月の長短で支払い賃金に差があり、米ドル、フィリピン・ペソ、日本円という違いがあったものの、ジュネーブ協定を遵守して労働への対価を行った。ここに日本側に無賃労働を強いた英蘭両国と米国との根本的違いが明らかとなった。

（1）　MacArthur Memorial Archives Vol.2（MMA13）内のCINCSWPA, AFWESPAC, USAFPAC, CG PHILRYCOM, WAR DEPなどを用いた。なおMMAには二〇一九年二月一一日から一六日まで訪問した。協力してくれたゾッベル（James Zobel）研究専門員に謝意を表したい。

（2）〈Restricted　以下〈R〉〉ORGANIZATION MANUAL AFWESPAC, 28 Aug. 1948, RG-3 Records of Headquarters, Southwest Pacific Area（SWPA）, 1942-1945.

（3）〈S〉From U.S.AFWESPAC Office of the Commanding General, Subject; DOR No. 3, To Commander-in-Chief, U.S. Army Forces Pacific, 23 Aug 45. Microfilm WOR13981~6 AFWESPAC　ほか。

（4）〈S〉From The Commander in Chief, U.S. Pacific Fleet and Pacific Oceans Areas to The Supreme Commander for the Allied Powers, Subject: Obtaining Modification of Official Japanese Attitude Toward Japanese Prisoners of War, 22 Aug 1945; From The Island Commander to The Commander in Chief, U.S. Pacific and Pacific Oceans Areas, 17 Aug 1945.

（5）　From CINCPAC ADV HQ to COMMARTANAS, COMNOB OKINAWA, COM3RDFLT, COM5TH FLT, COM7TH FLT, COMNORPAC INFO: COMINCH, 28 Aug 1945.

（6）　From WASHINGTON（JCS）to MACARTHUR MANILA AND TOKYO, 12 Sep 1945;〈TS〉From WASHINGTON to CINCAFPAC MANILA, CINCAFPAC ADV, ANY INTERESTED UNITED NATION, 15 Sep 1945; From WASHINGTON to CINCAFPAC ADV, CINCAFPAC, 22 Sep 1945.

（7）〈TS〉From WASHINGTON to CINCAFPAC ADV, CINCAFPAC, 7 Oct 1945;〈TS〉From CINCAFPAC ADV to WARCOS, 7 Oct 1945.

（8）〈TS〉From WASHINGTON to GHQ MANILA, 25 Oct 1945.

（9）〈S〉From CINCAFPAC ADVANCE（GENERAL MARSHALL）to CINCPAC MANILA（GENERAL WHITLOCK）, 12 Nov 1945; ibid., 14 Nov 1945; ibid., 15 Nov 1945; From WASHINGTON（SECRETARY OF WAR）to CINCAFPAC ADV（MACARTHUR）, 17 Nov 1945.

（10）　From CG AFWESPAC to SCAP, 25 Nov 1946; ibid., 11 Dec 1946.

（11）〈S〉From CG PHILRYCOM to SCAP, 9 Jan 1947. PHILRYCOM文書より。以下同じ。なおWOR No.49, 25 Jan 1947によれば、一月末、六一名の有罪判決を受けた

戦犯が日本へ送還されている。From CG PHILRYCOM to CICFE（PASS TO G-1）（LEGAL SECTION）, 11 Jan 47; ibid., 16 Jan 47.

（12） From CG PHILRYCOM to CICFE, 17 Jan 47; ibid., 23 Jan 47; ibid.,14 Feb 47; ibid., 8 Mar 47; ibid., 17 Apr 47; ibid., 24 Apr 47.

（13） From CG PHILRYCOM to CINCFE, 22 Feb 47; ibid., 23 Apr 47; ibid., 24 Apr 47.

（14） No.74: Notice of Judicial Proceeding to Protecting Power – Is Not Applicable to Yamashita, Box no. 1854, GHQ/SCAP Records（RG331, NA&RS）参照。なお山下裁判では、山下率いる日本軍がマレーに進攻した際、被害を受けた中国人側代表もマニラに証人として呼ばれている（〈TS〉 From CINCAFPAC to CINCPAC ADV, 9 Nov 1945; From SACSEA to BRISTAS, Nov 1945.）。

（15） HQ US AFWE, Office of the Commanding General to CINC US Army Forces Pacific, WOR No. 1, 23 Feb 1946; ibid., WOR No. 15, 1 Jun 1946. Microfilm no.13981-13986より。以下同じ。

（16） 〈S〉 From WASHINGTON（JCS）to CINCAFPAC（MACARTHUR）, 14 May 1946.

（17） From CG AFWESPAC to CINCAFPAC, 12 July 1946; From CG AFWESPAC to SCAP, 19 July 1946; From CG AFWESPAC to CG PACUSA, 27 July 1946;〈TS〉From CG AFWESPAC to SCAP, 30 July 1946.

終章　双方向からとらえた抑留・復員・帰還

これまでの全体をまとめれば、以下のようなことを指摘できるだろう。

第一に、これまで終戦史における日本人抑留といえば、まず北方のシベリア抑留に焦点が当てられがちであったが、今回の研究を通じて、東南アジア地域（ビルマ、タイ、マレー、シンガポール、インドネシア、ニューギニア・豪北、フィリピン）の南方抑留も、北方のそれに劣らず、深刻な状況に置かれていたという点である。南方での抑留期間はソ連での抑留ほど長くはなかったとはいえ、南方における日本軍将兵や民間人の抑留者は総計一二〇万余名に及び、シベリア抑留者の約六〇万名を大きく引き離している。また抑留生活における強制労働の厳しさ、食事の困窮さ、衛生管理状態の劣悪さなど、北方抑留と変わらない苦難がここでも見られた。つまり、北方抑留と南方抑留は同時に一体的に語られねばならない。その意味で、抑留史の空白はある程度埋められたであろう。

第二に、日本人を抑留した連合国側には、捕虜への処遇や収容所生活の運営方法、あるいは強制労働に対する方針にかなりの相違があった点である。概して英国やオランダは日本人に対して厳しい姿勢で臨んだ。ポツダム宣言第九項を無視して早々と早期復員政策を放棄し、日本人の労働力を現地で最大限使役したと同時に、日本人をジュネーブ協定に基づく「戦争捕虜（POW）」とは認めず、「日本降伏者（JSP）」と見なして、自らの国際的義務を放棄しようとした。これは旧枢軸国のドイツやイタリアに対する捕虜原則を日本に適用したにすぎないかもしれないが、その底流の一部には、同胞を苛酷に扱った日本人への復讐心も存在したであろう。これに対して米国は、英蘭両国とは逆に、ポツダム宣言とジュネーブ協定など国際的取り決めを重視し、早期復員の実現に努めた。そのような中で、ニューギニアと豪北地域を管轄したオーストラリアは、ほぼ両者の中間に位置したといえる。

ただし第三に、米国は戦犯裁判にきわめて熱心であり、フィリピンにおける日本人戦犯の調査・摘発や裁判に積極的姿勢を示した。とりわけマッカーサーは自己の負の体験もあり、フィリピン戦時における日本軍司令官の本間および山下への厳罰裁定に固執した。またフィリピン側も戦時下の日本の圧制に対する反発から、女性など地元住民の証言を駆使して、日本人戦犯の摘発に取り組んだ。英蘭両国も戦犯問題を決して軽視しなかったものの、全般に消極姿勢が散見された上、マウントバッテンなどは、マッカーサーが主導する裁判のあり方を冷視していた。むしろ英蘭両国側は戦後の統治回復を企図して、東南アジア現地の復興と発展を重視しており、そのために日本人労働力を駆使することにきわめて熱心であった。とはいえ、米英蘭豪四カ国に共通するのは、専門家不足の影響を受けて、途中から審査過程にやや混乱が生じ、最終的には法的公正さが失われて拙速主義が表面化した点である。

第四に、右のような文脈から、復員政策や帰還方針にも連合国間に明らかな差異が生まれた。現地英軍は、米国政府と軍部、とくにマッカーサーからの圧力を再三受けながらも、執拗に日本人残留にこだわり、強制労働の使役に力を注いだ。ロンドンの英国政府も外務省を例外として、現地側の主張や要望を追認した。インドネシアの蘭国政府もまた英国側に同調した。とはいえ、マッカーサーが日本政府の要望に応える形で英蘭両国政府を激しく揺さぶると同時に、アメとムチを巧妙に行使したことで、英国政府は次第に立場を変えていく。しかもワシントンの極東委員会（ＦＥＣ）や国際赤十字（ＩＲＣ）などからの英国批判も加わって、ついに日本の残留者の復員に同意する。それでも現地英軍は最後までその遅延策に固執した。結局、ロンドン政府は日本人への労働賃金の支払いを承認するに至るものの、それは賃金の計算のみにとどまり、支払い自体は日本政府に押しつけるなど巧妙かつ狡猾であった。オランダもまたこれに追随した。これと比較して、米国はドル、フィリピン・ペソ、日本円など種類は異なったとはいえ、階級と年数に応じた賃金の支払いを完全に履行した。捕虜協定を遵守したわけである。

第五に、国際情勢がこの抑留・復員問題に様々な影響を及ぼした点である。右記のとおり、米国とマッカーサーが早期復員に取り組んだ背後にはヒューマニズムがあったが、他面、戦後まもなく発生した米ソ冷戦が深く影を落としていた。つまり、ワシントン政府とマッカーサーは、ソ連のシベリア抑留を非人道的措置と厳しく非難することで、国際社会における自国の優位性をアピールしようとしたのである。それゆえ、自国が管理するフィリピンの日本人の祖国帰還を急いだ面があった。その点では、英蘭の同盟国、とりわけ英国の抑留政策は第二のソ連と映り、米国を悩ませた。しかも米軍資料では、現地米軍当局は現地の復興上捕虜の使役を重視し、早期復員政策に不満を抱いていたことが判明した。これもまたマッカーサーには悩ましい問題であっただろう。

他方、英国は数世紀に及ぶ東南アジア支配によって現地社会に深く根を下ろしており、旧宗主国の立場から米国のような明白な方針に与することができなかった。オーストラリアもオランダもその点では共通していた。このように関係諸国の国際的位置は、日本兵の抑留・戦犯裁判・復員の各問題に微妙な影を落としたのである。

最後に、被抑留者という弱い立場にあった日本は、様々な労苦と苛酷な経験を通じて多くの教訓を学んだ。戦時当初に東南アジアを席捲して占領行政を開始した日本ではあったが、結局インドネシアを例外としてすべて失政に終わった。ビルマ、インド、タイ、フィリピンと、ことごとく失敗した。英蘭両国のような植民地支配の習熟ぶりと比較して、未熟さを露呈したのである。最悪の事例がフィリピン統治であり、その不備が現地民衆の離反をもたらし、敗戦後、日本人は現地側からの激しい怒りにさらされた。改めて大東亜共栄圏構想の隘路と欠陥を思い知らされたわけである。同時に、「鬼畜米英」と蔑んできた米国人の人間性や豊かな物質文明に接して、日本人は改めて自己を相対化できたといえるだろう。米国との遭遇によって、文化教養や科学技術の重要性、軍部将校の権威主義体質、敗戦後豹変した日本人の国民性や民族性に対する自省の念も生まれた。

総じて、戦後の抑留・復員問題は、日本側の視点だけではなく、勝者の連合国側からの視点を双方併せることで、初めて客観的事実を生み出せることが明らかになった。それに加えて、今こそ終戦史を戦後史から分離独立させて、抑留・復員・帰還という特異な時代を昭和史に刻む時ではなかろうか、と改めて実感する。

主要略語表

ACJ	Allied Council for Japan	対日理事会
AFNEI	Allied Forces Netherlands East Indies	蘭印連合軍
AFPAC	Army Forces Pacific	米太平洋地域陸軍
ALFSEA	Allied Land Forces South East Asia	東南アジア連合陸軍
CinC	Commander in Chief	最高司令官
CLO	Central Liaison Office	終戦連絡中央事務局
FARELF	Far East Land Forces	極東陸軍
FEC	Far Eastern Commission	極東委員会
GHQ	General Head Quarters	総司令部
IRC	International Red Cross	国際赤十字
JAPS	Joint Administrative Planning Staff	統合行政計画参謀部
JCS	Joint Chiefs of Staff	米統合参謀本部
JSM	Joint Staff Mission Washington	在ワシントン英国統合参謀代表部
JSP	Japanese Surrendered Personnel	日本降伏者
NEI	Netherlands East Indies	蘭印(オランダ領インド)
PAOC	Principal Administrative Officers Committee	主要閣僚委員会
PHILRYCOM	Philippines-Ryukyus Command	米比琉軍
POW	Prisoner of War	戦争捕虜
SACSEA	Supreme Allied Command South East Asia	東南アジア連合軍最高司令官
SCAP	Supreme Commander for the Allied Powers	連合国軍最高司令官
SEAC	South East Asia Command	東南アジア連合軍
SEALF	South East Asian Land Forces	東南アジア陸軍
SEP	Surrendered Enemy Personnel	敵国降伏者
SWNCC	State-War-Navy Coordinating Committee	国務・陸軍・海軍調整委員会
SWPA	Southwest Pacific Area	連合国南西太平洋地域軍
UKLM	United Kingdom Liaison Mission	(在東京) 英国連絡代表部
USAFFE	U.S. Army Forces Far East	米極東陸軍
USAFPAC	U.S. Army Forces Pacific	米太平洋陸軍
USAFWESPAC	U.S. Army Forces Western Pacific	米西部太平洋地域陸軍
USFEC	US Far East Command	米極東軍

主な関連文献および資料

〈第一章〉

・英国立公文書館（The National Archives）所蔵資料
・外務省外交史料館所蔵資料「太平洋戦争終結による在外邦人保護引揚関係雑件――在外各地状況及び善後措置関係・日本軍隊撤収関係、外務省記録」
・厚生省援護局編『引揚げと援護三十年の歩み』（同省、一九七八年）
・田中宏巳著『復員・引揚げの研究――奇跡の生還と再生への道』（新人物往来社、二〇一〇年）
・独立行政法人・平和祈念事業特別基金編『平和の礎』「軍人軍属短期在職者が語り継ぐ労苦（本文では、兵士編と略す）」全一九巻（一九九一年～二〇〇九年）
・防衛研究所図書館所蔵・厚生省引揚援護局史料室編「終戦前後に於ける南方軍一般の状況」

〈第二章〉

・オランダ国立公文書館（National Archief）所蔵資料
・大庭定男著『ジャワ敗戦抑留日誌（一九四六～四七）（南方軍政関係史料（22））』（龍渓書舎、一九九六年）
・大庭定男「インドネシア抑留体験と終わらない戦後」〔軍事史学会研究報告〕保阪正康編集『昭和史講座』第八号（二〇〇二年六月）
・加藤裕『大東亜戦争とインドネシア――日本の軍政』（朱鳥社、二〇〇二年）

・倉沢愛子書『戦後日本＝インドネシア関係史』（草思社、二〇一一年）
・太平洋戦争研究会編著『戦略・戦術でわかる太平洋戦争――太平洋の激闘を日米の戦略戦術から検証する』（日本文芸社、二〇〇二年）。
・防衛庁防衛研究所戦史室編『戦史叢書・蘭印攻略作戦』（朝雲出版社、一九六七年）

〈第三章〉

・オーストラリア戦争記念館（AWM=Australian War Memorial）所蔵資料
・外務省終戦連絡中央事務局（CLO）外務省外交史料館所蔵資料
・角田房子著『責任――ラバウルの将軍今村均』（新潮社、一九八七年）
・厚生省援護局編『引揚げと援護三十年の歩み』（厚生省、一九七七年）
・参謀高橋鶴夫大佐「第八方面軍復員史資料（ラバウル地区を主とす））」（昭和二九年九月稿）、厚生省引揚援護局史料室（昭和三一年五月複写）
・「第八方面軍（南東方面）の終戦概況」（記述者名なし）防衛研究所図書館所蔵
・滝口岩夫著『戦争体験の真実　イラストで描いた太平洋戦争一兵士の記録』（第三書館、一九九四年）
・田中宏巳編『オーストラリア国立戦争記念館所蔵――旧陸海軍資料目録』（緑蔭書房、二〇〇〇年）
・独立行政法人・平和祈念事業特別基金編『平和の礎』（兵士編）5、10～12
・藤本威宏著『ブーゲンビル戦記　一海軍主計士官、死闘の記録』（白金書房、一九七四年）
・防衛庁防衛研究所戦史室編『戦史叢書　南太平洋陸軍作戦〈1〉ポートモレスビー・ガ島初期作戦』（朝雲出版社、一九六八年）
・*AUSTRALIA IN THE WAR OF 1939-1945*, Series one Army, Volume VII THE FINAL CAMPAIGNS, By Gavin Long,

Canberra, Australian War Memorial, first published in 1963
・Jack Gallaway, *THE ODD COUPLE; Blamey and MacArthur at War*, University of Queensland Press, 2000

〈第四章〉
・新井昭英著『ルソンに南瓜実らず――開拓勤務兵の手記』開発社、一九七八年）
・石田徳著『ルソンの霧――見習士官敗残記』（朝日新聞社、一九七一年）
・礒崎隆子著『生ある限りルソンへ』（講談社、一九八四年）
・厚生省援護局編『続々・引揚援護の記録』（同省、一九六三年）
・国会図書館憲政資料室編纂資料
・小松真一著『虜人日記』（筑摩書房、一九七五年）
・佐久間亮三手記（防衛庁図書館蔵）
・佐藤喜徳著『傷痕・ルソンの軍靴』（戦誌刊行会、一九八二年）
・第一四方面軍報告・記述者名無し「比島に於ける終戦前後の概況」（厚生省引揚援護局史料室、一九五六年）
・独立行政法人・平和祈念事業特別基金編『平和の礎』（兵士編）全一九巻
・長井清著『悔恨のルソン』（築地書館、一九八九年）
・永井均著『フィリピンと対日戦犯裁判――一九四五－一九五三年』（岩波書店、二〇一〇年）
・根本勝著『比島従軍記』（戦誌刊行会、一九九三年）
・浜井和史著『海外戦没者の戦後史――遺骨帰還と慰霊』（吉川弘文館、二〇一四年）
・平間光一著『ルソンの木霊――比律賓参戦記』（文芸社、一九九九年）
・防衛庁防衛研究所戦史室編『戦史叢書・捷号陸軍作戦（二）ルソン決戦』（朝雲出版社、一九七二年）

・増田弘著『マッカーサー――フィリピン統治から日本占領へ』（中公新書、二〇〇九年）
・松浦俊郎著『ルソンの日々――私のフィリピン戦記』創栄出版、一九九一年）
・マッカーサー記念図書館（MacArthur Memorial Library）所蔵資料
・矢野正美著『ルソン島敗残実記』（三樹書房、一九九三年）

あとがき

本書は、太平洋戦争戦没者二四〇万名のうち、ほぼ三分の一を占める南方方面で命を落とされた元日本軍将兵および民間人の方々に捧げる鎮魂の書である。

そもそも私は近現代の日本外交史家でありながら、抑留・引揚・復員問題については表層的知見にとどまっていた。それが一転して身近な問題となったのは、総務省下の独立行政法人「平和祈念事業特別基金」監事を経て、思いがけず理事長に就任したことがきっかけであった。それは二〇〇三年一〇月に遡る。学界しか知らない身にとって、それはいきなりパラシュートで官界という別世界に降り立ったようなものであり、日々、未知の経験の連続であった。

この平和基金は、戦後から三〇年を経ても未解決状態にあった三つの問題、すなわち、旧ソ連・モンゴルでの強制抑留者問題、旧満州・朝鮮などからの引揚者問題、南方や中国大陸などで戦った旧軍人軍属の恩給欠格者問題を対象とし、四〇〇億円の財源をもってこれら関係者への慰藉事業を目的に、一九八八年の国会で立法化されて創設された。そして広く国民にこの悲惨な事実を知ってもらうために、平和祈念展示資料館が開設されたのである。基金そのものは、二〇一〇年六月に「戦後強制抑留者に係る問題に関する特別措置法」、いわゆるシベリア特措法が成立したことで三年後に解散したが、資料館は現在も引き続いて新宿住友ビル内に開設されている。ここにはラーゲリ（収容所）や引揚船内のジオラマとともに、当事者や遺族が寄贈して下さった貴重な遺留品・書簡・メモ・資料・録音・衣服・絵画などを常時展示している。また今日判明しているシベリア抑留者名簿、体験日記、回想本なども多数保管している。

再度となった理事長職の計二年半、ご存命の抑留者・引揚者・復員者へのお見舞い金や旅行券など慰藉事業を行うかたわら、インタビュー、シンポジウム、イベントなどを通じて、広い分野の関係者に直接お目にかかり、貴重な体験談に接する機会を得ることとなった。戦後に生まれた私にとっては、想像を絶する人間地獄のような惨状は、日頃手にする文献などからはとてもひもとけない赤裸々で衝撃的な証言ばかりであった。なおその貴重な語り部の中には、宝田明、有馬稲子、小林千登勢、松島トモ子といった俳優、ちばてつや、森田拳次など漫画家のほか、歌手・タレントといった方々も含まれている。

以上の経験が私に新たな研究意欲を生み出した。二〇〇六年に私の呼びかけに応えて加藤陽子（東京大）、佐藤晋（二松学舎大）、浜井和史（帝京大）の三氏が、その後、加藤聖文（国文学研究資料館）、永島広紀（九州大）、大澤武司（福岡大）の三氏も参画してくれて、総勢七名の「抑留・引揚・復員研究会」が立ち上がった。文科省科学研究補助金も得て、六本木での研究会を重ね、同時にパプアニューギニアなど戦地調査も行い、その成果が増田弘編『大日本帝国の崩壊と引揚・復員』（慶應義塾大学出版会、二〇一二年）として出版された。その際に編集の労を取っていただいたのが、同出版会の乗みどり氏である。またこれが機縁となって、今回のテーマでの出版に際しても同氏から声をかけていただいて終始強力に支援して下さった。この場を借りて厚く御礼を申し上げたい。また東洋英和女学院大学時代の元同僚パトリシア・スイッペル（Patricia Sippel）教授には英文内容について懇切丁寧にご教示をいただいた。そして平和祈念展示資料館の加藤つむぎ、山口隆行両学芸員には、東南アジア方面の書籍や資料に関して協力して下さったことに謝意を表したい。

なお本書の第一章および第二章は、拙稿「日本降伏後における南方軍の復員過程――一九四五年～一九四八年」（東洋英和女学院大学現代史研究所紀要『現代史研究』第九号、二〇一三年三月刊所収）を大幅に書き直したものであり、同年一〇月二六日、日本国際政治学会（新潟大会）「日本外交史分科会」にて研究報告したほか、二〇一七年五月二七日、軍事史学会年次大会（舞鶴市）における基調報告「南北日本人抑留の国際比較」でその一部を発表している。第三章は、前掲の増田編『大日本帝国の崩壊と引揚・復員』の第六章「ラバウルからの日本軍の復員過程」に加筆修正したものである。第四章は、本書のための書下ろしである。

世は令和という新しい時代を迎え、平成を挟んだ昭和がますます遠ざかろうとしている。それにしても日本近現代史を通じて七〇余年もの平和が持続したことに外交史家として感慨を覚える。ただしその背後には戦争にまみれた昭和期があり、その戦争によって多くの先人たちの血と汗と涙が流された事実をわれわれは忘れてはならないだろう。改めて無念の涙を呑んだ方々のご冥福を祈らずにはいられない。

二〇一九年五月

増田　弘

増田　弘（ますだ　ひろし）
立正大学名誉教授、前東洋英和女学院大学教授、平和祈念展示資料館名誉館長。
1947 年生まれ。慶應義塾大学大学院法学研究科博士課程修了。法学博士。
専門分野：日本政治外交史。
主要著作：
『石橋湛山研究―「小日本主義者」の国際認識』（東洋経済新報社、1990 年）
『公職追放―三大政治パージの研究』（東京大学出版会、1996 年）
『自衛隊の誕生―日本の再軍備とアメリカ』（中公新書、2004 年）
『マッカーサー―フィリピン統治から日本占領へ』（中公新書、2009 年）
『ニクソン訪中と冷戦構造の変容―米中接近の衝撃と周辺諸国』（編著、慶應義塾大学出版会、2006 年）
『大日本帝国の崩壊と引揚・復員』（編著、慶應義塾大学出版会、2012 年）
『周恩来キッシンジャー機密会談録』（共監訳、岩波書店、2004 年）
ほか多数。

南方からの帰還
――日本軍兵士の抑留と復員

2019年 7 月30日　初版第 1 刷発行

著　者――――増田　弘
発行者――――依田俊之
発行所――――慶應義塾大学出版会株式会社
〒108-8346　東京都港区三田2-19-30
TEL〔編集部〕03-3451-0931
〔営業部〕03-3451-3584〈ご注文〉
〔　〃　〕03-3451-6926
FAX〔営業部〕03-3451-3122
振替　00190-8-155497
http://www.keio-up.co.jp/
装　丁――――鈴木　衛（写真提供：ユニフォトプレス）
組　版――――株式会社キャップス
印刷・製本――中央精版印刷株式会社
カバー印刷――株式会社太平印刷社

Printed in Japan ISBN978-4-7664-2609-0